petits dîners sans prétention

ALISON ROMAN

photographies de Michael Graydon et Nikole Herriott

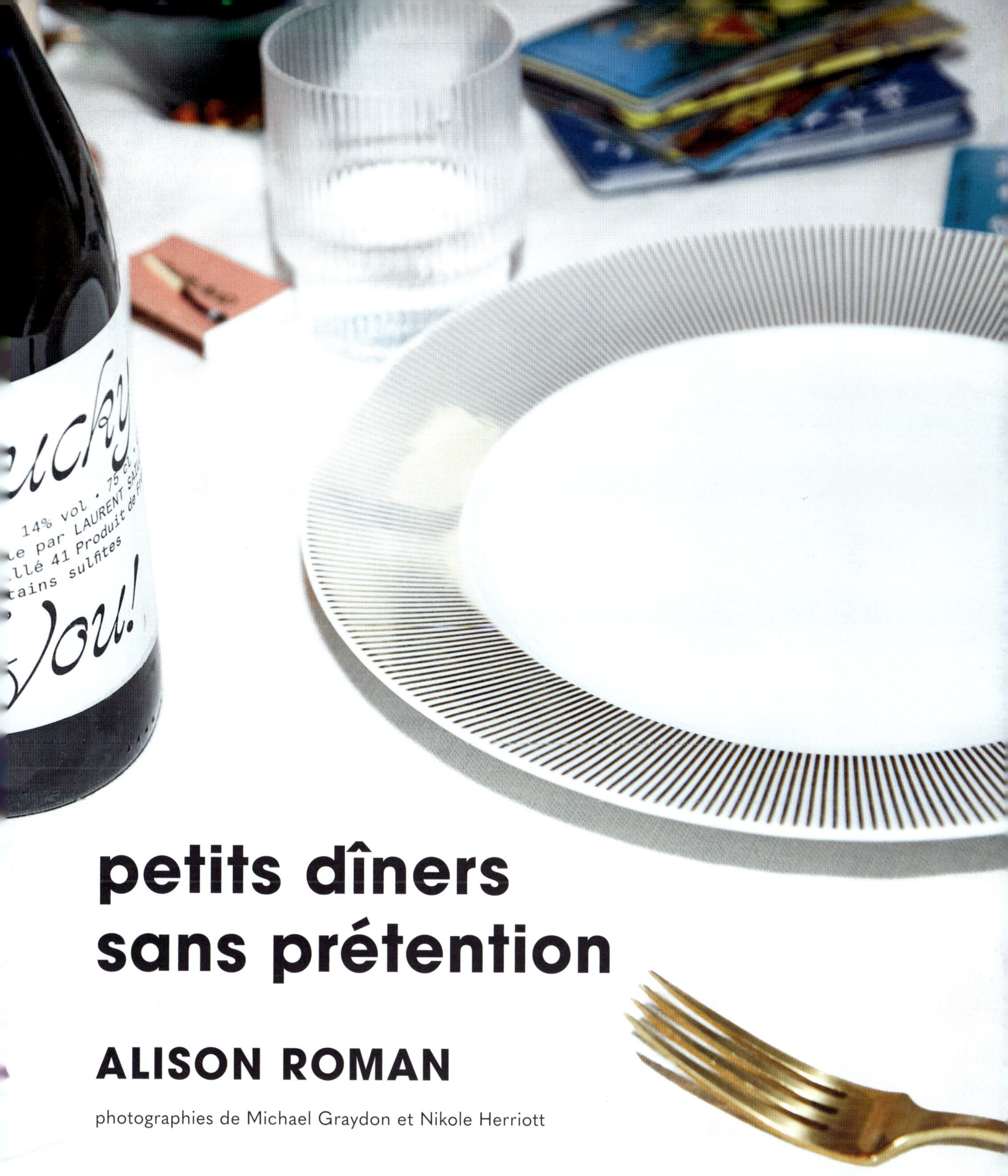

petits dîners sans prétention

ALISON ROMAN

photographies de Michael Graydon et Nikole Herriott

hachette
CUISINE

Pour Mamie Prue, qui m'a appris l'importance des crudités, du vin blanc bien frais et du vernis à ongles rouge-orangé

Création graphique du livre et de sa couverture : Elizabeth Spiridakis Olson

Publié pour la première fois aux États-Unis par Clarkson Potter Publisher, une entité de Random House, une division de Penguin Random House LLC, New York.

Direction : Catherine Saunier-Talec
Responsable éditoriale : Lisa Grall
Édition : Jeanne Mauboussin
Traduction et mise en pages : Anne-Laure Estèves
Relecture : Marie-Laure Deveau
Fabrication : Amélie Latsch
Responsable partenariats : Dana Lichiardopol (dlichiardopol@hachette-livre.fr)

Dépôt légal : mai 2024
79-4496-1
978-2-01-946844-6
Imprimé en Espagne

PAPIER À BASE DE FIBRES CERTIFIÉES

hachette s'engage pour l'environnement en réduisant l'empreinte carbone de ses livres. Celle de cet exemplaire est de : 2,960 kg éq. CO_2
Rendez-vous sur www.hachette-durable.fr

sommaire

apéritif

salades

salades à feuilles

salades croquantes

pseudo-salades

accompagnements

légumes

après dîner

Ceci n'est pas un livre sur l'art de recevoir.

« Préparer un poulet rôti est un fabuleux moyen de montrer aux gens qu'on les aime. » J'ai récemment retrouvé cette phrase griffonnée au dos d'une facture d'électricité – que j'avais sans doute oublié de payer –, notée après un repas entre amis. Nous avions de toute évidence consommé beaucoup de vin ce soir-là (les bonnes idées sont dans le vin, comme la vérité), ce qui explique mon écriture peu lisible et ma diatribe enflammée (quoique lacunaire) sur les bienfaits de la volaille.

Ce n'était certes pas de la poésie, mais j'ai su après avoir relu ces mots que je tenais le sujet de ce livre et le message que je voulais faire passer : donner de son temps et de son énergie pour cuisiner pour des êtres chers est l'expression ultime de l'amour. Et l'amour est destiné à répandre de la joie, pas à créer du stress, alors la deuxième chose que je veux vous dire, c'est : vous pouvez le faire.

J'ai toujours été allergique à l'idée qu'un dîner devait relever du spectacle, de la performance ou de l'étalage. Où est l'authenticité là-dedans ? Moi, ce que j'aime, c'est simplement réunir des gens que j'apprécie et cuisiner pour eux des plats sans prétention, dans une ambiance décontractée, en m'autorisant à ne pas être parfaite, et sans qu'il y ait d'occasion particulière (autre que le plaisir de manger, bien entendu).

Si vous cherchez des astuces sur la façon de plier vos serviettes en lin ou de créer des arrangements floraux, passez votre chemin. Je ne possède aucune compétence dans l'art de bien recevoir et je ne vous enseignerai pas les secrets d'un éclairage réussi. (Même si j'ai un faible pour les bougies !) Mais je peux vous offrir des recettes et des idées qui produisent beaucoup d'effet sans effort. Des assiettes colorées de légumes croquants, des viandes rôties simplement parfumées aux herbes, des desserts faciles et sucrés juste ce qu'il faut.

Ce livre est divisé en cinq sections correspondant aux différents éléments que je considère comme essentiels dans un repas : l'apéritif, les salades, les accompagnements, le plat principal et les desserts. Cela ne signifie pas que tous doivent être présents pour que l'expérience soit ultime, mais ils constituent une bonne structure de base.

La plupart des recettes sont prévues pour quatre ou six personnes et sont conçues de façon qu'on puisse aisément doubler les proportions. Si vous cuisinez pour moins de quatre personnes, alors dites-vous que vous aurez le plaisir de déguster les restes les jours suivants. Bon nombre des recettes comportent une section « à l'avance » (mon expression préférée) et des idées d'associations, même si j'aime autant servir les plats les uns à la suite des autres (le concept de menu est selon moi à la fois inspirant et contraignant créativement parlant, alors voici un bon compromis). Ce livre vous invite à un voyage culinaire où vous êtes maître à bord ; vous pouvez tester autant ou aussi peu de recettes que vous le souhaitez.

L'idée n'est pas de se fixer des objectifs mirifiques, mais de faire ce que l'on peut. Comme quand vous n'avez pas vraiment le temps de préparer des kilos de travers de porc avant que les invités arrivent (mais que vous essayez quand même), que vous brûlez votre gâteau (et que vous coupez discrètement les parties carbonisées) et que vous n'avez pas assez de chaises pour tout le monde (et si on s'asseyait par terre ?). La vie est ainsi faite, un peu chaotique et sans prétention – mais on ne la voudrait pas autrement.

trois choses utiles

1
demandez de l'aide

« Demander de l'aide n'est pas une faiblesse, c'est une force. »
— Moi à moi-même chaque fois que je cuisine.

Si, comme moi, vous aimez tout contrôler, déléguer n'est pas facile. Mais essayez de voir vos amis comme des contributeurs et des collaborateurs, et vous vous rendrez compte que tout le monde va se détendre, que les choses vont avancer plus vite et que l'ambiance sera bien plus détendue. Proposer à vos invités de participer en détachant les feuilles des herbes, en mélangeant une sauce au yaourt ou en coupant des légumes est une façon simple mais efficace de vous faciliter la tâche.

2
choisissez vos combats

L'une des questions qu'on me pose le plus souvent est : « Comment fais-tu pour être sûre que tout soit chaud en même temps ? » Ma réponse est toujours : « Ça n'arrive jamais. » C'est peine perdue. Et à moins que vous ne vous nourrissiez exclusivement de soupes et de ragoûts, il n'y a aucune raison de ne servir que des plats chauds. Si vous avez prévu des pâtes qui doivent l'être, alors proposez des brocolis vapeur à température ambiante en accompagnement. Si ce ragoût de porc au kimchi se déguste brûlant, alors tout le reste doit être prêt à l'avance et réservé au frais, idéalement. Choisissez vos combats. Et servir plusieurs plats chauds en même temps ne devrait pas être de ceux-là.

3
ne vous excusez jamais

Quand vous recevez, vous n'avez pas à vous excuser. Ni pour vos assiettes dépareillées, ni pour l'absence de « vrais verres à vin », ni pour l'heure un peu trop tardive du dîner (prévoyez juste un apéritif digne de ce nom dans ce cas). Acceptez et accueillez les petites imperfections qui font l'originalité et l'authenticité des repas que vous donnez. Vous ne tenez pas un restaurant — ne vous mettez pas la pression en tentant de faire comme si c'était le cas.

avant de commencer

les courses

J'aime faire des courses alimentaires comme d'autres aiment acheter des vêtements, et pas seulement parce que je suis un peu maniaque sur la forme des feuilles de persil et les marques de lait de coco, mais surtout, car c'est à cette occasion que je trouve l'inspiration. Comment pourrais-je me renouveler si je ne passais pas ma vie à arpenter les allées des supermarchés, à examiner les rayonnages parfaitement organisés et les piles de légumes ou les pièces de viande soigneusement découpées ? Errer sans but précis entre les étals du marché est une expérience indispensable à la créativité — si vous ne cuisinez que ce que vous connaissez, comment allez-vous découvrir de nouvelles choses ?

Je n'ai pas de lieu de prédilection pour effectuer mes achats. J'adore les marchés, et si je le pouvais, j'irais tous les jours tâter des tomates pour trouver « la bonne ». Mais ce n'est pas le cas. (J'adore les marchés new-yorkais, mais passer les tourniquets du métro et emprunter une rame bondée avec des produits pour quatorze personnes n'est pas vraiment une partie de plaisir.)

Heureusement, on trouve dans la plupart des villes tous les types de commerces imaginables — échoppes de quartier, magasins richement approvisionnés, épiceries fines, marchés aux poissons ultra-frais, grandes chaînes et minuscules boutiques de bouchers — et je vais partout. Je me rends à Chinatown parce qu'on y trouve d'excellents produits au meilleur prix, mais aussi à Brighton Beach pour l'incroyable variété de crèmes aigres et de caviar abordable disponibles. Je me fournis au marché des producteurs, car je raffole des raretés cultivées avec amour et des fruits et légumes de saison (et je trouve important de soutenir les petits exploitants), et je fréquente les grandes chaînes parce que c'est parfois le seul endroit où trouver mes gaufrettes à la vanille favorites.

Si, comme moi, vous avez une obsession pour la saisonnalité ou les produits laitiers d'Europe de l'Est, alors vous conviendrez qu'il n'y a rien de tel que de parcourir la ville pour trouver exactement ce qu'il vous faut. Mais si cela ne vous met pas en joie ou si vous n'avez pas le temps de faire la tournée des boutiques, sachez que vous trouverez presque tous les ingrédients présents dans ce livre près de chez vous. Vous pouvez commander tout le reste sur Internet.

les ingrédients

En règle générale, je m'abstiens d'indiquer des marques précises d'ingrédients (ne serait-ce que parce qu'elles ne sont pas disponibles partout), sauf quand j'estime que c'est nécessaire, auquel cas je donne des précisions. Il y a toutefois quelques éléments à avoir en tête quand vous ferez vos courses pour les recettes de ce livre :

Le **sel** pour l'assaisonnement et la cuisson est du gros sel (ou du sel casher, si vous en trouvez) ; pour le dressage, j'utilise de la fleur de sel.

Le **poivre noir** doit être fraîchement (grossièrement, de préférence) moulu au moulin, jamais pré-moulu.

Pour l'**huile d'olive**, ne prenez ni la moins chère ni la plus sophistiquée, mais choisissez-en une agréable en bouche.

Toutes les **herbes** sont fraîches, sauf mention contraire. Pour les herbes à feuilles, comme le persil, la coriandre, l'aneth et l'estragon, j'utilise les jeunes tiges en plus des feuilles (surtout quand je hache le tout par la suite). Pour les herbes plus robustes à tige épaisse, comme le romarin, le thym, l'origan et la marjolaine, je détache les feuilles de la tige ou je laisse le brin entier si j'ai prévu de le retirer plus tard.

L'expression **flocons de piment** désigne plusieurs types de piments et, sauf mention contraire, vous pouvez choisir ce que vous voulez en fonction de ce que vous trouvez et de vos goûts. Les flocons de piment rouge classiques sont les piments les plus relevés et les plus courants. (Ce sont ceux dont on parsème les pizzas.) Il en existe d'autres types, comme le **piment d'Alep** et le **gochugaru** — **flocons de piment coréens** — (tous deux sont doux et fruités) ou encore le **piment d'Urfa** (fumé et terreux, très peu — voire pas du tout — piquant).

J'apprécie la **chapelure** fraîche à grosses miettes, mais vous pouvez presque toujours la remplacer par de la chapelure panko. Je n'emploie jamais de chapelure extra-fine, que je trouve sans intérêt. **Pour faire la vôtre :** coupez du pain rassis en morceaux de 2,5 cm de côté (je laisse la croûte) et mixez-le jusqu'à l'obtention de miettes grossières (pas plus petites que des grains de riz, pas plus grosses que des petits pois). Vous pouvez la conserver au congélateur ou au réfrigérateur.

Sauf mention contraire, les **fruits à coque** sont toujours grillés. **Pour les faire griller :** placez-les, crus, sur une plaque et enfournez-les à 180 °C (th. 6) pour 6 à 12 min selon les fruits, jusqu'à ce qu'ils soient brun doré et parfumés.

Le **lait ribot** correspond au *buttermilk* anglo-saxon. On le trouve parfois sous le nom de lait fermenté maigre ou entier. Privilégiez la version entière, si possible.

Sauf mention contraire, le **beurre** utilisé est doux. Il existe des versions allégées, mais oubliez-les, c'est un conseil d'amie.

Le **fromage**, qu'il s'agisse de parmesan ou de cheddar, est toujours râpé à partir d'un morceau. Je n'utilise pas de fromage râpé en sachet, car il contient souvent des additifs, qui modifient le goût et la texture du fromage.

le matériel

Chez moi, la place est rare. Tout est optimisé. Je chéris mes vieilles poêles en fonte et plaques à pâtisserie, et je ne possède que le matériel que je juge indispensable. Je suis allergique à la technologie, en cuisine comme ailleurs. Voici la liste des ustensiles dont je ne peux pas me passer. (Je trouve les mixeurs et les robots pâtissiers pratiques, mais pas au point de les emporter sur une île déserte.)

Des poêles en Inox. Ayez-en une panoplie si ça vous chante, mais j'en utilise surtout deux : une grande (25 à 30 cm) et une petite (15 à 20 cm).

Une grande cocotte. Il existe différentes tailles, mais optez sans hésiter pour une contenance de 7 ou 8 l. Un modèle plus grand est inutile pour un usage courant, et les versions plus petites sont mignonnes et assez pratiques, mais pas assez grandes pour contenir une épaule de porc, par exemple.

Des plaques avec rebord. Je m'en sers, bien entendu, pour les cuissons au four, mais je les trouve aussi très pratiques dans mon organisation (j'en garde une au réfrigérateur pour les condiments collants ou qui fuient, et j'en ai une autre en guise de rangement dans le cellier). Je les utilise même comme plats de service à l'occasion.

Une râpe Microplane. Pour râper finement de l'ail, des agrumes ou du fromage : mes trois ingrédients préférés.

Un épluche-légumes. Rien ne vaut le modèle de base en plastique en forme de Y. J'en ai plusieurs, de différentes couleurs (je les perds tout le temps, et ils sont si peu chers). Aucun autre ustensile n'est aussi efficace.

Des cuillères en bois, spatules en silicone ou en caoutchouc, fouet métallique. Le tiercé gagnant de la cuisine, indispensable pour la préparation et la cuisson. Les versions basiques conviennent très bien.

Une spatule à poisson. Cette spatule flexible perforée a bien plus d'utilités que son nom le suggère. Je m'en sers pour mélanger des légumes rôtis, retourner des œufs ou encore transférer un gâteau ou un poulet sur un plat de service.

Une pince en métal. Un modèle peu coûteux aux extrémités en métal (pas en silicone) s'impose (on en trouve d'excellents dans les magasins de matériel pour restaurants.) La pince est une extension de ma main quand je cuisine, et je l'utilise souvent à la place d'une cuillère ou d'une spatule pour retourner, mélanger, prélever ou transférer, etc.

les essentiels du placard

Un garde-manger (et un réfrigérateur) bien garni vous sauvera la vie. Outre l'huile d'olive, le sel et le poivre, il y a d'autres éléments à toujours avoir en stock chez soi. Ils sont très utiles quand on reçoit. Voici une liste non exhaustive de certains des produits que j'ai sous la main en permanence.

Du fromage ! Il vous faut des fromages à pâte dure affinés, comme du parmesan ou du pecorino. Parfaits pour les fringales impromptues, ils ont aussi l'avantage de durer presque éternellement. Honnêtement, j'ai un morceau de parmesan depuis au moins deux ans au réfrigérateur. Et vous savez quoi ? J'ai bien l'intention de m'en servir.

S'ils se prêtent au grignotage ou aux plateaux de fromages improvisés, le parmesan ou le pecorino râpés rehaussent aussi n'importe quel plat de pâtes, de légumes rôtis ou même une salade. Je propose généralement un morceau de fromage sur une soucoupe avec une râpe Microplane ou un épluche-légumes à côté afin que chacun puisse en agrémenter son assiette.

Du poisson en boîte. Dans bien des régions du monde, le poisson en boîte est une évidence, mais aux États-Unis, au pays du mépris du poisson en boîte, c'est une autre histoire. Toutefois, je le dis, je l'avoue, il m'est arrivé de servir le contenu de telles conserves à l'apéritif ou d'en agrémenter une salade de pommes de terre (p. 135) ou des pâtes aux fruits de mer (p. 250). Pour plus d'informations sur mes poissons en boîte préférés, sur les meilleures façons de les servir et sur les accompagnements qui leur conviennent, consultez la section Du poisson à foison, p. 38.

De petites choses piquantes en saumure. Pickles, olives, câpres, câprons, oignons grelots et consorts possèdent leur propre étagère dans mon réfrigérateur. Bien sûr, je les utilise pour cuisiner et pour décorer mes plats et plateaux lors de dîners, mais bien souvent, ils constituent l'élément star de mes scénarios d'apéritifs. Même quand on n'a « rien » au réfrigérateur, il suffit de proposer un bol d'olives (ou mieux encore, d'Olives chics aux agrumes, p. 59) pour que vos invités vous voient comme un hôte fabuleux, aux talents hors pair en assemblage.

Les crackers. Je pensais initialement proposer un palmarès des crackers du commerce, mais je ne veux pas m'attirer les foudres des gens qui lisent ce livre, ni qu'ils le brûlent parce que j'aurais proféré que je préfère telle marque à telle autre. Mais, quelle que soit votre allégeance en matière de crackers — tendres ou sablés, piquetés de canneberges séchées ou parsemés de romarin —, usez et abusez-en. Pour rappel, les crackers sont parfaits avec du fromage (p. 45), avec du poisson en boîte (p. 29), mais aussi avec tous les dips du monde (et de ce livre). Ils sont délicieux sans rien, à même le paquet au milieu de la nuit, comme nappés de crème aigre et de caviar pour une soirée festive. Les crackers s'adaptent à tout et, pour cette vertu seule, ils trônent en permanence dans mon garde-manger.

Les agrumes. Je n'ai pas fait le calcul, mais je dirais que 90 % des recettes de ce livre contiennent des agrumes ou invitent à leur usage. Qu'ils soient sous forme d'écorce dans votre Bar à martini DIY (p. 63) ou hachés dans une sauce salade (p. 87), les citrons, citrons verts, oranges et pamplemousses rehaussent tout ce qu'ils touchent. Il est intéressant d'en avoir sous la main pour les recettes, mais sachez que des mandarines constituent également un dessert de dernière minute tout à fait acceptable.

L'eau pétillante. Vous ressentez un picotement de joie quand le serveur vous propose de l'eau pétillante au restaurant ? Voilà ce que vos invités vont éprouver lorsqu'ils sauront que l'eau gazeuse coule à flots chez vous. Peut-être est-ce dû au fait que je vis à New York depuis trop longtemps (la capitale de l'eau pétillante, *baby* !), mais je ne pourrais plus m'en passer. Elle est idéale dans un cocktail (de préférence un Spectaculaire spritz, p. 33), pour s'hydrater (oui, oui) ou pour faire une pause entre deux verres de vin. Peu importe qu'elle provienne d'une bouteille ou d'une machine, elle sera bienvenue. Un point bonus si elle est agrémentée d'un zeste d'agrume !

Du pain. Chaque fois que j'achète du pain, j'en prends un peu plus pour en congeler et en avoir pour plus tard. Souvent, le « plus tard » se révèle un soir où j'ai des invités et où j'ai oublié d'acheter du pain/je n'en ai pas assez/je crains de ne pas avoir assez à manger d'autant qu'il y a trois hôtes supplémentaires de dernière minute, et qu'est-ce qui cale bien ? Du pain !

Cerise sur le gâteau, le pain sert aussi à faire des croûtons (p. 77) et de la chapelure (p. 14) : deux choses que vous ferez à l'envi une fois que vous aurez lu ce livre (du moins je l'espère).

Pour redonner vie à du pain un peu rassis ou décongelé : préchauffez le four à 200 °C (th. 6-7). Passez très rapidement le pain sous l'eau froide de façon à humecter légèrement la croûte. Placez-le directement sur la grille du four et faites-le cuire de 7 à 8 min, jusqu'à ce qu'il soit croustillant et doré à l'extérieur, et moelleux et chaud à l'intérieur. Coupez le pain ou rompez-le avant de servir.

Pour du pain congelé : préchauffez le four à 200 °C (th. 6-7). Enveloppez le pain dans du papier d'aluminium et enfournez-le pour 10 min, de façon à le décongeler. Ôtez le papier d'aluminium et suivez les instructions ci-dessus.

Du chocolat. Le chocolat et moi ne sommes pas proches ; nous sommes plutôt des connaissances avec des amis en commun. En soirée, il y a presque toujours quelqu'un qui demande si je n'aurais pas « un petit quelque chose au chocolat ». Qui suis-je pour leur refuser ce plaisir ? Alors j'ai toujours des tablettes de chocolat de qualité, des Mikados ou des gaufrettes au chocolat pour les satisfaire. (Pour une expérience chocolatée maison, testez les cookies, p. 306.)

De la glace à la vanille. C'est un classique, O.K., mais la glace à la vanille est la meilleure. C'est le seul parfum qui se marie absolument avec tout, raison pour laquelle je le vénère plus que tout autre. La glace à la vanille m'évoque la chantilly, mais en meilleur et sans effort. Des Pêches rôties à l'hibiscus (p. 304) ? De la glace à la vanille ! Un Cake au citron et au curcuma (p. 309) ? Un délice avec de la glace à la vanille ! Un Gâteau au chocolat craquelé (p. 288) ? OUI, avec de la glace à la vanille ! Si vous recevez, achetez-en et vous trouverez sûrement une façon de l'utiliser, même si vous n'aviez pas prévu de faire un dessert (p. 271). Vous ne le regretterez pas.

WONDER VALLEY
OLIVE OIL
375 ML · 12.7 OZ
MIEL MARITIME — SEASHORE HONEY
HERRIOTT GRACE
Net wt 10.58 oz 300 gr
ACCIUGHE SALATE
AGOSTINO RECCA
SICILY · SCIACCA · ITALY
EST. Roland 1934
SARDINES
EST. Roland 1934
SARDINES
EST. Roland 1934
SARDINES
EST. Roland 1934
SARDINES
POMIDORI PELATI • WHOLE PEELED TOMATOES
GROWN AND PACKED IN USA
POMIDORI PELATI • WHOLE PEELED TOMATOES
FILETTI DI ACCIUGHE
ALL'OLIO DI OLIVA
INGREDIENTI: ACCIUGHE (Engraulis encrasicolus), OLIO DI OLIVA, SALE.
Peso Netto 750 g ℮ Peso Sgocc. 450 g
ROSCIOLI
PARROT
SWEETENED CONDENSED FILLED MILK
LECHE CONDENSADA AZUCARADA LLENADA
NET WT / PESO NETO 14 OZ (396g)
JOYVA
SESAME TAHINI
CREAMY PURÉE OF ROASTED SESAME SEEDS
NET WT. 15 OZS. 425 g
HARVESTED IN SICILY

apéritif

Pas de hors-d'œuvre ou de canapés à l'apéritif !

Loin de moi l'idée d'employer l'un ou l'autre de ces termes. Pour moi, l'heure de l'apéritif est synonyme de grignotages, de snacks, même, comme disent les Anglo-Saxons : ce sont des projets artistiques sans stress — ils sont décontractés, ils sont faciles à vivre. Ce sont de délicieuses diversions, le seul type d'aliments permettant de dépasser l'angoisse qui naît lorsqu'on se rend compte à 19 h 30 que le repas ne sera jamais prêt avant deux bonnes heures. Vous ne trouverez aucun mini-sandwich élaboré ou feuilleté de quelque sorte que ce soit dans ce chapitre *(Sorry, not sorry)*. Ce que vous allez y trouver, ce sont de petites gourmandises délicieuses, addictives et faciles à faire pour, euh, grignoter en attendant les choses sérieuses. À moins que ce ne soient elles, les choses sérieuses, qui sait ?

J'ai réuni dans cette section les essentiels de l'apéritif (et, par là même occasion, mes types de plats préférés). Vous y découvrirez des dips crémeux, des fruits à coque relevés, des fruits salés, des légumes piquants et, bien sûr, des tonnes de fromage. Il y a des recettes-recettes, mais aussi des idées d'assemblages. Une page entière est consacrée au poisson fumé ou en boîte. Bonus : une focaccia (à levée rapide) que vous (oui, vous !) pouvez cuire vous-même. Ce soir. Bienvenue à mon apéro party sans tambour ni trompette ni même piques à cocktail, mais avec plein de paillettes !

Labné à l'huile au piment et aux ciboules grillées

pour 2 bols

8 cl d'huile d'olive
4 ciboules ou tiges d'aillets, la partie blanche et la partie verte taillées en fines rondelles
1 cuil. à café de flocons de piment
2 cuil. à soupe de coriandre ou de ciboulette finement hachée + un peu pour décorer
500 g de labné, de yaourt à la grecque au lait entier ou de crème aigre
2 cuil. à soupe de jus de citron
sel et poivre du moulin

Mes amis l'ont surnommé « LE dip », et il m'est désormais totalement impossible de me rendre à une soirée ou d'en organiser une sans qu'on me réclame « LE dip ». Une fois que vous l'aurez réalisé, vous comprendrez pourquoi. C'est ma version sophistiquée de la sauce ranch, et je n'en suis pas peu fière. Pour vous en dire un peu plus, l'idée est de rehausser un labné épais et citronné d'une huile pimentée dans laquelle on a fait revenir des tiges de coriandre (ou de ciboulette). À ce stade, je sais déjà ce que vous pensez : l'association d'un produit laitier acide et d'une huile piquante aux herbes semble tout à fait irrésistible, et je vais de ce pas en préparer. Je ne saurais que vous y encourager. Si vous mettez la main sur de l'aillet (on ne le trouve que brièvement en saison, et presque uniquement au marché des producteurs), utilisez-le à la place des ciboules.

1 Mettez l'huile d'olive, les ciboules, les flocons de piment et la coriandre dans une petite casserole et faites-les chauffer sur feu doux à moyen. Laissez cuire, en remuant de temps à autre, jusqu'à ce que les ciboules et les flocons de piment commencent à frémir et à grésiller et que l'huile ait pris une couleur orange flamboyante. Retirez la casserole du feu et laissez refroidir légèrement le mélange, puis salez et poivrez.

2 Mélangez le labné et le jus de citron dans un saladier de taille moyenne. Salez et poivrez.

3 Transférez le labné dans un saladier de service et arrosez-le d'huile aux ciboules en formant des volutes. Parsemez de coriandre, si vous le souhaitez.

À L'AVANCE L'huile aux ciboules grillées peut être réalisée jusqu'à 1 semaine à l'avance, puis réservée au réfrigérateur, soigneusement couverte. De même, vous pouvez assaisonner le labné 1 semaine à l'avance, le recouvrir de film alimentaire et le réserver au frais. Mélangez les deux juste avant de servir.

Dip de betterave aillé aux noix

pour environ 2 bols

450 g de betteraves, de carottes ou de patates douces, parées et grattées
8 cl d'huile d'olive + un peu pour arroser
1 gousse d'ail, épluchée et pressée
4 cuil. à soupe de noix, de noisettes ou d'amandes, grillées à sec (voir p. 14)
2 cuil. à soupe de vinaigre de vin rouge ou de vinaigre de vin blanc + un peu selon votre goût
125 g de crème aigre ou de yaourt à la grecque au lait entier (facultatif)
3 cuil. à soupe d'aneth grossièrement haché
sel et poivre du moulin

NOTE *Traditionnellement réalisée à partir de poivrons rouges grillés et parfois de tomates, la sauce romesco est un mélange acidulé et légèrement épicé aux accents de noisette. Elle constitue un dip parfait avec des légumes crus, mais on peut également en tartiner des crackers ou des toasts — et donc, oui, il est aussi possible d'en garnir des sandwichs, mais il n'y a pas de sandwichs dans ce livre. Désolée.*

Dans ce dip inspiré de la sauce romesco (mais qui n'est en rien la version authentique), les betteraves rôties remplacent les poivrons rouges grillés (j'observe très scrupuleusement la règle « zéro poivron » que je me suis fixée.) Mais le principe se décline avec différents légumes rôtis — carottes, patates douces et aubergines en tête. Dans cette version, je n'ai ajouté aucune épice, car je trouve la saveur de l'ail et de la betterave suffisamment puissante, mais on pourrait tout à fait assaisonner le dip de curcuma, de cumin ou de paprika en poudre. J'aime apporter une note grasse et acidulée pour contrer le côté sucré de la betterave, alors j'ajoute un peu de yaourt ou de crème aigre, mais ce n'est pas une obligation.

1 Préchauffez le four à 210 °C (th. 7).

2 Placez les betteraves dans un grand plat allant au four. Arrosez-les d'un peu d'huile d'olive, salez et poivrez. Enfournez-les pour 1 h à 1 h 10 selon leur taille, jusqu'à ce qu'elles soient tendres. (Si vous utilisez des patates douces, le temps de cuisson sera le même ; pour des carottes, comptez 40 à 45 min.)

3 Sortez les betteraves du four et laissez-les légèrement refroidir de façon à pouvoir les peler, puis coupez-les en cubes.

4 Placez-les dans le bol d'un robot mixeur avec l'ail, les fruits à coque, l'huile d'olive et le vinaigre. Mixez par brèves pressions successives jusqu'à l'obtention de la texture de vos rêves, celle-ci différant pour chacun. Pour moi, elle ne doit pas être totalement lisse, mais aisément tartinable ; si vous préférez des morceaux plus gros ou quelque chose de plus lisse, allez-y !

5 Une fois la texture adéquate obtenue, incorporez la crème aigre, si vous le souhaitez. Salez, poivrez et ajoutez un peu de vinaigre. Transférez le dip dans votre plus joli bol, arrosez-le d'huile d'olive et parsemez-le d'aneth.

À L'AVANCE Vous pouvez réaliser le dip 1 semaine à l'avance et le conserver au frais, recouvert de film alimentaire.

Dip crémeux au sésame et au curcuma

pour environ 2 bols

225 g de fromage frais à tartiner ou de ricotta, de préférence à température ambiante
180 g de crème aigre ou de labné
60 g de tahin
2 cuil. à soupe d'eau
6 cl d'huile d'olive
2 cuil. à soupe de graines de sésame blanc
1 cuil. à café de curcuma en poudre
fleur de sel
sel et poivre du moulin

NOTE *C'est l'un des rares cas où je préfère le fromage à tartiner battu à celui non battu, car cela évite le recours à un robot mixeur, mais les deux fonctionnent.*

On a tous besoin d'un « apéritif maison », à savoir un élément que vos amis s'attendent à retrouver chaque fois qu'ils viennent chez vous. J'en ai deux : le parmesan et ce dip. Le ratio entre fromage frais et crème aigre varie en fonction de ce que j'ai sous la main, et il peut aussi m'arriver d'ajouter une poignée d'herbes fraîches ou une pincée de flocons de piment, etc. L'idée de base est d'avoir quelque chose de crémeux agrémenté de tahin, et arrosé d'un mélange magique composé d'huile d'olive, de graines de sésame grillées et de curcuma. J'adore accompagner ce dip de crackers, mais vous pouvez y tremper à peu près tout ce que vous voulez.

1 Mélangez le fromage à tartiner, la crème aigre, le tahin et l'eau dans le bol d'un robot mixeur, et mixez par brèves pressions successives jusqu'à ce que le mélange soit parfaitement lisse et crémeux. (Vous pouvez aussi effectuer cette tâche à la cuillère ou à la fourchette ; le mélange sera moins homogène, mais ce n'est pas un problème.) Salez et poivrez.

2 Faites chauffer l'huile d'olive dans une petite poêle, ajoutez les graines de sésame et faites-les griller de 2 à 3 min à feu moyen, en remuant de temps à autre, jusqu'à ce qu'elles soient brun doré et exhalent leur parfum. Ajoutez le curcuma et retirez la poêle du feu.

3 Transférez le mélange au fromage dans un joli bol de service, et arrosez-le d'huile au sésame et au curcuma. Parsemez de fleur de sel et poivrez avant de servir.

PETITS MAQUEREAUX AU CITRON

on a toujours l'anchois

Parmi mes traits caractéristiques, il y a « aime les anchois », et j'en suis fière. Ces poissons sont charnus, délicieusement salés et font des merveilles, quelle que soit la situation : dans une marinade, une salade, une sauce, un ragoût et, peut-être plus encore, seuls, sans artifice, pour le seul plaisir du goût.

On trouve des filets d'anchois de différentes tailles, aussi bien en bocal qu'en conserve. Les deux sont très bien, mais si vous voulez mon opinion (j'espère que oui), à moins que vous n'ayez prévu de cuisiner ou de dévorer tout le contenu de la boîte, il vaut mieux choisir un bocal. Lorsque vous ouvrez un bocal ou une boîte, les anchois doivent être roses et fermes, et exhaler un agréable parfum salé, iodé et très fort (comme pour le fromage, il y a la forte odeur bonne et la forte odeur mauvaise — vous saurez faire la différence).

J'adore manger des anchois à même le bocal ou simplement étalés sur du pain beurré ou des toasts frottés à l'ail, mais l'une des façons les plus satisfaisantes de les déguster est la « gilda » : des tapas espagnoles très populaires où les anchois sont enfilés sur des piques à cocktail avec des piments en saumure ou des olives, ou les deux. En règle générale, je n'aime pas trop utiliser des piques à cocktail, car j'ai l'impression de jouer les traiteurs pour un mariage, mais ces bouchées sont trop mignonnes et d'une simplicité enfantine. Vous pouvez même demander à vos amis de les réaliser le temps que vous préparez le reste du repas.

Anchois marinés au piment et chips de pommes de terre

pour 4 à 8 personnes

1 ou 2 boîtes ou 1 bocal de filets d'anchois
6 cl de vinaigre blanc distillé
4 piments calabrais ou guindillas, taillés en fines rondelles ou 1 généreuse pincée de flocons de piment
chips de pommes de terre, pour accompagner

NOTE *Les chips constituent une expérience hautement personnelle, et jamais je ne vous infligerais mes standards élevés et mes opinions tranchées en la matière (je plaisante — bien sûr que je le ferais !), mais si vous me posez la question, je vous dirais de choisir des chips neutres en goût et à la texture solide. Chez moi, à New York, je privilégie les monuments nationaux que sont les chips Kettle ou Cape Cod, mais je ne cracherais pas non plus sur des Ruffles ou des Lay's. Le plus important est qu'elles ne soient ni émiettées ni écrasées — il vous faut des chips entières pour savourer cette préparation à sa juste valeur. Les miettes n'y ont pas leur place.*

Je vais vous raconter une histoire ennuyeuse. Un jour, je passais un après-midi parfait en Sicile, en buvant un spritz à l'Aperol parfait tout en dégustant des olives parfaites (j'avais prévenu que l'histoire était ennuyeuse). Je m'apprêtais à commander un *gelato* parfait, quand tout à coup, ces petits anchois parfaits sont apparus, accompagnés d'un bol de chips parfaitement salées. J'ai supposé qu'il fallait les manger ensemble, sinon pourquoi les proposer côte à côte, comme réunis par le destin ? Ce n'était peut-être pas le cas, car je n'ai vu personne d'autre surmonter ses chips d'anchois, mais cela n'a aucune importance, car ils se mariaient « parfaitement » (thématique du jour). Je vous promets que ce récit vous paraîtra au moins 80 % moins soporifique une fois que vous aurez goûté à ce plat.

1 Ouvrez vos boîtes ou votre bocal d'anchois et égouttez-les. Déposez les anchois dans une assiette de service ou un bol peu profond et recouvrez-les de vinaigre.

2 Répartissez les piments sur les anchois dans le but d'en relever le goût. Laissez-les mariner pendant au moins 10 min (et jusqu'à 1 h).

3 Dégustez les anchois sur des chips, comme une touriste américaine en Italie. Un spritz à l'Aperol est facultatif, mais recommandé.

spectaculaire spritz

Je raffole des spritz — spritz à l'Aperol, spritz au Campari, spritz au Cappelletti, spritz au vin blanc — tout ce qui se prête au spritz, j'en fais un spritz. Quant au spritz allégé en alcool, je préfère le considérer comme un rafraîchissement léger plutôt que comme un cocktail. Cela me permet d'en boire plusieurs au cours d'une même soirée sans sombrer dans une ivresse incontrôlable. Faire fi du mot « cocktail » m'autorise également à parler en termes de ratio et non de recette. (Je n'ai rien contre les recettes de spritz, mais disons que je ne m'imagine pas dégainer un doseur pour réaliser une boisson aussi simple que celle-ci.) Les spritz ont un petit goût de vacances, un attrait irrésistible : ils emplissent de joie tous ceux qui y trempent leurs lèvres.

Il existe quantité de manières de réaliser ce breuvage délicieusement effervescent, et personne ne devrait se sentir tenu de suivre des mesures exactes ou d'employer des ingrédients spécifiques. Ma version la plus simple est composée d'un tiers de liqueur douce-amère (comme de l'Aperol, du Campari, du Cappelletti, du Lillet ou de la Suze — il en existe à foison, alors n'hésitez pas à multiplier les expériences), d'un tiers de vin blanc pétillant ou même classique (jamais je ne vous encouragerai à boire du vin blanc de deuxième choix, mais le spritz est l'occasion rêvée d'utiliser une bouteille de moindre qualité dont vous ne savez que faire) et d'un tiers d'eau pétillante. N'oubliez pas que ce ratio peut varier en fonction de l'endroit où vous êtes et de vos interlocuteurs, mais c'est une bonne règle de base.

POUR LES RÉALISER

Remplissez de glaçons un grand verre de votre choix (verre à whisky, verre à vin, tumbler, comme vous voulez !). Remplissez-le pour un tiers d'une liqueur douce-amère, comme de l'**Aperol**, du **Campari**, du **Cappelletti**, du **Lillet** ou de la **Suze**. Recouvrez-la d'un tiers de **vin blanc pétillant**, de **vin blanc** classique ou de **rosé**, et garnissez le dernier tiers d'**eau pétillante**. Décorez avec une rondelle, un quartier ou un morceau d'écorce de **citron**, d'**orange** ou de **pamplemousse**. Ensuite, régalez-vous jusqu'au bout de la nuit (ou de la journée) !

Un cocktail de crevettes en toute occasion

pour 6 à 10 personnes

POUR LA SAUCE
50 cl de ketchup Heinz®
6 cl de jus de citron + un peu selon votre goût
3 cuil. à soupe de yuzukosho ou de harissa + un peu selon votre goût
1 cuil. à soupe de sauce Worcestershire (ou sauce Maggi)
raifort fraîchement râpé ou en bocal (si vous ne pouvez pas faire autrement)
sel et poivre du moulin

POUR LES CREVETTES ET LE DRESSAGE
1 kg de grosses crevettes crues non décortiquées
1 gros oignon, épluché et coupé en quatre
1 poignée de grains de poivre noir
3 citrons, 1 coupé en deux et 2 coupés en quartiers
olives ou cornichons (facultatif)
Aïoli citronné (recette en page de droite, facultatif)
sel

NOTE *Je ne tolère aucune autre marque de ketchup que Heinz®.*

Vous voyez ces personnes, dans les soirées, qui campent à côté du cocktail de crevettes et qui avalent quasiment tout le plateau en espérant que personne ne les remarque, sans pour autant envisager d'arrêter ? Cette personne, c'est moi. Voilà pourquoi j'ai décidé de ne plus attendre les fêtes ou un anniversaire pour me délecter de crevettes jusqu'à en éclater. J'organiserai désormais mes *propres* fêtes, avec ma propre sauce cocktail et mes propres crevettes pochées, dont je mangerai sans doute la moitié à moi seule. Il n'y a pas besoin d'occasion, de raison ou d'excuse pour cela. Ou peut-être juste celle-ci : « j'ai envie de manger un cocktail de crevettes ce soir », et elle est parfaitement valable.

Pour ce qui est de *ma* sauce cocktail, elle est plutôt citronnée et relevée, mais vous pouvez adapter les quantités en fonction de vos goûts. Je ne fais pas non plus partie de ceux qui n'imaginent pas une sauce cocktail sans raifort, mais si vous en raffolez, faites-vous plaisir et ajoutez-en. Quant à l'aïoli, ce n'est pas un composant traditionnel du cocktail de crevettes, mais selon moi, plus il y a de dips, mieux c'est, quelle que soit la situation. Une mayonnaise largement assaisonnée de citron et d'ail sera aussi parfaite.

1 Préparez la sauce. Mélangez le ketchup, le jus de citron, le *yuzukosho* et la sauce Worcestershire dans un saladier. Salez, poivrez et ajoutez un peu de jus de citron, si vous le souhaitez. Si vous êtes un puriste, c'est le moment d'ajouter 1 ou 2 cuil. à soupe de raifort ou de mettre un peu plus de *yuzukosho*. Réservez la sauce pour la manger avec les crevettes ou jetez-vous dessus éhontément à la cuillère.

2 Préparez les crevettes. Décortiquez les crevettes en laissant la queue, et sans les déveiner (sinon, elles vont s'enrouler à la cuisson). Si l'idée de manger des crevettes non déveinées vous débecte, déveinez-les, mais je vous assure qu'il n'y a pas de quoi fouetter un chat, vraiment !

3 Portez à ébullition une marmite d'eau très salée (comme la mer !) et ajoutez l'oignon et les grains de poivre. Faites pocher les crevettes, en plusieurs fois si besoin, de 3 à 4 min, jusqu'à ce qu'elles soient rose vif et opaques. Égouttez-les ou retirez-les de l'eau à l'aide d'une écumoire, puis transférez-les sur une plaque de cuisson afin qu'elles refroidissent le plus vite possible. (Si, par miracle, vous avez de la place au réfrigérateur, glissez-les à l'intérieur pour abaisser au plus leur température.) Renouvelez l'opération avec les crevettes restantes.

4 Pour le dressage, pressez le jus des demi-citrons au-dessus des crevettes. Remplissez un grand saladier de glaçons, puis déposez les crevettes et les quartiers de citron par-dessus ; il n'est pas nécessaire de les disposer en cercles concentriques ou autre, faites juste quelque chose d'esthétique. Si vous le souhaitez, ajoutez également quelques olives ou des cornichons. Prévoyez un bol pour les queues.

5 Servez les crevettes avec la sauce cocktail et l'aïoli citronné.

À L'AVANCE La sauce cocktail peut être réalisée 2 semaines à l'avance, mais honnêtement, si vous cuisinez pour une soirée 2 semaines à l'avance, détendez-vous un peu !

Aïoli citronné

pour 2 bols

2 gros jaunes d'œufs
2 cuil. à café de jus de citron + un peu selon votre goût
12,5 cl d'huile d'olive
12,5 cl d'huile de pépins de raisin ou d'huile végétale
1 petite gousse d'ail, épluchée et pressée (facultatif)
1 cuil. à soupe de zeste de citron finement râpé (facultatif)
sel

1 Battez les jaunes d'œufs, le jus de citron et 1 pincée de sel dans un saladier de taille moyenne (plus profond que large, si possible — il est plus facile d'obtenir une émulsion quand les ingrédients sont concentrés au même endroit). Mélangez les deux huiles dans un verre doseur muni d'un bec verseur.

2 Incorporez ensuite l'huile aux œufs en un long filet continu, 1 cuil. à soupe après l'autre, en battant sans cesse au fouet et en veillant à bien avoir incorporé toute l'huile avant d'en ajouter de nouveau. Continuez jusqu'à épuisement de l'huile, et délayez le tout avec de l'eau ou du jus de citron pour éviter que le futur aïoli n'épaississe trop. (L'épaisseur idéale est une notion personnelle et quand vous l'aurez obtenue, vous saurez.)

3 Incorporez l'ail et le zeste de citron, si vous le souhaitez, et rectifiez l'assaisonnement en sel et en jus de citron selon vos goûts.

du poisson à foison

Je n'hésite jamais à acheter du poisson fumé ou en conserve, car on trouve sur le marché des produits de qualité exceptionnelle, proposés par des experts passionnés. Vous n'avez pas forcément envie d'offrir une truite entière fumée à des amis pour leur pendaison de crémaillère (chose que j'ai faite, pour ma part), mais alors, comment savourer ces aliments à leur juste valeur ?

Eh bien, pour offrir une soirée poisson qui laissera à vos invités des yeux de merlan frit, certains éléments sont indispensables. En premier lieu, il vous faut du poisson. Comme vous n'allez pas partir au Portugal pour vous en procurer, vous devrez vous tourner vers les boutiques spécialisées bien approvisionnées et les supermarchés, avec un choix moindre, certes, mais qui a le mérite d'exister. Le terme « poisson », ici, ne se résume pas spécifiquement au poisson : les œufs de saumon ou de truite et les fruits de mer en conserve comme les couteaux et les moules sont également les bienvenus. Essayez différentes marques et divers types jusqu'à ce que vous ayez trouvé vos produits fétiches. (Du maquereau aux piquillos d'Espagne ! Des sardines à l'huile d'olive d'Italie ! Du saumon fumé du Lower East Side de Manhattan !) En règle générale, je ne suis pas de celles qui pensent que prix élevé rime avec qualité, mais en matière de poisson fumé ou en conserve, je suis convaincue qu'il y a une corrélation ; je vous invite donc à faire des folies !

Une fois que vous avez le poisson, il vous faut quelque chose pour le mettre dessus. Les gros crackers sont toujours mon premier choix, car, sans être trop proches du pain, ils peuvent fièrement accueillir une garniture et être saisis sans risquer de se briser. Si vous optez pour du pain, je vous recommande un pain de seigle aux graines, ou un autre pain dense et texturé. Taillez-le en tranches fines et faites-les griller. D'aucuns aiment les tranches épaisses de baguette grillée, mais cela me donne l'impression de manger des « tartines au poisson » et je ne suis pas particulièrement fan de l'idée, alors...

Maintenant que vous avez du bon poisson sur des crackers, il vous faut quelque chose de piquant ou d'épicé, voire les deux, pour casser le côté gras et salé de la garniture. La liste complète serait longue, alors je vais vous indiquer mes chouchous : de fines lamelles d'**oignon cru** pour leur agréable âcreté, des **oignons grelots en saumure**, et des **cornichons** pour leur acidité. Des **câprons** pour leur formidable texture granuleuse et leur saveur saumurée. Des **herbes fraîches**, en particulier de l'**aneth**, de la **ciboulette** et du **persil**. Des **piments calabrais** ou des **piments en saumure** comme des **guindillas** ou des **peperoncinis** pour le piquant.

Vous avez la fraîcheur et le piquant ? Il vous faut quelque chose de crémeux et de riche pour faire bonne mesure ! Pour cela, jetez votre dévolu sur du **beurre ramolli** parsemé de fleur de sel, de la **crème aigre** ou du **labné** au citron, et/ou (*et* de préférence) de l'**aïoli** ou de la **mayonnaise**. Les **jaunes d'œufs**, s'ils sont techniquement plus difficiles à étaler sur quelque support, il faut bien l'admettre, forment de succulents compléments ; je propose donc souvent des demi-œufs à la coque ou mollets en accompagnement.

WWW.JOSEGOURMET.COM

Œufs coulants et poisson pimpant sur crackers

pour 6 à 12 œufs

6 à 12 gros œufs
Aïoli citronné (p. 37), mayonnaise, yaourt à la grecque au lait entier, crème fraîche ou crème aigre, pour tartiner
crackers ou pain grillé
ciboulette finement hachée
aneth grossièrement haché
persil grossièrement haché
truite ou saumon fumé(e), ou autre poisson en boîte, fumé ou en saumure
câprons et/ou cornichons, coupés en deux
oignon rouge, épluché et émincé, pour le dressage
1 citron, coupé en quartiers, pour le dressage
fleur de sel et poivre du moulin

NOTE *C'est le genre de plat où je préfère que chacun se serve. Ce n'est pas de l'impolitesse, mais si vous êtes invité, je fais déjà beaucoup de choses et il ne me semble pas que garnir un cracker pour vous soit nécessaire. Je mets tous les ingrédients en scène si joliment, n'est-ce pas suffisant ? Cependant, si vous êtes un hôte plus généreux et dévoué que moi, allez-y !*

Servir des œufs sur des crackers se fait plutôt au petit déjeuner, me direz-vous : vous n'avez pas tort — j'en mange souvent le matin moi-même. Mais lorsque les œufs (surtout les œufs mollets) sont accompagnés d'un dip crémeux, de beaucoup d'herbes et de n'importe quel poisson en boîte, fumé ou en saumure que vous avez sous la main (vous avez bien tout ça sous la main, n'est-ce pas ?), et peut-être de quelques pickles ou câprons, on a un pré-dîner/cocktail/apéritif dînatoire vraiment succulent.

1 Portez une grande casserole d'eau à ébullition. Déposez-y délicatement les œufs et faites-les cuire pendant 6 min. SIX MINUTES. Pas une de plus, pas une de moins.

2 Transférez les œufs dans un saladier et passez-les sous l'eau froide. En ne les faisant cuire que 6 min, cela laisse un peu de marge, alors si vous n'utilisez pas de bain de glaçons (je ne le fais jamais), les jaunes resteront mollets et coulants juste comme il faut. Si vous craignez un raté, sachez qu'il vaut mieux des œufs légèrement trop cuits que pas assez, pour éviter que le jaune ne s'étale de façon incontrôlable.

3 Écalez les œufs, placez-les dans un plat festif, puis posez-les sur la table avec les autres ingrédients, qui permettent toutes les variations possibles. Cela se fait assez intuitivement, mais si certains hôtes ont besoin d'aide, dites-leur ceci :

> « Si vous voulez de l'aïoli, de la mayonnaise, de la crème aigre ou autre, tartinez-en votre cracker ou toast, puis coupez un œuf avec un couteau ou une fourchette et pressez-le sur le cracker ou le pain. Ajoutez la combinaison de votre choix de poisson, de ciboulette, d'aneth, de persil, de fleur de sel, de poivre, de câprons et/ou de cornichons et d'oignon. Voici des quartiers de citron pour en arroser les toasts. Régalez-vous. »

Œufs de truite sur toasts beurrés et herbes au citron

pour autant que vous le souhaitez

bon pain, de préférence de seigle, taillé en fines tranches et grillé
une grande quantité de beurre doux ou demi-sel de qualité, ramolli
60 g d'œufs de truite ou de saumon (fumés ou non)
ciboulette, persil et/ou aneth grossièrement haché(e)
zeste de citron, pour décorer
sel et poivre du moulin

NOTE *Le saumon fumé, le gravlax et les poissons en boîte fonctionnent aussi très bien ici.*

Vous n'avez pas besoin de moi pour savoir que les toasts beurrés sont bons, mais peut-être avez-vous besoin de moi pour savoir que des toasts beurrés rehaussés de minuscules œufs de truite fumés et salés sont une pure merveille. Pour moi, les œufs de truite sont une sorte de caviar plus mignon et plus savoureux. Ce n'est pas ce qu'il y a de moins cher, mais une chose est sûre, ça en mettra plein la vue à vos invités. C'est le type de toasts qu'on peut aisément préparer pour les autres, mais je préfère poser tous les éléments sur un plat et laisser chacun faire son toast.

1 Tartinez les tranches de pain de beurre. S'il est un moment où l'expression « ne soyez pas timide » s'applique, c'est bien ici. Ne soyez pas timide sur le beurre ! Saupoudrez de sel et de poivre.

2 À l'aide d'une cuillère, déposez délicatement mais sûrement les œufs de truite sur les toasts. Parsemez-les d'herbes et de zeste de citron, puis servez.

Conservas ORTIZ

Ricotta Salata Sheep Milk
Ricotta Salata Sheep Milk
AMBROSI
AMBROSI

le plateau de fromages ultime

Comme tous ceux qui ont déjà organisé ou rejoint une soirée le savent, ce qui compte, ce n'est pas le vin, votre tenue ou la playlist que vous avez mis des heures à peaufiner, c'est le fromage. Mieux encore qu'un dip de bienvenue, un plateau de fromages bien fourni détend l'atmosphère gênée qui s'installe quand les deux seules personnes qui ne se connaissent pas arrivent les premières à la fête. Il remplit l'estomac de ceux qui se présentent le ventre vide — c'est-à-dire à peu près tout le monde, en théorie — et les tient occupés une bonne partie de la soirée, si d'aventure vous avez sous-évalué les temps de cuisson. Un bon plateau de fromages vous fera gagner un temps précieux au moment où vous en aurez le plus besoin et, rien que pour cela, rien ne le surpasse.

Le but n'est pas de gagner le concours du plus grand nombre de variétés sur un même plateau. Mieux vaut proposer de généreux morceaux de trois types de fromages très différents et de très bonne qualité (dans mon cas, un fromage à pâte ferme et salée, un autre à pâte semi-molle et poivrée, et un dernier doux et crémeux) que de petites quantités de produits médiocres. Je préfère les crackers au pain frais ou grillé, mais vous pouvez tout à fait servir les deux.

Pour ce qui est de la présentation, je n'aurais qu'un mot à dire : relax. À moins d'être chargé du visuel d'un plaid de pique-nique pour un catalogue de vente par correspondance, vous pouvez allègrement renoncer aux tranches en éventail et aux bouquets de lamelles savamment agencées. En fait, vous pouvez même passer l'étape de prédécoupe et vous contenter de placer un couteau à côté de chaque fromage (voire une petite cuillère si vous avez un spécimen vraiment coulant). Pour le support, pas la peine de partir en quête d'un plateau vintage en vide-grenier ou de récupérer une plaque d'ardoise dans une carrière locale — une grande plaque à découper, un plat classique ou même un plateau sont d'excellentes options.

Pour les petits comités (deux à six personnes), j'ai tendance à choisir un seul fromage et à me reposer sur lui : je peux ainsi placer sur une assiette un morceau de très bon parmesan, y planter un couteau et inviter mes amis à en prélever des copeaux pour grignoter. Si quelqu'un s'en trouve contrarié, j'ai la réponse imparable : « C'est comme ça qu'on fait en Italie », même si ce n'est pas entièrement vrai.

Pour une composition plus élaborée, vous pouvez intercaler entre les lamelles de fromage à pâte dure de très fines tranches de légumes assaisonnées de vinaigre ou de jus de citron, ou bien des morceaux de fruits. Vous pouvez aussi les arroser de sirop d'érable ou d'huile d'olive, et les parsemer de poivre noir, de sumac ou de flocons de piment rouge. Pour l'heure, je vous suggère les associations suivantes : du **parmesan** (le roi des fromages) et des **radis vinaigrés**, du **gouda** (le prince) émietté ou taillé en lamelles, et nappé de **sirop d'érable** ou de **miel** et d'une très généreuse dose de **poivre noir du moulin**, des tranches de **fromage de chèvre à pâte semi-molle** (lui aussi de sang royal) servi avec des **abricots frais** légèrement écrasés avec un peu de **sucre et de piment frais ou séché**.

Feta marinée à la tomate épicée

pour 6 à 8 personnes

12,5 cl d'huile d'olive + un peu pour délayer et arroser
2 gousses d'ail, épluchées et émincées
2 petites tomates mûres (ou 1 tomate de taille moyenne), grossièrement hachées
2 cuil. à soupe de harissa, ou ½ cuil. à café de flocons de piment
1 cuil. à soupe de vinaigre blanc distillé
225 g de feta, taillée en fines lamelles ou en cubes de 1 cm de côté
sel et poivre du moulin

Ce snack est dédié au fromager de Sahadi's, mon épicerie préférée de Brooklyn. Il est incollable sur toutes les variétés, mais il semble avoir une affection particulière pour la vaste sélection de fetas. Tous ces cubes blancs géants et luisants attendent dans leur bocal de saumure, prêts à être coupés à la demande derrière un petit comptoir au charme si désuet qu'il me ferait presque oublier qu'Internet existe.

Mon fromager adore tester différentes marinades pour sa feta et les propose à la vente. Je les trouve toutes divines, mais celle que j'aime le plus contient quantité de flocons de piment différents, ainsi que de la harissa et des tomates séchées. J'ai voulu lui rendre hommage avec cette recette, qui contient moins d'ingrédients et des tomates fraîches plutôt que séchées pour un résultat plus onctueux.

Vous pouvez déguster ce fromage sur des crackers, avec des piques à cocktail, etc. Étalé sur des toasts, il n'est pas sans rappeler la pizza (je dis ça, je ne dis rien).

1 Versez l'huile d'olive dans une poêle de taille moyenne et faites-la chauffer à feu moyen. Faites-y revenir l'ail de 2 à 3 min, en secouant la poêle de temps à autre, jusqu'à ce que l'ail soit tendre et quasiment brun doré.

2 Ajoutez les tomates, salez et poivrez. Laissez cuire, de 5 à 8 min, en remuant de temps à autre, jusqu'à ce que les tomates se soient brisées en morceaux et forment une sauce épaisse.

3 Ajoutez la harissa et poursuivez la cuisson de 3 à 5 min, jusqu'à ce que la sauce forme une pâte. Retirez la poêle du feu, puis ajoutez le vinaigre, salez et poivrez. Ajoutez de l'huile d'olive jusqu'à ce que la sauce soit goûteuse et tartinable.

4 Placez la feta dans un bol de service et versez la sauce à la tomate par-dessus. Laissez mariner pendant au moins 10 min, ou réservez au réfrigérateur jusqu'à 1 semaine. Arrosez d'un peu plus d'huile d'olive avant de servir.

À L'AVANCE Vous pouvez faire mariner la feta jusqu'à 1 semaine à l'avance, puis la garder au frais, dans un récipient hermétique.

Halloumi croustillant au miel et aux pistaches

pour 4 à 6 personnes

225 g d'halloumi ou de queso fresco, taillé en lamelles de 1 cm
2 cuil. à soupe de miel
2 cuil. à soupe de pistaches finement hachées et grillées (voir p. 14)
fleur de sel

Voyez ce plat comme l'inverse d'une fondue : l'objectif n'est pas de faire fondre le fromage, mais plutôt de le faire dorer et de le rendre croustillant tout en faisant caraméliser le caillé du lait, ce qui crée un effet « fromage qui colle sur les bords de la poêle quand on fait un croque au fromage ». Ajoutez-y du miel sucré et salé et des pistaches croustillantes, et vous avez le combo gagnant pour ravir vos convives.

Si ce plat est un délice même à température ambiante, il fait partie des rares de ce chapitre qui gagne à être mangé chaud — et de préférence directement à la sortie de la poêle.

1 Faites chauffer une poêle en fonte ou antiadhésive sur feu moyen à vif (il n'est pas nécessaire de mettre de l'huile). Faites cuire quelques lamelles de fromage d'un côté, de 3 à 5 min, jusqu'à ce qu'elles soient brun doré ; elles ne vont pas fondre, juste dorer. Retournez-les et poursuivez la cuisson sur l'autre face, puis transférez-les sur une assiette. Renouvelez l'opération avec le fromage restant.

2 Arrosez le fromage de miel, et parsemez-le de pistaches et de fleur de sel. Il n'est pas obligatoire de le servir chaud, mais octroyez-vous au moins une part bien chaude avant de servir les autres à vos invités — vous savez, juste pour goûter. Pour moi, c'est tout à fait le genre d'aliment qu'on peut manger avec les doigts, mais si vous préférez utiliser des piques à cocktail ou de petites fourchettes, n'hésitez pas.

Cœurs d'artichauts marinés comme j'aime

pour 6 à 8 personnes

12,5 cl d'huile d'olive
2 brins d'origan
1 citron, taillé en fines rondelles, épépiné
1 échalote, épluchée et taillée en fines rondelles
2 boîtes de 400 g de cœurs d'artichauts nature, égouttés, puis coupés en deux ou en quatre
2 cuil. à soupe de vinaigre de vin blanc
1 petite poignée de feuilles de menthe ou de persil
sel et poivre du moulin

NOTE *En règle générale, je privilégie les aliments frais à leurs homologues en boîte ou en bocal, mais il y a quelques exceptions, comme pour les pois chiches et les cœurs d'artichauts. En effet, accéder au cœur d'un artichaut frais est un véritable sacerdoce. La bonne nouvelle, c'est que ceux qu'on trouve en boîte ou en bocal sont très bons !*

Je suis du genre à avaler les cœurs d'artichauts les uns après les autres sans m'arrêter, mais ceux, marinés, qu'on trouve dans le commerce sont trop acides pour cela. Or on peut aisément se procurer des cœurs d'artichauts non marinés, ce qui signifie que vous pouvez les faire mariner vous-même ! Ainsi, vous pouvez contrôler les saveurs et les ingrédients, le degré d'acidité, de sel, de tout. J'aime les miens imbibés de vinaigre et parfumés à l'origan et à l'échalote, comme s'ils avaient baigné dans de la vinaigrette italienne. N'hésitez pas à customiser votre marinade avec les herbes et alliacées de votre choix tout en adaptant la quantité de vinaigre, mais je vous déconseille de supprimer le citron : vous passeriez à côté de quelque chose.

Ces cœurs d'artichauts sont délicieux tels quels, piqués sur une fourchette ou un cure-dent, glissés entre deux lamelles de fromage à pâte dure ou de viande séchée, mais on peut aussi les déguster sur de longs et fins crackers de type *carta di musica* ou d'épaisses tranches de pain grillé nappées de fromage crémeux. Vous pouvez également les proposer sur votre plateau de non-crudités (p. 54).

1 Mettez l'huile d'olive, les brins d'origan, les rondelles de citron et d'échalote dans une poêle de taille moyenne, et faites chauffer à feu moyen. Laissez cuire de 4 à 6 min, en remuant de temps à autre, jusqu'à ce que l'échalote et le citron commencent à grésiller et à brunir. Salez et poivrez, puis retirez la poêle du feu.

2 Mettez les cœurs d'artichauts dans un saladier et recouvrez-les de l'huile parfumée, puis ajoutez le vinaigre. Salez et poivrez de nouveau, puis laissez mariner pendant au moins 30 min.

3 Juste avant de servir, transférez les artichauts dans un bol de service et parsemez-les de menthe.

À L'AVANCE Vous pouvez faire mariner les cœurs d'artichauts jusqu'à 2 semaines à l'avance (sans les herbes). Conservez-les au frais, dans un récipient hermétique.

Fromage de chèvre crémeux et zaatar au citron

pour 6 à 8 personnes

2 cuil. à soupe de graines de sésame blanc
12,5 cl d'huile d'olive + un peu pour arroser
½ citron (avec la peau), épépiné et finement haché
2 cuil. à café de zaatar en poudre + un peu pour saupoudrer
1 cuil. à soupe de thym haché + un peu pour saupoudrer
225 g de fromage de chèvre frais, grossièrement émietté
crackers ou toasts de pain grillé, pour accompagner
sel et poivre du moulin

J'adore les bons fromages de chèvre crémeux. Vous savez qui d'autre est dans mon cas ? Sans doute tous les gens que vous connaissez, même s'ils n'osent pas l'avouer. Le fromage de chèvre crémeux est-il cool ? Non, mais je m'en contrefiche. Servez-le émietté sur un joli plat, arrosé d'un mélange aux graines de sésame et au citron, et parsemé de zaatar. Vos invités n'auront d'autre choix que d'admettre qu'ils l'aiment aussi. Ils vont vous demander : « Est-ce que ce sont les dernières tapas à la mode ? » et vous répondrez : « oui, bien entendu ».

1 Mettez les graines de sésame dans une petite poêle et faites-les griller à sec, à feu moyen, de 2 à 3 min, jusqu'à ce qu'elles soient brun doré et exhalent leur parfum. Ajoutez l'huile d'olive, le citron, le zaatar et le thym, et secouez doucement la poêle afin de bien immerger les ingrédients dans l'huile. Salez et poivrez, puis laissez frémir pendant 1 ou 2 min, pour une infusion optimale. Retirez la poêle du feu et laissez reposer le mélange pendant 1 ou 2 min.

2 Placez le fromage de chèvre sur une assiette, dans un bocal en verre peu profond, ou autre. Versez l'huile parfumée par-dessus et laissez mariner pendant au moins 10 min, en ajoutant un peu d'huile d'olive si nécessaire pour submerger le fromage. (L'huile fait partie de l'expérience gustative : on doit aussi en mettre sur les crackers ou les toasts.)

3 Au moment de servir, ajoutez un peu de thym et de zaatar. Présentez le fromage accompagné de crackers ou de tranches de pain grillé.

À L'AVANCE Vous pouvez faire mariner le fromage jusqu'à 1 semaine à l'avance. Réservez-le au réfrigérateur, dans un récipient hermétique.

ne me parlez pas de crudités

Mon plus lointain souvenir de ce que j'appelle aujourd'hui « crudités » est le plateau de légumes que ma grand-mère servait à ses hôtes pendant les vacances. Elle se pliait en quatre et passait des heures sur chaque légume, ciselant des radis en forme de tulipes, transformant des courges à cou tors en oies en plaçant des piques à cocktail sous le bulbe pour former les pattes et des grains de poivre à l'extrémité supérieure en guise d'yeux (c'était flippant, rétrospectivement), retirant 80 % d'une carotte pour former des bâtonnets plus que parfaits. Elle façonnait chaque concombre, taillait chaque fleurette de chou-fleur (c'était toujours le dernier légume qui restait sur le plateau) comme si elle visait une étoile au guide Michelin. Étonnamment, après tout ce tralala, elle versait simplement un peu de sauce ranch en bouteille dans un bol pour y tremper les légumes.

Pour moi, c'est *ça*, des crudités. Alors, à moins que vous ne sculptiez un bateau dans une tête de brocoli, s'il vous plaît, ne me parlez pas de crudités. Oui, je sais que, techniquement, il ne s'agit de rien d'autre que de légumes crus, mais le terme possède un je-ne-sais-quoi de trop raffiné. C'est un mot que l'on prononce dans des phrases du genre : « *Tiens donc, sont-ce des crudités ?* » Je vous propose d'oublier ce terme et de parler simplement d'un plateau de légumes.

Cela dit, j'aime tellement composer des plateaux de légumes à picorer quand je reçois des amis que je m'en voudrais de ne pas les mentionner dans ce livre. Dans mon monde à moi, il n'y a pas de mise en forme théâtrale ni d'épluchage forcené. Il peut m'arriver de faire bouillir ou blanchir des asperges ou de la grenaille (une autre raison pour laquelle le mot « crudité » ne s'applique pas ici), mais le plus souvent, je sers de simples rondelles ou bâtonnets de ce qui m'inspire sur le moment (il y a presque toujours du concombre, des radis de toutes formes et tailles, et des carottes miniatures). Certains légumes n'ont pas droit de cité sur mes plateaux, parmi lesquels les poivrons (toutes couleurs confondues) et les champignons de Paris crus, mais chacun est libre de faire comme il l'entend.

J'hésite habituellement entre assaisonner mes légumes de citron et de sel, et les laisser à l'état brut, dans leur plus simple appareil. S'ils sont amenés à rester à l'air libre un moment, je ne les assaisonne pas (l'action du citron et du sel les flétrit et les rend aqueux), mais si les convives sont peu nombreux et que je peux gérer la situation, je les accommode d'un trait de jus de citron et d'une pincée de sel, et parfois d'un peu de sumac ou de flocons de piment rouge. Le résultat est très satisfaisant, mais cette étape reste facultative.

Pour les accompagnements, c'est à vous de voir. Du moment que vous avez l'essentiel, à savoir au moins un dip (n'importe lequel de ceux proposés entre les pages 22 et 26 conviendrait parfaitement), vous pouvez vous montrer aussi aventureux — ou non — que vous le souhaitez (deux dips !). Les sels parfumés sont les bienvenus, de même que des morceaux de jambon (p. 114).

Haricots blancs marinés au vinaigre

pour 4 à 8 personnes

8 cl d'huile d'olive
2 boîtes de 425 g de haricots blancs, de haricots de Lima ou de haricots lingots, égouttés et rincés
1 petite gousse d'ail, épluchée et pressée
12,5 cl de vinaigre de vin rouge ou de vinaigre de vin blanc
zeste de citron fraîchement râpé, pour parsemer
sel et poivre du moulin

Selon moi, ces haricots peuvent être servis aussi bien à l'apéritif que comme accompagnement ; j'aime les proposer avec une viande (peut-être de l'agneau, comme p. 204), des légumes crus (p. 54), des Champignons rôtis acidulés (p. 60) et/ou du fromage (p. 45). Techniquement, vous pouvez utiliser n'importe quel type de haricots blancs, mais pour l'apéritif, choisissez les plus gros possibles, car essayer de manger avec élégance un haricot cannellini individuel relève de l'impossible. (À ce propos, je vous conseille très fortement de les déguster avec des piques à cocktail, car c'est à la fois mignon et pratique : deux de mes qualificatifs préférés.)

1 Versez l'huile d'olive dans une petite casserole et faites-la chauffer à feu moyen. Ajoutez les haricots et l'ail, salez et poivrez.

2 Laissez-les cuire de 1 à 2 min, juste pour les réchauffer et ôter le goût de je-viens-d'une-conserve.

3 Retirez les haricots du feu et ajoutez le vinaigre, puis mélangez délicatement. Laissez reposer pendant au moins 30 min.

4 Transférez le mélange aux haricots dans un petit saladier ou plat de service (si vous voulez les égoutter, c'est O.K., mais je préfère les servir dans leur marinade). Parsemez-les de poivre et de zeste de citron juste avant de servir.

À L'AVANCE Vous pouvez faire mariner les haricots jusqu'à 2 semaines à l'avance. Conservez-les au réfrigérateur, dans un récipient hermétique. Laissez-les revenir à température ambiante avant de servir.

Olives chics aux agrumes

pour 6 à 8 personnes

1 citron
1 orange
12,5 cl d'huile d'olive
4 piments de àrbol entiers ou ½ cuil. à café de flocons de piment
l'écorce de 1 pamplemousse
450 g d'olives vertes de Castelvetrano, avec noyau

NOTE *Je trouve les olives non dénoyautées de meilleure qualité que celles qui le sont, mais vous pouvez employer les deux sortes.*

Je sais, j'ai dit « sans prétention » ! Mais ces olives méritent leur qualificatif. Délicieuses tout juste sorties de la saumure dans laquelle elles baignaient, les olives de Castelvetrano sont délicieuses en tant que telles, mais elles sont encore meilleures (et un brin chics) rehaussées d'huile d'olive parfumée aux agrumes et aux piments entiers.

À l'image de la plupart des plats de ce chapitre, elles peuvent être customisées à l'envi, alors lâchez-vous ! Mélangez les olives ! Ajoutez de l'ail pressé ou du romarin haché ! Augmentez les quantités d'agrumes ! La morale de cette histoire, c'est que vous devez faire cuire vos olives, déjà très bonnes, à feu très doux dans de l'huile d'olive parfumée afin de les réchauffer et d'atténuer leur goût de saumure, et ainsi les rendre absolument irrésistibles.

1 Coupez le citron et l'orange en deux, puis taillez en fines rondelles une moitié de chaque agrume. Conservez l'autre moitié pour en presser le jus.

2 Versez l'huile d'olive dans une petite casserole et faites-la chauffer à feu moyen. Ajoutez les piments, les rondelles de citron et d'orange, ainsi que l'écorce de pamplemousse. Laissez le mélange grésiller de 1 à 2 min, puis ajoutez les olives.

3 Baissez le feu au minimum, puis laissez les olives mijoter doucement de 10 min à 1 h, en remuant souvent. (S'il vous est impossible d'obtenir un feu vraiment très doux sur votre cuisinière, n'allez pas au-delà de 30 min.)

4 Laissez les olives refroidir à température ambiante dans la casserole, puis pressez le jus des demi-agrumes et versez-le sur les olives. Servez-les avec l'écorce de pamplemousse et tout le reste, en veillant à prévoir un petit plat pour les noyaux.

À L'AVANCE Vous pouvez faire mariner les olives jusqu'à 1 mois à l'avance. Conservez-les au frais, dans un récipient hermétique. Réchauffez-les à feu doux avant de servir.

Champignons rôtis acidulés

pour 4 à 8 personnes

1 kg de champignons — maitakés, pleurotes ou trompettes-de-la-mort —, taillés en lamelles ou coupés en morceaux
6 cl d'huile d'olive + un peu pour arroser
1 petit oignon blanc ou 1 échalote, épluché(e) et taillé(e) en fins anneaux
6 cl de vinaigre de vin blanc
herbes fraîches : feuilles et tiges tendres de persil, de ciboulette ou de coriandre, finement hachées (facultatif)
sel et poivre du moulin

NOTE *Cette recette fonctionne aussi très bien avec de l'aubergine. Coupez 1 aubergine en rondelles de 1 cm d'épaisseur et faites-les rôtir de la même manière que les champignons, de 25 à 30 min, jusqu'à ce que les tranches soient bien tendres et dorées. Poursuivez ensuite la recette.*

Sachez que ce ne sont pas des pickles de champignons ; il s'agit plutôt de champignons rôtis arrosés de vinaigre et marinés. La différence principale réside dans la texture. Si vous avez déjà goûté des champignons provenant d'un bocal de légumes marinés façon *giardiniera*, vous les avez sans doute trouvés un peu visqueux — mais ce n'est pas le cas de ceux-ci. Ces champignons sont rôtis : ainsi, leur saveur se concentre et leur texture passe de molle et gluante à ferme et charnue. Ils sont ensuite recouverts d'un mélange doux au vinaigre — plutôt qu'une saumure — dans lequel ils marinent. Vous pouvez choisir d'employer un seul type de champignons, bien entendu, mais je préfère les mélanger, pour varier les textures et les saveurs et limiter les coûts, car ces produits sont parfois excessivement chers.

1 Préchauffez le four à 210 °C (th. 7).

2 Mélangez les champignons et l'huile d'olive dans une grande poêle en fonte, sur une plaque ou dans un grand plat allant au four. Salez et poivrez. Enfournez pour 20 à 25 min, en remuant les champignons de temps à autre pour permettre l'évacuation de la vapeur et une cuisson uniforme, jusqu'à ce qu'ils soient bruns et croustillants.

3 Sortez les champignons du four et mettez-les dans un saladier de taille moyenne. Ajoutez l'oignon ou l'échalote et le vinaigre, puis remuez bien. Laissez-les mariner pendant au moins 20 min avant de les transférer dans un plat de service. Arrosez-les d'un peu plus d'huile d'olive et parsemez-les d'une poignée d'herbes fraîches, si vous le souhaitez.

À L'AVANCE Vous pouvez faire mariner les champignons jusqu'à 5 jours à l'avance. Conservez-les au réfrigérateur, dans un récipient hermétique. Ajoutez les herbes juste avant de servir, si vous les utilisez.

bar à martini DIY

J'ai longtemps pensé que les martinis étaient extrêmement et exclusivement chics. Si vous avez déjà eu la même impression, vous vous demandez sûrement : « Que fait cette boisson ultra-sophistiquée dans un livre qui prône l'authenticité sans chichi ? » Eh bien, je ne considère plus les martinis comme extrêmement et exclusivement chics. N'est-ce pas une bonne nouvelle ?

Et ce n'est pas la seule ! Sachez que vous pouvez réaliser un martini chez vous. Comme le spritz, le martini ne nécessite aucune expérience en matière de cocktails : il s'agit simplement d'assembler 2 ou 3 ingrédients selon un ratio dont même moi je peux me souvenir.

Préparer des martinis individuels pour tous ceux qui passent ma porte n'est pas au programme quand je reçois, alors j'en réalise un saladier géant, et comme il est hors de question de secouer au shaker un saladier de martini, je le mélange à la cuillère. J'ai réalisé mon martini géant (ou de nombreux martinis de taille normale) dans à peu près tout : du vase à la cafetière en passant par ces carafes IKEA incroyablement utiles ou bien un joli pichet trouvé sur une brocante et pour lequel j'étais sûre de trouver un jour une utilité (C'est à cela qu'il était destiné !).

Pour veiller à ce qu'ils soient bien froids et dilués (deux conditions essentielles), je sers mes martinis avec des glaçons, ce qui n'est absolument pas protocolaire ni même autorisé, mais c'est ainsi que je les fais. C'est chez moi, je fais ce que je veux ! Quand vos invités arrivent, proposez-leur une sélection de boissons, parmi lesquelles un martini. Lorsqu'ils répondent : « oh, bonne idée, je prendrais bien un martini ! », souriez et indiquez-leur le bar à martini DIY en disant : « c'est par ici que ça se passe ».

POUR UNE TOURNÉE GÉNÉRALE (6 à 10 personnes)
Pour une tournée de martinis classiques, mélangez 60 cl de **gin** (c'est ce que je préfère, mais vous pouvez utiliser de la **vodka** à la place) avec 60 cl de **vermouth sec** et 25 cl d'**eau** dans un récipient suffisamment grand pour contenir le tout. J'indique 6 à 10 personnes, car il s'agit parfois d'une soirée à 1 martini, parfois à 3 martinis et, bon, est-ce que vous préférez en avoir trop ou pas assez ? (Astuce : vous pouvez placer le restant dans une bouteille en verre au congélateur ; il se conservera indéfiniment.)

Présentez votre pichet de martini près d'un saladier de glaçons et garnissez-le à votre guise. Les **olives** sont un grand classique (ajoutez la saumure au cocktail pour obtenir un Dirty martini), ou utilisez des **oignons grelots** à la place pour créer un Gibson. Les **écorces de citron** sont un must pour les originaux qui souhaitent leur martini *with a twist*. Les petites fourchettes, cuillères ou piques à cocktail apportent une note sympathique, mais ne sont pas obligatoires. (Le bar à martini DIY est la raison pour laquelle je possède 83 adorables mini-fourchettes.)

Piments shishitos au yuzukosho

pour 4 à 6 personnes

450 g de piments shishitos
2 cuil. à soupe d'huile végétale
1 cuil. à soupe de yuzukosho
fleur de sel
1 ou 2 citron(s) vert(s), coupé(s) en deux
sel et poivre du moulin

Peut-être trouvez-vous un peu étrange d'enrober des piments d'une pâte à base... de piments, mais quand les piments en question ne sont pas particulièrement forts, le goût piquant ne vous manque-t-il pas, ne serait-ce qu'un peu ? Cela me manque cruellement, de mon côté, alors je remets des piments dans les piments, oui, oui, oui. Les premiers sont les petits shishitos, qui sont parfois très piquants, mais pas toujours.

Les seconds se présentent sous la forme de yuzukosho, une pâte japonaise à base de piments verts fermentés et d'écorce de yuzu. Elle est luisante, salée, acide, relevée et extrêmement goûteuse, donc une toute petite quantité suffit. Si on ne peut pas dire que ce produit soit disponible partout, on le trouve de plus en plus souvent dans les supermarchés et les boutiques spécialisées (et vous pouvez toujours le commander sur Internet).

Les petits piments sont grillés à la poêle ou au barbecue jusqu'à ce qu'ils noircissent et soient tendres, puis sont mélangés avec du yuzukosho, du jus de citron vert et de la fleur de sel. Le résultat est incroyablement addictif.

1 Mélangez les piments shishitos avec l'huile dans un grand saladier de service, puis salez et poivrez.

2 Faites chauffer une grande poêle à feu vif : elle doit être extrêmement chaude. Faites-y griller les piments, en plusieurs fois si nécessaire, en les retournant de temps à autre, de 2 à 4 min, jusqu'à ce qu'ils soient tendres et noircis de toutes parts. (Vous pouvez aussi faire griller les piments au barbecue, de 2 à 4 min.)

3 Remettez les piments dans le saladier, ajoutez le yuzukosho et 1 pincée de fleur de sel. Pressez le citron au-dessus des piments pour les arroser du jus. Remuez pour les enrober uniformément de yuzukosho, puis servez.

Gressins aux graines au parmesan

pour 6 à 10 personnes

300 g de farine + un peu pour saupoudrer
30 g de farine de blé complet, de seigle, d'épeautre ou sarrasin
1 cuil. à café de levure sèche active
1 cuil. à café de sel
50 g de graines de sésame noir ou blanc
40 g de graines de pavot
100 g de parmesan finement râpé + un peu pour saupoudrer
20 cl d'eau tiède
2 cuil. à soupe d'huile d'olive + un peu pour badigeonner
fleur de sel

Les gressins sont de longs bâtonnets de pain fins, délicieux et croustillants. Leur forme peut paraître intimidante à réaliser, mais je vous promets qu'il n'est pas nécessaire de faire un stage auprès d'une *mamma* italienne pour réussir à la reproduire correctement. La pâte est particulièrement malléable et facile à travailler ; elle se transforme en gressin d'un claquement de doigts ou presque.

Si vous avez déjà étiré une boule de Play-Doh® en une longue ficelle pour former un cône en spirale et créer une mini-ruche, alors vous saurez transformer cette pâte en longs gressins élégants. Ce à quoi il faut faire attention, c'est à obtenir des ficelles d'épaisseur homogène ; sinon, certaines parties cuisent plus vite que d'autres, ce qui donne une texture inégale (avec des côtés fins et croquants et d'autres, épais et tendres — ce qui n'est pas l'idéal).

Pour une saveur encore meilleure et plus profonde, j'aime bien compléter la farine tout usage par une autre — au seigle, au sarrasin, à l'épeautre ou au blé complet. Même en légère quantité, cela change tout, mais si vous préférez vous en tenir à une liste d'ingrédients plus restreinte, je comprends. Dans ce cas, ajoutez juste un peu de farine de blé classique. Le fromage, en revanche, est indispensable. Mais vous le savez, n'est-ce pas ?

1 Mettez les farines, la levure et le sel dans un grand saladier, et mélangez. Ajoutez les graines de sésame et de pavot ainsi que le parmesan. Formez un puits au centre, puis versez-y l'eau tiède en filet, suivie de l'huile d'olive. À l'aide d'une cuillère en bois ou de vos mains, mélangez, de 1 à 2 min, jusqu'à l'obtention d'une pâte homogène et légèrement collante.

2 Transférez la pâte dans un saladier bien huilé et couvrez-le de film alimentaire bien tendu. Laissez la pâte reposer à température ambiante de 1 h à 1 h 30 selon la température dans votre cuisine, jusqu'à ce qu'elle ait quasiment doublé de volume.

3 Préchauffez le four à 190 °C (th. 6-7).

4 Tapissez deux plaques à pâtisserie de papier sulfurisé. Déposez la pâte sur le plan de travail légèrement fariné et, avec la paume des mains, aplatissez-la en un rectangle d'environ 10 × 20 cm. À l'aide d'un coupe-pâte ou d'un couteau pointu, découpez la pâte dans la longueur en bandelettes d'environ 5 mm d'épaisseur ; vous devez obtenir 40 à 50 bandelettes.

5 Travaillez une bandelette de pâte à la fois et laissez les autres sous un torchon légèrement humide le temps de former votre gressin (si la pâte s'assèche, elle sera difficile à étaler). Roulez la bandelette de pâte sur le plan de travail fariné jusqu'à l'obtention d'un long gressin très fin. (Il va gonfler légèrement pendant la levée de la pâte et à la cuisson, alors affinez-le plus que vous ne le feriez naturellement — il doit être plus fin qu'un crayon.)

6 Renouvelez l'opération avec les autres bandelettes et placez les gressins au fur et à mesure sur les plaques, en les espaçant de 1 cm (ils ne vont pas beaucoup gonfler), jusqu'à ce que les deux plaques soient remplies. Badigeonnez les gressins d'un peu d'huile d'olive, parsemez-les de fleur de sel et de parmesan.

7 Enfournez pour 8 à 10 min environ, jusqu'à ce que les gressins soient brun doré et bien cuits, en inversant la place des plaques à mi-cuisson. Si certains gressins cuisent plus vite que d'autres, retirez-les de la plaque et prolongez la cuisson pour les autres.

8 Laissez refroidir légèrement avant de servir.

À L'AVANCE La pâte à gressins peut être réalisée jusqu'à 2 jours à l'avance. Réservez-la au réfrigérateur, enveloppée dans du film alimentaire. Vous pouvez faire cuire les gressins jusqu'à 2 jours à l'avance et les laisser sur leurs plaques de cuisson (afin qu'ils ne se brisent pas), recouverts de film alimentaire. Conservez-les à température ambiante.

Focaccia de la veille, le jour même

pour 6 à 10 personnes

2,25 cuil. à café de levure sèche instantanée
2 cuil. à café de miel
2 cuil. à soupe d'huile d'olive + une grande quantité pour huiler le saladier et la plaque + pour arroser
50 cl d'eau tiède
750 g de farine à pain + un peu pour saupoudrer ; la farine tout usage convient aussi, mais la pâte sera légèrement plus élastique
1 cuil. à café de sel
1 petit oignon rouge, épluché et taillé en très fins anneaux
fleur de sel

J'ai beaucoup de qualités, mais « planifier » n'en fait pas partie. Dans l'absolu, je n'ai rien contre l'idée de préparer une pâte à pain et de la laisser lever toute la nuit afin qu'elle développe sa saveur et sa structure pour la cuire le lendemain soir, et je l'ai déjà fait par le passé. Mais dans le scénario le plus courant, je me dis 3 ou 4 heures avant que mes invités n'arrivent : « Ce serait super d'avoir de la focaccia fraîche au dîner, non ? Oh oui ! »

Et donc, comme je suis la maîtresse de mon destin, la capitaine de mon âme, je me retrouve à braver les règles les plus élémentaires de la boulangerie pour créer une focaccia en quelques heures. Contient-elle des céréales fraîchement moulues et un levain de base naturellement fermenté de 58 ans d'âge ? Non. Est-elle légère et aérienne, luisante et élastique ? Absolument. Si vous avez le temps, une nuit au réfrigérateur fera le plus grand bien à la pâte, mais si vous êtes pressé, ne vous en faites pas : votre focaccia sera excellente quoi qu'il en soit.

J'aime la focaccia toute simple, avec une quantité indécente d'huile d'olive, beaucoup de fleur de sel et de fins anneaux d'oignon rouge caramélisés et croustillants, mais vous pouvez exercer votre créativité en la parsemant d'herbes hachées, d'ail pressé, de graines de sésame, d'anchois (oui, d'anchois !), de très fines tranches de tomate… la liste est infinie. N'oubliez pas que la frontière entre la focaccia et la pizza est ténue, alors allez-y mollo sur la garniture. (À moins que vous n'ayez envie d'une pizza, auquel cas consultez la p. 266.)

1 Mettez la levure, le miel, 2 cuil. à soupe d'huile d'olive et l'eau dans un grand saladier, puis remuez. Ajoutez la farine et, à l'aide d'une cuillère en bois, mélangez grossièrement (la pâte ne sera pas du tout homogène ; c'est normal). Ajoutez le sel et mélangez jusqu'à ce que la pâte soit humide et quelque peu hirsute (elle sera trop humide et collante pour être pétrie à ce stade, elle n'a donc pas besoin d'être lisse et soyeuse). Recouvrez le saladier de film alimentaire et laissez la pâte reposer dans un endroit chaud pendant environ 1 h, jusqu'à ce qu'elle ait doublé de volume.

2 Transférez la pâte sur le plan de travail légèrement fariné. Avec la paume d'une main, pressez la pâte, retournez-la et repliez-la sur elle-même (en gros : pétrissez-la) quelques fois (elle sera encore collante, mais beaucoup plus malléable) jusqu'à l'obtention d'une pâte lisse et élastique. Vous pouvez la fariner de temps à autre, mais sans excès.

3 Une fois que la pâte est lisse et homogène, versez un peu d'huile d'olive dans le même saladier pour le graisser, puis remettez-y la pâte. Recouvrez le saladier de film alimentaire et laissez la pâte reposer de 45 à 60 min dans un endroit chaud, jusqu'à ce qu'elle ait de nouveau doublé de volume.

4 Versez suffisamment d'huile d'olive dans un grand plat allant au four (de 32 × 45 cm) pour en tapisser entièrement le fond et les bords. Répartissez bien l'huile dans tous les coins avec les mains. Transférez la pâte dans le plat, puis étalez-la avec les mains en une couche plate et uniforme. (Ne cherchez pas à aller jusque dans les angles ; la pâte va gonfler et s'étaler en levant et en cuisant.) Arrosez généreusement la surface d'huile d'olive, recouvrez le plat d'un film alimentaire lâche et laissez la pâte reposer dans un endroit chaud pendant encore 45 à 60 min.

5 Préchauffez le four à 210 °C (th. 7).

6 Lorsque la pâte est prête à cuire, elle doit être légère, gonflée et élastique. Faites un test en utilisant le bout de vos doigts pour presser légèrement la pâte. Elle doit retrouver sa forme. (Si elle s'effondre et se dégonfle, cela signifie qu'elle a trop levé et elle ne s'en remettra pas. Mais n'imaginons pas le pire. Et même ainsi, vous auriez un pain plat tout à fait mangeable.) Formez de légers creux à la surface de la pâte avec le bout des doigts (comme si vous jouiez du piano), parsemez-la d'anneaux d'oignon, arrosez-la de nouveau (oui, je sais) d'huile d'olive et parsemez-la de fleur de sel. Enfournez pour 35 à 45 min, en tournant le plat à mi-cuisson, jusqu'à ce que le pain soit brun doré profond et les anneaux d'oignon cuits et caramélisés.

7 Sortez la focaccia du four et laissez-la refroidir légèrement avant de la couper en tranches et de la servir.

À L'AVANCE La pâte peut être réalisée 1 jour à l'avance. Enveloppez-la dans du film alimentaire après l'étape 3 et réservez-la au réfrigérateur.

Pain à l'ail amélioré/Ail caramélisé sur toast aux anchois

pour 4 à 8 personnes

1 tête d'ail, les gousses détachées, épluchées et écrasées avec le plat d'un couteau
12,5 cl d'huile d'olive
60 g d'anchois en boîte, égouttés
125 g de beurre doux, ramolli
1 pincée de flocons de piment (facultatif)
1 ou 2 baguette(s), coupée(s) en deux dans la longueur
fleur de sel
persil finement haché (facultatif)
sel et poivre du moulin

NOTE *Avec cette recette, on obtient suffisamment de beurre composé pour 1 ou 2 baguettes, mais commencez par une, pour être sûr d'en avoir assez — car se retrouver à court de beurre à l'ail serait un crime.*

Le pain à l'ail est l'un des plus grands et des plus simples plaisirs gustatifs, comme un poulet rôti ou une salade verte assaisonnée au citron. C'est un basique et il doit le rester. Mais ne le traitez pas comme de vulgaires toasts au beurre aillé — ou pire, comme du pain mou imbibé de beurre à l'ail ; il n'est ni l'un ni l'autre.

Le secret consiste à le considérer comme du pain perdu, en ce sens que vous devez vraiment l'imbiber entièrement et généreusement, et veiller à ce que les bords deviennent brun doré et croustillants, tandis que le centre reste tendre.

Les anchois sont une arme secrète, mais les gousses d'ail caramélisées sont les héroïnes de la recette. Ne vous inquiétez pas si certaines gousses se brisent trop — quelques morceaux épars sont bienvenus.

1 Préchauffez le four à 210 °C (th. 7).

2 Mettez l'ail et l'huile d'olive dans une petite casserole et faites-les chauffer à feu moyen. Laissez cuire l'ail pendant environ 3 min, jusqu'à ce qu'il commence à grésiller. Baissez le feu au minimum et poursuivez la cuisson de 15 à 20 min jusqu'à ce que l'ail soit parfaitement tendre et brun doré. Ajoutez les anchois et retirez la casserole du feu.

3 Transférez le mélange dans un bol et ajoutez le beurre et les flocons de piment. À l'aide d'une fourchette, écrasez les gousses d'ail de façon à obtenir une pâte délicieusement crémeuse. À l'aide d'une cuillère, nappez chaque demi-baguette uniformément du mélange et laissez-le les pénétrer.

4 Placez les demi-baguettes sur une plaque et enfournez pour 8 à 10 min, jusqu'à ce que les bords soient brun doré, et le centre tendre et souple. Sortez le pain du four et parsemez-le de fleur de sel et de persil, si vous l'utilisez.

À L'AVANCE Le beurre à l'ail peut être réalisé 1 semaine à l'avance et conservé au frais, dans du film alimentaire. Laissez-le revenir à température ambiante avant d'en napper le pain.

Grains de maïs géants piquants et croustillants

pour 6 à 8 personnes

350 g de gros grains de maïs grillés et salés
3 cuil. à soupe d'huile végétale
2 cuil. à soupe de piment d'Alep ou de flocons de piment coréens
4 cuil. à soupe de levure alimentaire
sel et poivre du moulin

J'ai toujours raffolé du popcorn, mais je le classe dans la catégorie des penchants inavouables, du type « En manger devant quelqu'un ? Même pas en rêve ! ». Chaque fois, c'est un vrai massacre, ce qui n'est pas un problème quand on est seul sur son canapé ou dans une salle de cinéma obscure, où personne ne peut nous voir ingurgiter de petits grains de maïs soufflé en ratant la bouche une fois sur deux et en mettant des miettes partout. Mais en public ? Inconcevable.

Cela dit, je trouve que les gros grains de maïs grillés et salés forment une excellente alternative, tout en causant 85 % de dégâts en moins. Ils ont de plus l'avantage de pouvoir être améliorés de quantité de façons. S'ils sont déjà frits et salés, j'aime bien les apprêter encore plus comme je le ferais pour mon popcorn — avec de la levure alimentaire, du piment d'Alep et du sel. Ces snacks sont follement addictifs et vont sans doute éclipser tout ce que vous pourrez servir d'autre, alors préparez-vous.

1 Préchauffez le four à 160 °C (th. 5-6).

2 Sur une plaque, mélangez les grains de maïs et l'huile, puis salez-les et poivrez-les. Faites-les cuire, de 10 à 12 min, en les retournant de temps à autre, jusqu'à ce qu'ils exhalent un parfum de grillé et qu'ils prennent une couleur brun doré profond.

3 Sortez les grains de maïs du four et transférez-les aussitôt dans un grand saladier. Saupoudrez-les de poivre et de levure alimentaire, puis mélangez bien.

À L'AVANCE Vous pouvez préparer les grains de maïs grillés jusqu'à 5 jours à l'avance et les conserver dans un récipient en plastique ou un bocal en verre hermétique.

ETTI DI ACCIUGHE

Noix un brin gluantes au sésame et au sumac

pour 6 personnes

350 g de brisures de noix
8 cl de sirop d'érable pur
60 g de tahin
40 g de graines de sésame blanc non grillées
2 cuil. à soupe d'huile d'olive
1 pincée de piment de Cayenne ou de flocons de piment
1 cuil. à soupe de sumac en poudre
fleur de sel
sel et poivre du moulin

NOTE *J'utilise des brisures de noix, car elles font gagner du temps, mais elles sont aussi moins chères à l'achat. Si vous employez des cerneaux de noix entiers, brisez-les légèrement avant de poursuivre la recette.*

Ces noix un brin gluantes sont meilleures que tout ce que vous pourrez jamais acheter en vrac, promis ! Elles ne sont pas aussi sucrées qu'on pourrait le croire, étant donné la quantité de sirop d'érable dont elles sont enrobées (il forme à la cuisson un sucre cristallisé fabuleux), mais leur goût naturel est également rehaussé par le tahin et les graines de sésame. Petit bonus : elles bénéficient de l'acidité du sumac et du salé de la fleur de sel.

Je tiens aussi à mentionner qu'elles sont très faciles à faire pour un investissement minimal. En gros, on mélange tous les ingrédients sur une plaque, puis on enfourne. Pas de mélange ininterrompu sur le feu, pas de thermomètre à sucre, pas de prise de tête. Sans prétention !

Vous pouvez tout à fait associer les noix à d'autres fruits à coque (les noix de pécan se prêtent très bien à la recette), mais ce sont les noix qui remportent toujours le plus grand succès, alors pourquoi ne pas aller droit au but ?

1 Préchauffez le four à 160 °C (th. 5-6). Tapissez une plaque à pâtisserie de papier sulfurisé ou utilisez un grand poêlon allant au four (dans ce cas, supprimez le papier sulfurisé).

2 Mettez les noix sur la plaque et arrosez-les de sirop d'érable, puis ajoutez le tahin, les graines de sésame, l'huile d'olive et le piment de Cayenne. Salez et poivrez, puis remuez de façon à enrober les noix uniformément du mélange.

3 Enfournez pour 15 à 20 min, en remuant de temps à autre, jusqu'à ce que les noix soient brun doré et que le sirop d'érable ait caramélisé.

4 Sortez les noix du four, saupoudrez-les aussitôt de sumac et de fleur de sel, puis remuez. Laissez refroidir complètement avant de servir.

À L'AVANCE Vous pouvez préparer les noix jusqu'à 5 jours à l'avance et les garder dans un récipient en plastique ou un bocal en verre hermétique. Si le temps est humide et qu'elles sont très collantes, passez-les au four préchauffé à 160 °C (th. 5-6) pendant quelques minutes pour les assécher avant de servir.

croûtons sans salade

De temps à autre, il arrive que quelque chose que je mange m'éblouisse, soit par son ingéniosité, soit par son goût, soit les deux. Attablée devant ce qui a sans doute été l'un des meilleurs repas de ma vie dans un petit restaurant de Sicile, j'ai vu arriver sur la table un bol de croûtons apéritifs, à l'évidence réalisés avec le pain de la veille. Eh oui, cher lecteur, j'ai été *éblouie* ! Je sais que les croûtons sont bienvenus, de manière générale, mais tout seuls ? Sans salade ? Sans poulet rôti ? Un simple bol de croûtons généreusement assaisonnés et parsemés d'herbes dans lequel piocher en attendant un autre bol de croûtons ? *C'est la surprise gustative la plus brillante que j'ai jamais eue !* Alors, même si j'aimerais m'attribuer la maternité de ce snack, cela m'est impossible. Je peux seulement vous transmettre cette idée de génie.

RÉALISATION

N'importe quel pain fera l'affaire, mais sachez qu'on obtient des croûtons divins à partir de restes de **focaccia** (p. 70). Coupez ou rompez le pain de votre choix en morceaux de la taille d'une noix. Mettez-les sur une plaque avec 1 ou 2 gousses d'**ail** épluchées et hachées si vous êtes de la *team* « aillée », et/ou 1 pincée de flocons de **piment** si vous êtes plutôt *team* « pimentée ». Ajoutez suffisamment d'**huile d'olive** pour enrober généreusement les morceaux de pain (ils doivent être gorgés d'huile), puis salez et poivrez.

Enfournez à 210 °C (th. 7) et faites cuire les croûtons de 10 à 15 min, en remuant de temps à autre, jusqu'à ce qu'ils soient croustillants et brun doré en surface, mais encore tendres et moelleux à l'intérieur ; ils vont durcir en refroidissant, alors vérifiez la cuisson en laissant refroidir un croûton sur le plan de travail quand vous pensez qu'ils sont prêts. Sortez-les du four et laissez-les refroidir avant de les grignoter à l'apéritif ou d'en agrémenter votre salade.

Pour des croûtons-qui-fleurent-non-l'Italie, conservez l'**ail** et les **flocons de piment**, et ajoutez des **herbes fraîches finement hachées** telles que du **thym**, du **romarin**, de l'**origan** ou de la **marjolaine**, et parsemez-les d'une généreuse pincée d'**oignon** ou d'**ail déshydraté** avant d'enfourner.

Pour des croûtons au sumac, conservez l'**ail** et ajoutez environ 1 cuil. à soupe de **sumac en poudre** avant d'enfourner.

salades

Une salade, c'est tout ce que vous voulez que ce soit, de nos jours.

Mais ici, je vais m'en tenir à ce qui définit traditionnellement le genre : un plat froid ou à température ambiante, à base de légumes (ou de fruits, parfois), et composé d'éléments croquants, de légumes à feuilles ou d'une combinaison des deux. Je ne vous cache pas que c'est mon chapitre préféré, car les salades apportent fraîcheur, texture et acidité – mon trio fétiche. Je les ai classées selon ce que je considère comme les types les plus importants : À feuilles, Croquantes et Pseudo-salades. S'ils sont tous différents, ils réunissent mes trois vérités universelles de la salade...

Pas de vinaigrette à part. Pourquoi utiliser deux récipients quand un seul suffit ? De plus, les salades doivent être assaisonnées comme n'importe quel autre plat – d'abord avec du sel et un élément acide (jus d'agrumes ou vinaigre), et seulement *après* avec une matière grasse (huile d'olive, probablement) pour arrondir et unifier les saveurs. Notez que les **salades doivent être hyper acides et bien salées.**

Pas de sauce crémeuse. C'est un choix esthétique autant qu'une préférence gustative. Si une salade nécessite quelque chose de riche et crémeux, je préfère employer ce quelque chose riche et crémeux comme un dip, glissé sous les autres ingrédients.

De même qu'un sandwich est meilleur s'il est coupé en triangles, **une salade gagne à être dégustée dans une assiette creuse.** Ce n'est pas moi qui édicte les règles ; je me contente de les faire appliquer.

Chicorée à la moutarde et chapelure au guanciale

pour 4 à 6 personnes

1 échalote, épluchée et taillée en fins anneaux
2 cuil. à soupe de vinaigre de vin rouge ou de vinaigre de vin blanc
85 g de guanciale ou de pancetta, coupé(e) en morceaux de 1 cm d'épaisseur
60 g de chapelure fraîche (voir p. 14) ou panko
½ cuil. à café de flocons de piment
1 gousse d'ail, épluchée et pressée
1 grosse chicorée frisée, coupée à la main en gros morceaux
1 grosse poignée de feuilles et tiges tendres de persil
3 cuil. à soupe de moutarde à l'ancienne
3 cuil. à soupe d'huile d'olive
3 cuil. à soupe de levure alimentaire (facultatif)
sel et poivre du moulin

NOTE *L'emploi de la « levure alimentaire » à la place du fromage est une chose que je dois à mon ami, le chef (et excellent danseur) Gerardo Gonzalez. Il en parsème sa salade César vegan cultissime (du moins à mes yeux), dans l'une de mes pizzerias préférées de New York, Scarr's. Le goût de noix et les accents umami de la levure alimentaire rappellent formidablement le parmesan.*

De la même famille que l'endive, la chicorée est moins amère que la première, mais comme elle, elle gagne à être agrémentée d'éléments gras pour adoucir son âcreté.

Or il se trouve que cette salade contient une foule d'aliments gras, en particulier du guanciale, une sorte de pancetta, mais en plus raffiné et délicat en goût. Contrairement à cette dernière, le guanciale est presque exclusivement composé de gras, mais loin de se déliter à la poêle comme on pourrait le craindre, il y durcit, offrant de délicieux petits morceaux croustillants et une superbe mare de graisse de porc luisante dans laquelle faire dorer la chapelure. Un must absolu.

1 Mélangez l'échalote et le vinaigre dans un bol ; salez et poivrez ; laissez reposer pendant quelques minutes.

2 Faites chauffer le guanciale dans une grande poêle, sur feu moyen à vif. Laissez-le cuire de 10 à 12 min, en remuant de temps à autre, jusqu'à ce qu'il ait rendu la majeure partie de sa graisse, et commence à se colorer et à devenir croustillant. Ne cherchez pas à aller plus vite, ou il brunirait et durcirait avant d'avoir rendu sa graisse, alors que c'est ce qu'on veut récupérer.

3 Ajoutez la chapelure et les flocons de piment dans la poêle. Salez et poivrez, puis poursuivez la cuisson de 3 à 4 min, jusqu'à ce que la chapelure soit brun doré et grillée. Retirez la poêle du feu, ajoutez l'ail et remuez bien.

4 Mélangez la chicorée, le persil, la moutarde avec le vinaigre à l'échalote dans un grand saladier. Salez et poivrez, puis ajoutez l'huile d'olive. Remuez de nouveau, puis transférez la salade dans un grand plat de service. Parsemez-la de levure alimentaire (si vous l'utilisez) et d'un peu de chapelure (proposez le reste à part).

À L'AVANCE Vous pouvez réaliser la chapelure jusqu'à 2 jours à l'avance. Réservez-la au frais, recouverte de film alimentaire. Réchauffez-la à feu doux avant de servir.

Endives au citron confit, yaourt et menthe

pour 4 à 6 personnes

250 g de yaourt à la grecque au lait entier
8 cl de jus de citron + un peu selon votre goût
½ citron confit, épépiné, taillé en fines lamelles
½ gousse d'ail, épluchée et pressée
2 endives, radicchios ou salades de Trévise, déchiré(e)s ou taillé(e)s en morceaux de 5 cm
1 grosse poignée de feuilles de menthe + un peu pour décorer
6 cl d'huile d'olive + un peu pour arroser
4 à 6 filets d'anchois, égouttés (facultatif)
sel et poivre du moulin

À DÉGUSTER AVEC
Chou-fleur longuement rôti aux épices (p. 150)
+
Gigot d'agneau mariné au yaourt, au fenouil épicé et au sumac (p. 204)

Il ne s'agit pas d'une vulgaire salade du type « je vais juste prendre une petite salade ce midi ». Non, ce mélange amer, aillé et audacieux mérite d'être en bonne compagnie. Et il lui faut un compagnon riche et robuste, comme un gigot d'agneau (p. 204) ou une épaule de porc bien relevée (p. 209).
Ce n'est pas que le gras du yaourt ou la fraîcheur des feuilles de menthe ne suffisent pas à dompter l'amertume des endives — ils y parviennent très bien, merci —, mais c'est le genre de légumes qui complète bien d'autres plats.

Je n'aime pas particulièrement garnir individuellement les feuilles d'un contenu crémeux (je suis plutôt du type « sauce à part ») ; je préfère assaisonner mes petites feuilles fringantes d'une sauce acidulée plutôt que de les lester d'un mélange bourratif qui leur ferait perdre tout leur peps. Toutefois, ce n'est que mon avis et si vous ne jurez que par les sauces crémeuses avec les endives, vous pouvez délayer le mélange au yaourt avec de l'eau, puis en arroser la salade et remuer pour bien l'enrober avant de servir.

1 Mélangez le yaourt et la moitié du jus de citron dans un bol ; salez et poivrez. La préparation doit être acidulée et salée ; ajoutez du jus de citron et du sel si nécessaire.

2 Mélangez le citron confit, l'ail et le reste de jus de citron dans un grand saladier. Ajoutez les endives, la menthe et l'huile d'olive, puis remuez bien. Salez, puis poivrez généreusement.

3 Étalez le mélange au yaourt au fond d'un grand saladier ou plat, et déposez la salade par-dessus.

4 Arrosez le tout d'un peu plus d'huile d'olive. Parsemez de feuilles de menthe supplémentaires et ajoutez les anchois par-dessus, si vous le souhaitez, avant de servir.

À L'AVANCE Vous pouvez réaliser la sauce au yaourt jusqu'à 3 jours à l'avance. Conservez-la au réfrigérateur, recouverte de film alimentaire. La salade peut être préparée et mélangée à la menthe la veille, puis réservée au frais, dans un sachet zippé.

la salade parfaite

Combien de fois vous est-il arrivé de crier : « Waouh ! Cette salade est parfaite ! » ? Je le dis tout le temps, car j'ai une certaine tendance à l'hyperbole, mais quand je prononce ces mots, c'est que je suis en train de manger une salade bien fraîche et goûteuse, assaisonnée d'herbes, de citron, d'huile d'olive et de fleur de sel. Pour moi, cette salade est parfaite et, oui, c'est une référence à *Love Actually*.

Ce n'est pas pour me jeter des fleurs, mais chaque fois que je sers cette salade parfaite, mes invités deviennent hystériques. « Mais qu'est-ce qu'il y a dans cette salade ? C'EST UNE TUERIE ! » Je comprends leur émoi. Comment un simple mélange de salade et d'herbes fraîches, arrosé de jus de citron, saupoudré de fleur de sel et arrosé d'huile d'olive peut-il être aussi époustouflant ?

Le truc, c'est que cela demande « un peu de travail supplémentaire » de votre part, et par là, j'entends « aller au marché des producteurs ». Les fruits et légumes commencent tous à perdre de l'eau à la minute où ils sont récoltés, peu importe d'où ils viennent (de la terre ! d'un arbre ! d'un buisson !), mais c'est encore pire pour les salades ou les légumes à feuilles. Forcément, celles et ceux qui proviennent du marché sont plus frais, plus croquants et plus fringants que ceux qui ont passé une semaine sur un étal de supermarché. À l'âge de 19 ans, j'ai travaillé pour une ferme du nom de Maggie's Farm, qui vendait ses produits au marché des producteurs de Santa Monica du mercredi et du samedi. Ils me payaient pour moitié en dollars, pour moitié en mesclun, et je passais tout le trajet de retour, coincée dans la circulation de Los Angeles, à en picorer comme si c'était des chips. Depuis, je ne me satisfais que du meilleur en la matière.

POUR LA RÉALISATION

Pour 4 à 6 personnes, prenez 300 g de **mesclun** (on trouve toujours au marché des mélanges de pousses et feuilles divins) ou de salade, comme des **cœurs de laitue** vert vif, une petite **laitue verte** ou **rouge** (les feuilles détachées et déchirées si elles sont grandes), ou de petites **sucrines**. Ensuite, ajoutez **PLEIN d'herbes fraîches** (feuilles ET tiges tendres, bien sûr), comme du **persil**, de la **ciboulette**, de l'**aneth**, de la **menthe**, de l'**estragon** ou de la **coriandre** ; tout ce qui vous inspire est O.K. ! Le ratio doit être quasiment de 50/50 par rapport à la salade.

Pour l'assaisonnement, je zappe la vinaigrette (si vous avez parcouru ce chapitre, vous aurez remarqué que c'est fréquent). Arrosez simplement la salade du jus de ½ **citron** et remuez pour bien enrober toutes les feuilles, sans qu'elles soient détrempées pour autant. Saupoudrez de **fleur de sel** et d'une bonne pincée de **poivre noir**. Goûtez une feuille. Elle manque de citron ? Pressez un peu plus de jus. Un peu de sel ? Ajoutez une autre pincée. Chaque feuille doit avoir le goût d'une version augmentée, citronnée et salée d'elle-même. Arrosez d'une **bonne huile d'olive** et mélangez brièvement — pas trop, car les feuilles s'alourdiraient.

Vous pouvez servir cette salade avec tous les plats du monde, ou l'utiliser comme lit pour des œufs pochés ou n'importe quels restes dénichés au fond du réfrigérateur. Pour moi, elle est parfaite — et je pense qu'elle le sera pour vous aussi.

Cresson citronné au fenouil cru et grillé

pour 4 à 6 personnes

1 cuil. à soupe de graines de fenouil
1 citron classique ou de Meyer, taillé en fines rondelles, épépiné
2 cuil. à soupe de jus de citron
1 petite échalote, épluchée et taillée en fins anneaux ou finement hachée
1 botte de cresson, de roquette ou de moutarde brune miniature, débarrassée des extrémités dures
1 bulbe de fenouil, taillé en fines rondelles
huile d'olive, pour arroser
sel et poivre du moulin

NOTE *Le cresson de fontaine est souvent horriblement fragile, fin et très peu goûteux — il convient très bien pour des garnitures, mais je ne vous recommanderais pas de l'utiliser dans une salade comme celle-ci. Si vous ne trouvez pas de cresson cultivé en terre, utilisez de la roquette ou de la moutarde brune de qualité.*

Tous les cressons ne poussent pas de la même manière. Il y a la variété sauvage, la variété cultivée en terre et celle qui s'épanouit dans l'eau. À l'état sauvage, il pousse comme du chiendent partout où il y a de l'eau fraîche qui s'écoule lentement — près des ruisseaux et des rivières au débit lent. C'est le roi de tous les cressons, tout en tiges et en feuilles, robuste, amer, poivré et divinement goûteux. Il est disponible uniquement en saison sur les marchés et chez les primeurs, sous forme violette (!) ou vert sombre. O.K., ce n'est pas l'ingrédient le plus facile à trouver qui soit, mais la variété cultivée offre une alternative satisfaisante.

Cette recette vise surtout à mettre en avant le caractère particulier d'un bon cresson, mais elle fait aussi la part belle au fenouil croquant agrémenté de fines rondelles de citron. J'apprécie l'acidité franche et l'amertume discrète du citron entier qui, associées au poivré du cresson, font de ce plat une salade « pour adultes » — ma nouvelle expression préférée. Servez-la avec un plat à la saveur plus douce, comme une Tourte au poulet, et champignons à la poêle (p. 200) ou une Truite grillée au beurre vert divin (p. 244).

1 Faites griller les graines de fenouil à sec dans une petite poêle, à feu moyen, pendant environ 1 min, en secouant constamment la poêle jusqu'à ce que les graines exhalent leur parfum et prennent une couleur brun doré clair.

2 Mettez les graines dans un bol et ajoutez les rondelles et le jus de citron ainsi que l'échalote ; salez et poivrez. Laissez macérer pendant quelques minutes, pour ramollir légèrement le citron.

3 Mélangez le cresson et le fenouil dans un grand saladier. Ajoutez le mélange au citron et remuez. Salez et poivrez, puis arrosez la salade d'huile d'olive avant de servir.

À L'AVANCE Vous pouvez mélanger le cresson et le fenouil la veille et les conserver au frais dans un sachet zippé. Assaisonnez-les avec le mélange au citron juste avant de servir.

Cœurs de laitue au citron, à l'ail et aux pistaches

pour 4 à 6 personnes

2 citrons
60 g de pistaches, d'amandes ou de noix crues finement hachées
1 gousse d'ail, épluchée et pressée
6 cl d'huile d'olive + un peu pour arroser
4 à 6 cœurs de laitue, ou 1 grosse romaine ou laitue iceberg, coupée en quartiers
1 poignée de feuilles et tiges tendres de persil, grossièrement hachées
1 poignée de ciboulette hachée
3 cuil. à soupe d'aneth grossièrement haché
fleur de sel
sel et poivre du moulin

C'est la salade de mes rêves. Aillée, furieusement acide, fraîche et croquante à souhait. C'est la veste en jean des salades : elle va avec tout. Vous pouvez l'habiller davantage ou la savourer dans toute sa simplicité, seule ou avec 24 autres aliments. Dire autre chose sur cette recette ne ferait que lui porter préjudice, car chaque minute passée à lire à son sujet est une minute perdue sur le trajet vers votre primeur pour acheter les ingrédients dont vous avez besoin pour la réaliser séance tenante.

Si vous ne trouvez pas de cœurs de laitue, une romaine ou une laitue iceberg — ma meilleure amie ! — feront très bien l'affaire ; l'idée est de rechercher une salade robuste et croquante. De même, si vous n'êtes pas fan de pistaches, remplacez-les par des noix, des amandes ou tout autre fruit à coque.

1 Hachez finement 1 citron, en veillant à bien retirer toutes les graines. Prélevez le zeste et le jus du deuxième ; réservez.

2 Faites griller les pistaches à sec dans une petite poêle, à feu moyen, de 2 à 3 min, jusqu'à ce qu'elles commencent tout juste à exhaler leur parfum et avant qu'elles ne brunissent. Retirez la poêle du feu et mettez les pistaches dans un saladier de taille moyenne ; laissez refroidir.

3 Ajoutez le zeste de citron, le citron haché, l'ail et l'huile d'olive dans le saladier. Salez et poivrez.

4 Disposez la salade dans un grand plat de service ou un saladier peu profond. Arrosez-la de jus de citron et d'assez d'huile d'olive pour enrober uniformément les feuilles ; salez et poivrez.

5 Répartissez le mélange aux pistaches par-dessus, puis ajoutez les herbes et 1 pincée de fleur de sel.

À L'AVANCE Le mélange aux pistaches (sans ail ni citron entier) peut être préparé la veille. (Quand il macère, le citron devient amer, alors je préfère l'ajouter juste avant de servir.)

Laitue iceberg au pecorino, olives cassées et pickles de piment

pour 4 à 6 personnes

1 piment frais — jalapeño, fresno ou habanero —, taillé en fines rondelles, débarrassé des graines pour un piquant moins prononcé
½ petit oignon blanc ou jaune, taillé en fins anneaux
6 cl de vinaigre blanc distillé ou de vinaigre de vin blanc
2 cuil. à café de miel
225 g d'olives de Castelvetrano ou d'olives noires marinées à l'huile, dénoyautées et « cassées »
3 cuil. à soupe d'origan frais grossièrement haché, ou 2 cuil. à café d'origan séché + un peu pour décorer
1 petite laitue iceberg, coupée en quartiers de 4 cm d'épaisseur, feuilles légèrement détachées les unes des autres
1 poignée de persil, feuilles et tiges tendres
huile d'olive, pour arroser
30 g de pecorino finement râpé, ou selon votre goût
sel et poivre du moulin

À DÉGUSTER AVEC

Côtelettes d'agneau pour toute la table (p. 229)
+
De très très bonnes lasagnes (p. 256)

La laitue iceberg a la réputation d'être ennuyeuse, basique et globalement sans grand intérêt. Mais comme les Teva® et les Birkenstock®, ce qui était ringard il y a peu est désormais hype. Et de même que je possède des Birkenstock®, j'ai aussi au moins une paire de laitues iceberg à disposition. Ce que j'essaie de dire, c'est que je suis fière de déclarer que je ne me contente pas de tolérer la laitue iceberg, J'ADORE la laitue iceberg. J'en veux. J'en rêve. Je peux aller au marché uniquement pour en acheter.

Vraisemblablement appelée ainsi en raison de sa saveur aqueuse ou de sa texture croquante — ou les deux —, la laitue iceberg ne peut compter ni sur son nom ni sur son aspect visuel pour attirer les foules, et elle n'est pas non plus réputée pour sa valeur nutritionnelle, même si cela nous importe peu ici. Pourtant, c'est indéniablement la plus croquante des salades, et son goût neutre supporte très bien d'être scandaleusement agrémenté de fromage et d'olives à la saveur plus marquée. Si vous l'apprêtez correctement, la laitue iceberg peut devenir le plus exaltant, le plus réjouissant — oserais-je dire le plus brûlant — des légumes (eh non, ce n'est pas une blague sur les icebergs, mais ça pourrait !).

1 Mélangez le piment, l'oignon, le vinaigre et le miel dans un grand saladier ; salez et poivrez, puis réservez pendant environ 5 min, pour laisser mariner l'oignon et le ramollir.

2 Ajoutez les olives et l'origan, et remuez.

3 Disposez la laitue et le persil dans un grand plat ou saladier de service. Répartissez le mélange aux olives par-dessus. Salez, poivrez et arrosez généreusement d'huile d'olive. Parsemez de fromage et d'un peu plus d'origan, si vous le souhaitez, avant de servir.

À L'AVANCE C'est plutôt une salade « dernière minute », mais s'il le faut, vous pouvez découper la laitue quelques heures à l'avance et la conserver dans un sachet zippé au réfrigérateur.

Salade d'agrumes salée au fenouil, radis et olives

pour 4 à 6 personnes

30 g d'olives vertes de Castelvetrano ou d'olives noires marinées à l'huile, dénoyautées et cassées
6 cl d'huile d'olive
4 clémentines, ou 2 oranges ou oranges sanguines (ou un mélange), pelées et taillées en rondelles de 5 mm d'épaisseur, épépinées
miel, selon votre goût
2 cuil. à soupe de jus de citron ou de citron vert + un peu selon votre goût
1 bulbe de fenouil, paré et taillé en fines rondelles dans la longueur
1 petit ou ½ gros radis red meat, taillé en très fines rondelles (ou 4 radis classiques, taillés en fines rondelles)
sel et poivre du moulin

À DÉGUSTER AVEC
Haricots blancs citronnés, chicorée, anchois et parmesan (p. 175)
+
Un simple poulet rôti

Tout le monde devrait avoir « sa » salade d'agrumes, et celle-ci est particulièrement bonne. Je qualifierais sans hésiter cette salade de croquante, car elle contient quantité de fenouil et de radis, qui contrent parfaitement la mollesse qu'on pourrait reprocher aux agrumes. Si vous n'habitez pas en un lieu où les agrumes sont à se damner toute l'année (Hello, les Californiens !), vous devrez faire avec les moyens du bord et vous adapter. Il n'y a aucune honte à corriger l'équilibre entre acidité et sucrosité de vos fruits avec du miel et du jus de citron ou de citron vert !

1 Mélangez les olives et l'huile d'olive dans un bol ; réservez.

2 Disposez les rondelles d'agrumes dans un grand plat de service. Salez, poivrez, puis ajoutez un peu de miel ou un trait de jus de citron de façon à obtenir un goût aussi acide, sucré et équilibré que possible.

3 Mettez le fenouil, les radis et les 2 cuil. à soupe de jus de citron dans un saladier de taille moyenne, puis remuez ; salez et poivrez. Goûtez, puis rectifiez l'assaisonnement en jus de citron et en sel afin que les légumes soient très acides et presque trop salés.

4 Répartissez le mélange à base de fenouil sur les agrumes et nappez le tout d'huile aux olives. Poivrez très généreusement.

À L'AVANCE Vous pouvez peler les agrumes et les tailler en rondelles quelques heures à l'avance, puis les conserver au réfrigérateur, recouverts de film alimentaire. Vous pouvez parer et trancher le fenouil et les radis quelques heures à l'avance également, et les conserver au frais, dans un récipient hermétique.

Céleri et fenouil aux noix et au bleu

pour 4 à 6 personnes

- **55 g de noix, grillées à sec (voir p. 14) et grossièrement hachées**
- **6 cl d'huile d'olive + un peu pour arroser**
- **4 branches de céleri, avec les feuilles, taillées en fines rondelles de biais**
- **1 gros bulbe de fenouil, paré et taillé en fines rondelles dans la longueur**
- **½ petite échalote, épluchée et taillée en fines rondelles**
- **2 cuil. à soupe de jus de citron, ou selon votre goût**
- **45 g de fromage à pâte persillée ferme, taillé en fines rondelles ou émietté**
- **sel et poivre du moulin**

Le céleri n'est pas apprécié à sa juste valeur. La chose la plus agréable que la plupart des gens trouvent à dire à son propos est qu'ils aiment en accompagner leur *Buffalo wings* ; pourtant, les mérites de ce délicieux légume sous-estimé sont nombreux, car oui… J'ADORE le céleri. Non content d'avoir une texture extrêmement croquante, une sublime couleur vert vif, et une saveur fraîche et piquante, il est très économique. Je serais plus que ravie de déguster une salade composée uniquement de fines rondelles de céleri largement assaisonnée de jus de citron, de sel et de poivre, mais personne ne remporterait *Supermarket Sweep* en achetant ces ingrédients seuls. (Au cas où vous ne le sauriez pas, *Supermarket Sweep* est un jeu télévisé désormais obsolète et totalement absurde où les participants gagnaient en dépensant le plus d'argent possible dans un supermarché. Si vous avez cinq minutes à tuer, vous pouvez regarder quelques extraits sur YouTube.)

Vous pouvez jouer en mode *high-low* et accommoder le frugal céleri avec de moins chiches noix et un bon fromage à pâte persillée, mais même ainsi, vous ne ferez pas sauter la banque. Cette salade, aussi croquante et épurée qu'elle est riche et crémeuse, accompagne parfaitement un simple poulet rôti (ou sa version parsemée de graines de fenouil, p. 189), des plats de côtes braisés (p. 224), et peut-être un couscous aux herbes (p. 164) ou des pommes de terre au vinaigre (p. 163).

1 Mettez les noix dans un bol et arrosez-les d'un peu d'huile d'olive. Remuez pour les enrober. Salez, poivrez et réservez.

2 Mélangez les branches de céleri hachées (réservez les feuilles pour décorer), le fenouil, l'échalote et le jus de citron dans un grand saladier ; salez et poivrez. Arrosez d'huile d'olive et de suffisamment de jus de citron pour donner un goût acidulé.

3 Transférez le mélange dans un grand plat ou saladier de service, puis ajoutez les noix, le fromage, les feuilles de céleri. Arrosez d'huile d'olive et poivrez généreusement.

Concombre citronné à l'oignon rouge et au sésame grillé

pour 4 à 6 personnes

½ petit oignon rouge, épluché et taillé en fines rondelles
3 cuil. à soupe de tahin
1 cuil. à soupe d'huile de sésame grillé
3 cuil. à soupe d'eau
1 concombre long ou 4 mini-concombres, taillé(s) en fines rondelles
2 cuil. à soupe de jus de citron ou de citron vert
1 cuil. à soupe de zeste de citron ou de citron vert finement râpé
½ cuil. à café de sumac en poudre + un peu pour saupoudrer (facultatif)
1 poignée de coriandre, tiges et feuilles tendres
3 cuil. à soupe de graines de sésame noir ou blanc grillées
huile d'olive, pour arroser
sel et poivre du moulin

J'aime le concombre peut-être encore plus que le céleri (ce qui n'est pas peu dire). J'en ai toujours au réfrigérateur pour préparer un apéritif ou une salade comme celle-ci, où il est entièrement à l'honneur (je suis une puriste en matière de concombre, alors je ne l'intègre jamais dans une salade à feuilles). Comme il a une saveur neutre, il se marie bien avec presque tous les ingrédients, mais plus spécifiquement avec des aliments crémeux et gras, comme le tahin, le yaourt ou le fromage. Cela dit, désolée, mais il n'y a pas de fromage dans cette recette. On y trouve, en revanche, une sauce au tahin crémeuse — quoique sans produits laitiers — et riche en sésame, qui pourrait bien vous faire oublier l'existence du fromage (au moins quelques minutes).

C'est le genre de plats qu'on peut servir à l'occasion d'un apéritif dînatoire, mais il peut faire office de salade d'accompagnement avec de l'Espadon aux olives cassées et à l'origan (p. 243) ou un One-pot de poulet aux dattes et au citron caramélisé (p. 194).

1 Mettez l'oignon dans un bol d'eau glacée et laissez-le tremper de 5 à 10 min pour en adoucir le goût ; égouttez-le.

2 Mélangez le tahin, l'huile de sésame et l'eau dans un bol jusqu'à l'obtention d'un mélange lisse et crémeux, en ajoutant un trait d'eau si nécessaire. Salez, poivrez et réservez.

3 Mélangez le concombre, l'oignon, le jus de citron, le zeste de citron et le sumac (si vous l'utilisez) dans un saladier de taille moyenne ; salez et poivrez.

4 Étalez la sauce au tahin au fond d'un grand plat de service, puis déposez par-dessus le concombre, la coriandre, les graines de sésame, un trait d'huile d'olive et 1 pincée supplémentaire de sumac, si vous le souhaitez.

À L'AVANCE La sauce au tahin peut être réalisée jusqu'à 5 jours à l'avance, puis réservée au frais dans un récipient hermétique.

Tahini

Chou rouge relevé à l'oignon doux et au citron vert

pour 4 à 6 personnes

1 piment jalapeño ou piment rouge, finement râpé ou haché
8 cl de jus de citron vert + un peu selon votre goût
1 cuil. à soupe de miel doux, comme du miel de fleur d'oranger
1 cuil. à café de flocons de piment + un peu pour saupoudrer
2 cuil. à café de sumac en poudre + un peu pour saupoudrer
2 petits (ou 1 gros) chou(x) rouge(s), débarrassé(s) du cœur et taillé(s) en très fines rondelles
1 oignon jaune doux ou rouge, épluché et taillé en fines rondelles
huile d'olive, pour arroser
sel et poivre du moulin

Je sais que beaucoup vont me regarder avec de gros yeux, mais je déteste le terme coleslaw. Loin de moi l'idée de vous offusquer, mais c'est mon livre et si je décide de ne pas désigner un plat par l'appellation coleslaw, alors même que c'en est à l'évidence un, c'est mon droit le plus strict. Donc, ici, nous avons une salade de chou croquante, citronnée et relevée, ce qui est exactement ce dont on a envie quand on mange en parallèle quelque chose d'un peu robuste, comme une viande mijotée ou grillée. On peut aussi la servir comme salade bonus, parce qu'il faut à peu près trois secondes pour la préparer à partir d'ingrédients peu onéreux et faciles à trouver.

Sentez-vous libre d'adapter la recette à votre guise, en utilisant du chou vert à la place du rouge, ou en ajoutant une pomme si vous voulez accentuer le côté sucré. La salade doit être acide et croquante, et répondre à vos envies, alors si une carotte râpée vous fait de l'œil, cédez-lui sans honte. Mentionnons au passage le fait que, si elle va se ramollir légèrement, cette salade peut se conserver plusieurs jours au réfrigérateur. Elle va macérer et gagner en saveur avec le temps — comme nous tous.

À DÉGUSTER AVEC
Grenaille semi-écrasée à la ciboule et au céleri avec des tonnes d'aneth (p. 135)
+
Saucisse party (p. 184)

1 Mélangez le piment, le jus de citron vert, le miel, les flocons de piment et le sumac dans un grand saladier. Ajoutez le chou et l'oignon, puis salez et poivrez ; laissez macérer pendant quelques minutes.

2 Remuez de nouveau et rectifiez l'assaisonnement en sel, en poivre, en flocons de piment, en sumac et en jus de citron vert, si vous le souhaitez. Arrosez la salade d'huile d'olive juste avant de servir.

À L'AVANCE Vous pouvez tailler le chou en lamelles jusqu'à 2 jours à l'avance et le réserver au frais, dans un sachet zippé (ou dans un récipient hermétiquement fermé).

Salade de céleri à la coriandre et au sésame

pour 4 à 6 personnes

- **2 cuil. à soupe de graines de sésame blanc**
- **6 ciboules, la partie verte et la partie blanche, taillées en fines rondelles de biais**
- **4 branches de céleri, avec les feuilles, taillées en très fines rondelles de biais**
- **1 bouquet de coriandre — feuilles et tiges tendres —, coupé en tronçons de 5 cm**
- **1 piment vert, débarrassé des graines, taillé en fines rondelles**
- **1 cuil. à soupe de sauce de poisson**
- **3 cuil. à soupe de vinaigre de riz + un peu selon votre goût**
- **2 cuil. à soupe de jus de citron vert + un peu selon votre goût**
- **2 cuil. à soupe d'huile de colza**
- **1 cuil. à soupe d'huile de sésame grillé**
- **6 cl d'huile d'olive + un peu pour arroser**
- **sel et poivre du moulin**

Cette salade est mon hommage à New York. Elle m'a été inspirée par le lieu où je mange sans doute le plus souvent : Xi'an Famous Foods. C'est une chaîne de restaurants de cuisine chinoise à l'occidentale, avec plusieurs enseignes à New York, ce qui signifie qu'en cas d'envie urgente d'un de leurs plats, vous trouverez toujours votre bonheur, que vous soyez dans le Queens, à Brooklyn ou à Manhattan. J'en profite allègrement. Souvent. Je ne sais pas exactement ce que contient leur version de cette salade, si ce n'est qu'elle est composée à 80 % de tiges de coriandre, 15 % de céleri et 5 % d'autres choses comme des ciboules et de l'huile de sésame. Elle accompagne à merveille des nouilles sautées à l'agneau ou des raviolis brûlants, mais depuis que j'en fais ma propre interprétation (j'ai ajouté de la sauce de poisson et du jus de citron vert, et c'est le céleri qui occupe le premier plan), je me suis rendu compte que j'aimais en manger avec quasiment tout, mais surtout avec du Poulet gluant au piment (p. 196) ou de la Poitrine de bœuf braisée au soja (p. 226).

Il m'arrive aussi de la déguster seule, car je suis vraiment « Dingue de céleri » (le titre de mes futurs Mémoires), surtout l'été, quand il fait trop chaud dehors pour manger autre chose qu'une salade… de céleri.

1 Faites griller les graines de sésame à sec dans une poêle, sur feu moyen à vif, pendant 2 min, jusqu'à ce qu'elles soient brun doré et commencent à crépiter. Retirez-les du feu et réservez.

2 Mélangez les ciboules, le céleri, la coriandre, le piment, la sauce de poisson, le vinaigre et le jus de citron vert dans un grand saladier. Salez et poivrez, puis ajoutez les huiles. Rectifiez l'assaisonnement en sel et en poivre, et ajoutez un peu de jus de citron vert ou de vinaigre si vous le souhaitez.

3 Transférez le tout dans un grand plat ou saladier de service. Ajoutez les graines de sésame, beaucoup de poivre et un dernier trait d'huile d'olive.

À L'AVANCE Vous pouvez mélanger la ciboule, le céleri, la coriandre et le piment la veille, et les réserver au frais dans un sachet zippé. Assaisonnez-les avant de servir.

Pommes et kakis au vinaigre et cheddar blanc

pour 4 à 6 personnes

2 grosses pommes fermes et acides – Pink Lady, Honeycrisp ou Goldrush –, débarrassées du trognon et taillées en fines tranches
2 kakis ou poires japonaises, taillé(e)s en fines tranches
1 cuil. à café de raifort râpé en bocal ou 1 morceau de raifort frais, à râper
2 cuil. à soupe de vinaigre de cidre ou vinaigre de vin blanc + un peu selon votre goût
2 cuil. à café de miel + un peu selon votre goût
45 à 60 g de cheddar blanc ou de gouda
huile d'olive, pour arroser
sel et poivre du moulin

À DÉGUSTER AVEC
Broccolinis et kale aillés aux noisettes et à la coriandre (p. 160)
+
Épaule de porc frottée à la harissa, haricots blancs et bettes (p. 209)

J'adore les fruits croquants dans les salades, raison pour laquelle je vous invite à choisir des kakis pas tout à fait mûrs. Si vous n'en trouvez pas, vous pouvez les remplacer par des poires japonaises ou ajouter des pommes ; il est aussi possible de mélanger le tout. Les fruits doivent être bien acides et salés ; le miel est là pour compenser l'absence de sucre dans certains fruits, alors ajustez les quantités en fonction des produits utilisés et de votre goût.

Le raifort frais est l'un de mes ingrédients de niche préférés. Je le propose rarement, car je sais qu'il n'est pas facile de s'en procurer, mais j'ai remarqué qu'on le trouve de plus en plus souvent dans les supermarchés, alors je vais vous livrer ma recette authentique en espérant que vous pourrez la suivre sans problème. S'il vous est impossible de mettre la main sur du raifort frais, du raifort râpé en bocal fera l'affaire – attendez-vous juste à une salade plus acidulée (ce qui n'a rien d'un drame).

1 Disposez les tranches de pommes et de kakis dans un grand plat de service. Si vous utilisez du raifort râpé en bocal, mélangez-le avec le vinaigre et le miel et arrosez les fruits du mélange (pour répartir uniformément les saveurs) ; sinon, arrosez simplement les fruits de vinaigre et de miel.

2 Salez et poivrez les fruits, puis mélangez-les délicatement, en prenant garde de ne pas briser les tranches. Rectifiez l'assaisonnement en sel, en poivre, en miel et en vinaigre.

3 Si vous utilisez du raifort frais, râpez-en un peu au-dessus des fruits, en utilisant un épluche-légumes. Taillez le fromage en copeaux ou émiettez-le et parsemez-en la salade. Arrosez d'huile d'olive avant de servir.

Écrasé de petits pois à la burrata et aux olives noires

pour 4 à 6 personnes

30 g d'olives noires marinées à l'huile ou olives de Castelvetrano, dénoyautées
8 cl d'huile d'olive
310 g de petits pois frais ou décongelés
2 cuil. à soupe de zeste de citron fraîchement râpé
125 g de salade à feuilles piquantes, comme de la moutarde de Chine ou de la roquette, grossièrement déchirée
1 grosse poignée de feuilles de menthe, déchirées
2 cuil. à soupe de ciboulette finement hachée
1 poignée de feuilles et tiges tendres de persil
2 cuil. à soupe de jus de citron + un peu selon votre goût
2 boules de burrata, égouttées (vous pouvez aussi utiliser de la mozzarella ; le rendu visuel sera toutefois différent)
sel et poivre du moulin

À DÉGUSTER AVEC
Melon au jambon croustillant et ricotta séchée (p. 114)
+
Linguines aux fruits de mer, à l'ail et aux pistaches (p. 250)

Je suis sûre que vous l'avez deviné, mais je vais le dire quand même. Cette « salade » n'est qu'une excuse pour ingurgiter des quantités indécentes de fromage. C'est aussi l'occasion de manger des quantités indécentes de petits pois, dont je raffole. Ça vaut ce que ça vaut, mais je ne fais pas partie de ceux qui tiennent absolument à acheter des petits pois frais au marché en saison et à les écosser (je trouve les petits pois surgelés excellents et tout à fait adaptés à cette recette), mais si le cœur vous en dit, ce plat mettra les petits pois frais à l'honneur dans toute leur splendeur.

1 Mélangez les olives et l'huile d'olive dans un bol ; réservez.

2 Placez la moitié des petits pois dans un saladier de taille moyenne. Avec les mains (ou si vous êtes plus raffiné et/ou que vous en possédez un, utilisez un presse-purée), écrasez les petits pois. (L'idée est d'obtenir un écrasé de petits pois, pas une purée, alors n'utilisez pas de robot mixeur.) Ajoutez les petits pois restants et le zeste de citron, salez et poivrez.

3 Mélangez la salade, la menthe, la ciboulette, le persil et le jus de citron dans un autre saladier. Salez, poivrez et ajoutez un peu de jus de citron si vous le souhaitez.

4 Coupez le fromage en morceaux avec les doigts et disposez-les sur un grand plat ou saladier de service peu profond (vous pouvez aussi couper la burrata au couteau, mais c'est bien plus simple à la main). Répartissez les petits pois sur et autour de la burrata. Ajoutez le mélange aux olives, puis la salade aux herbes.

À L'AVANCE Vous pouvez assaisonner les petits pois la veille et les conserver au frais, dans un récipient hermétique.

Concombre frappé, huile à l'ail et au curcuma

pour 4 à 6 personnes

12,5 cl d'huile de pépins de raisin
6 gousses d'ail, épluchées et grossièrement hachées
1 morceau de 2,5 cm de curcuma frais, grossièrement haché, ou ½ cuil. à café de curcuma en poudre
1 cuil. à café de fleur de sel + un peu selon votre goût
6 mini-concombres ou 2 concombres longs, coupés en tronçons de 2,5 cm
2 ciboules — la partie verte et la partie blanche —, taillées en fines rondelles
3 cuil. à soupe de vinaigre blanc distillé, de vinaigre de vin blanc ou de vinaigre de riz + un peu selon votre goût
poivre du moulin
1 poignée de feuilles et tiges tendres d'herbes mélangées, comme de l'aneth et de la menthe

À DÉGUSTER AVEC

Riz au beurre et au curcuma, amandes concassées et herbes (p. 173)
+
Poitrine de bœuf braisée au soja, au miel caramélisé et à l'ail (p. 226)

Frapper un concombre n'est pas seulement amusant à faire et à dire, cela a également un intérêt. Dans la mesure où un concombre est essentiellement composé d'eau, il vaut mieux le saler avant de le frapper, afin qu'il dégorge et que sa saveur se concentre. Vous obtenez au bout du compte un légume croquant, aux allures de géode anguleuse, prêt à recevoir la grâce d'un assaisonnement exquis.

Ici, l'assaisonnement commence avec une huile à l'ail grillé agrémentée de curcuma, pas uniquement pour la couleur (quoique, vous avez vu cette couleur ?), mais pour ses accents de gingembre et sa saveur puissamment terreuse : parfait pour agrémenter un concombre.

Quand servir cette salade ? Difficile à dire. La meilleure réponse est sans doute : « avec tout et en toute occasion ».

1 Faites chauffer l'huile à feu moyen dans une petite casserole. Faites-y revenir l'ail, de 2 à 3 min, en secouant la casserole de temps à autre, jusqu'à ce qu'il grésille fortement et paraisse (et sente) délicieusement grillé. Ajoutez le curcuma et la fleur de sel, puis secouez la casserole. Retirez du feu et réservez.

2 Mettez les morceaux de concombre dans un sachet en plastique muni d'un Zip et salez-les. À l'aide d'une poêle lourde, d'un rouleau à pâtisserie ou de n'importe quel objet lourd, frappez-les jusqu'à ce qu'ils se fendent et explosent légèrement. Laissez-les dégorger pendant quelques minutes.

3 Égouttez les morceaux de concombre et jetez le liquide. Mélangez-les dans un grand saladier de service avec les ciboules et le vinaigre. Salez, poivrez et ajoutez un peu de vinaigre. Arrosez le tout d'huile à l'ail grillé et laissez-la pénétrer les petites anfractuosités. Parsemez d'herbes avant de servir.

À L'AVANCE Vous pouvez frapper le concombre plusieurs heures à l'avance, puis l'égoutter et l'assaisonner avant de servir. L'huile parfumée peut être réalisée 2 jours à l'avance. Filmez-la et réservez-la au frais. Ramenez-la à température ambiante avant de servir.

Courgettes au basilic, parmesan et sarrasin grillé

pour 4 à 6 personnes

2 cuil. à soupe de graines de sarrasin décortiquées ou de graines de tournesol
2 courgettes de taille moyenne, taillées en très fines rondelles
3 cuil. à soupe de jus de citron
1 cuil. à café de sauce de poisson
1 gros morceau de parmesan, pour râper
huile d'olive, pour arroser
3 cuil. à soupe de ciboulette finement hachée
3 cuil. à soupe de feuilles de basilic déchirées
3 cuil. à soupe de persil — feuilles et tiges tendres
sel et poivre du moulin

À DÉGUSTER AVEC

Radis rôtis au beurre vert divin (p. 124)
+
Truite grillée au beurre vert divin (p. 244)

À mon humble avis, les courgettes sont on ne peut plus ennuyeuses. Elles n'ont guère de goût et sont essentiellement composées d'eau. Alors, que font-elles ici ? Entendons-nous bien, je n'ai pas l'intention de vous faire perdre votre temps. En fait, elles sont si abondantes l'été que je me sens coupable de ne pas les cuisiner (vous aussi ?), alors je cherche à les aimer par tous les moyens. Il se trouve que si vous les arrosez de jus de citron et de sauce de poisson, et que vous les recouvrez de parmesan, de ciboulette et d'un élément croquant comme le sarrasin, elles ne sont plus seulement tolérables, elles sont époustouflantes.

1 Faites griller le sarrasin à sec dans une petite poêle, à feu moyen, de 2 à 3 min, en secouant la poêle régulièrement, jusqu'à ce qu'il soit brun doré et exhale un parfum de popcorn. Retirez-le du feu et réservez-le.

2 Mélangez les rondelles de courgettes avec le jus de citron et la sauce de poisson dans un grand saladier. Salez et poivrez.

3 Disposez les rondelles de courgettes dans un grand plat de service ou un saladier peu profond. Râpez le parmesan au-dessus des légumes, arrosez-les d'huile d'olive, puis parsemez-les de sarrasin et d'herbes.

À L'AVANCE Je ne ferais rien à l'avance ici, si ce n'est faire griller le sarrasin ou les graines de tournesol. Cette salade gagne à être assaisonnée juste avant d'être servie ; une fois assaisonnée, elle commence à perdre de sa texture et de sa saveur.

Tomates au fenouil grillé et aux anchois

pour 4 à 8 personnes

12,5 cl d'huile d'olive
2 cuil. à soupe de graines de fenouil, écrasées au pilon
2 cuil. à café de piment d'Alep ou 1 cuil. à café de flocons de piment
8 filets d'anchois + quelques-uns, si vous le souhaitez
1 kg de petites tomates bien mûres, coupées en quatre ou en rondelles
2 cuil. à soupe de vinaigre de vin rouge ou de vinaigre de vin blanc
fleur de sel
poivre noir grossièrement moulu

À DÉGUSTER AVEC
Céleri et fenouil aux noix et au bleu (p. 95)
+
Espadon aux olives cassées et à l'origan (p. 243)

Avez-vous déjà pleuré face à un plat exquis ? Cela m'arrive surtout quand je mange quelque chose de délicieux dans un endroit exotique — comme au Portugal (crevettes grillées à l'ail et à l'huile d'olive) ou à Rome (*cacio e pepe*, bien sûr) — mais rarement quand je cuisine. Pourtant, la première fois que j'ai préparé ces tomates — j'étais avec des amis, dans une maison de rêve du nord de l'état (qui n'appartenait clairement à aucun d'entre nous) —, j'ai versé des larmes... de joie !

Vous pensez sans doute qu'il faut des tomates parfaites pour ce plat, or ce n'est pas le cas (ce qui est une bonne chose, car n'importe quel habitant de la côte Ouest des États-Unis vous dirait qu'il n'y a pas de bonnes tomates avant le mois d'août). Mais l'huile incroyablement goûteuse qui les accompagne, pimentée et piquetée de graines de fenouil croquantes et d'anchois salés, transcenderait la plus fade des tomates. Elle fonctionne d'ailleurs avec la plupart des légumes — radis, courgettes crues, fenouil, concombre, aubergine grillée, brocolis sautés... Je pourrais continuer. O.K., je continue. Elle se marie aussi avec du pain, des pâtes, du fromage de chèvre ou... vous avez compris.

1 Versez l'huile d'olive dans une petite casserole et faites-la chauffer à feu moyen. Ajoutez les graines de fenouil, le piment d'Alep et les anchois, et faites-les griller de 2 à 4 min, en penchant la casserole d'un côté à l'autre, jusqu'à ce que les épices exhalent leur parfum et que les anchois soient fondus. Retirez du feu et réservez.

2 Disposez les tomates dans un plat de service ou un saladier peu profond. Arrosez-les de vinaigre. Si vous le souhaitez, ajoutez quelques anchois (ou servez-les à part). Versez l'huile au fenouil grillé et aux anchois en filet, saupoudrez de fleur de sel et donnez quelques tours de moulin à poivre.

À L'AVANCE L'huile au fenouil grillé et aux anchois peut être réalisée jusqu'à 2 semaines à l'avance, puis réservée au frais, dans un récipient hermétique. Vous pouvez couper les tomates 1 h à l'avance si nécessaire, mais il vaut mieux les manger sitôt coupées et assaisonnées.

Maïs et ciboules grillés, tomatilles

pour 4 à 6 personnes

1 botte de ciboules
6 épis de maïs, débarrassés des feuilles
2 cuil. à soupe d'huile de colza ou d'huile de pépins de raisin
2 cuil. à soupe de jus de citron vert
4 tomatilles, débarrassées de leur enveloppe, rincées et taillées en fines rondelles
1 grosse poignée de coriandre — tiges et feuilles tendres — grossièrement hachée + un peu pour décorer
1 ou 2 avocats, la chair taillée en lamelles ou grossièrement hachée (facultatif)
huile d'olive, pour arroser
sel et poivre du moulin

NOTE *J'ai ajouté des avocats pour ne pas vous frustrer, car je sais que vous en crevez d'envie. En toute logique, ils devraient bien se marier avec le reste, mais comme ils ne me procurent aucune émotion, je les indique comme facultatifs.*

À DÉGUSTER AVEC
Autres grillades, telles que des Crevettes grillées aux tomates écrasées et au citron vert (p. 232)
+
Poulet aux agrumes et aux herbes fraîches (p. 214)

Cette salade réunit le meilleur de la salsa au maïs, sans (a) être une salsa de maïs et (b) contenir de tomates, que je trouve trop humides et molles pour cette recette. Les tomatilles, par comparaison, sont fermes, super acides et juteuses juste ce qu'il faut — assez pour former une sauce pour le maïs grillé, sans le rendre spongieux. Selon moi, c'est grillé que le maïs offre la meilleure version de lui-même (les sucres qu'il contient caramélisent), mais on peut aussi le passer à four très chaud. (Pour une photo du plat terminé, voir p. 230.)

1 Préparez votre barbecue à feu vif, ou préchauffez le four à 260 °C (th. 8-9) ou à température maximale.

2 Hachez finement la partie verte et la partie blanche de 2 ciboules ; réservez. Mettez le maïs et les ciboules entières sur une grande plaque ; arrosez-les d'huile, salez et poivrez.

3 Faites griller le maïs de 8 à 10 min, jusqu'à ce qu'il noircisse de toutes parts (le mieux est de laisser les épis griller sans les toucher, et de les tourner toutes les 2 ou 3 min seulement). Ajoutez les ciboules et faites-les griller pendant 1 ou 2 min. (Si vous les faites au four, laissez cuire le maïs et les ciboules de 15 à 20 min, en les retournant de temps à autre, jusqu'à ce qu'ils soient brun doré et légèrement noircis par endroits. Le maïs ne noircira jamais autant qu'au barbecue ; laissez-le juste se colorer autant que possible.) Laissez refroidir légèrement.

4 À l'aide d'un couteau pointu, détachez les grains de maïs des épis et hachez grossièrement les ciboules. Mettez-les dans un grand saladier avec le jus de citron vert, les tomatilles, la coriandre et la ciboule crue réservée. Remuez, salez et poivrez.

5 Transférez le tout dans un grand plat ou saladier de service. Parsemez de coriandre, ajoutez l'avocat si vous le souhaitez et arrosez d'huile d'olive.

À L'AVANCE Vous pouvez réaliser la salade la veille et la conserver au frais dans un récipient hermétique.

Melon au jambon croustillant et ricotta séchée

pour 4 à 8 personnes

115 g de jambon cru, de speck ou de coppa taillé(e) en fines lamelles
1 melon Cantaloup ou Honeydew ou autre melon, détaillé en fins quartiers et pelé si vous le souhaitez
1 citron, coupé en deux
fleur de sel
60 g de ricotta séchée ou de feta taillée en très fines lamelles
huile d'olive, pour arroser
poivre du moulin

NOTE *Si vous servez ce plat à l'apéritif, proposez-le avec des dips sur un plateau de non-crudités (p. 54), ou en accompagnement de petites choses salées, croquantes ou croustillantes, comme des gressins (p. 66) ou des grains de maïs géants (p. 74).*

Si vous vous dites : « C'est juste du melon au jambon ? », vous n'avez pas tout à fait tort, puisque, en effet, il y a du melon et du jambon – mais le premier est ici acidulé, et le second croustillant, ce qui rebat totalement les cartes par rapport à la version classique. Oh, il y a du fromage aussi. On a donc un plat tout-en-un – c'est plus une salade qu'un grignotage pour l'apéritif, mais honnêtement, vous pouvez aussi bien le déguster avant le repas qu'au dîner. La seule chose qui change, c'est la présentation : pour l'apéritif, il vaut mieux couper les ingrédients un peu plus gros et les envelopper les uns dans les autres ; pour une salade, ils peuvent être plus petits et mélangés tous ensemble.

Il y a seulement deux règles à suivre pour ce plat. (1) Votre melon doit être mûr, sucré et juteux (cette règle s'applique à chaque fois qu'on mange du melon) ; cela signifie que le jus doit couler sur vos poignets quand vous mangez (2). Assemblez les ingrédients juste avant de servir, afin que le jambon reste bien croustillant.

1 Préchauffez le four à 210 °C (th. 7). Tapissez une plaque à pâtisserie de papier sulfurisé. Déposez-y les lamelles de jambon en une fine couche uniforme (sans qu'elles se superposent ni se touchent) et enfournez pour 8 à 12 min, jusqu'à ce qu'elles soient dures et croustillantes ; elles risquent de se craqueler et de se plisser, mais c'est O.K.. Sortez-les du four et réservez-les.

2 Disposez les lamelles de melon dans un grand plat de service et arrosez-les uniformément de jus du citron. Saupoudrez-les de fleur de sel.

3 Répartissez les morceaux de ricotta séchée et de jambon par-dessus. Arrosez d'huile d'olive et donnez quelques tours de moulin à poivre avant de servir.

À L'AVANCE Vous pouvez faire cuire le jambon 2 jours à l'avance. Conservez-le dans un récipient hermétique à température ambiante fraîche.

BOSCH

accompagnements

Le terme « accompagnement » est très trompeur.

Il implique l'idée que ce plat n'existe que pour compléter autre chose. Sans vouloir dénigrer un bon poulet fermier ou un steak hors de prix, il n'est un secret pour personne que l'accompagnement est souvent ce qu'il y a de meilleur sur la table. En fait, je fais souvent des repas uniquement composés d'accompagnements, et je ne vois pas pourquoi vous ne pourriez pas en faire autant. Les accompagnements méritent notre amour inconditionnel et tout notre respect ! Merci d'avoir assisté à ma conférence TED.

Si les salades apportent leur saveur fraîche et acide et leur texture parfaite, les accompagnements procurent des plats consistants, chauds et réconfortants. Ils reposent sur des légumes préparés de toutes les façons imaginables (à la vapeur ! grillés ! rôtis ! sautés !) — rehaussés d'épices ou d'une sauce, ou des deux. Ils prennent aussi la forme de céréales parfaitement cuites agrémentées de fenouil caramélisé (p. 164) ou de légumineuses revenues à l'huile d'olive et agrémentées de feta et d'origan (p. 168). Un gratin de chou-fleur crémeux (p. 151) est un accompagnement, de même qu'un plat d'aubergines longuement rôties avec une chapelure croustillante à l'ail (p. 158).

Si vous rêvez de beurre, de féculents et de fromage à gogo, les accompagnements sont là pour vous servir... mais n'oubliez pas de les noyer de citron et d'herbes fraîches pour faire bonne mesure, O.K. ?

Haricots verts à la moutarde et noix aux anchois

pour 4 à 6 personnes

125 g de noix crues, grossièrement hachées
12,5 cl d'huile d'olive + un peu pour arroser
4 filets d'anchois
1 gousse d'ail, épluchée et pressée
750 g de haricots verts, équeutés
1 citron, taillé en fines rondelles, épépiné
2 cuil. à soupe de moutarde à l'ancienne
1 cuil. à soupe de vinaigre blanc distillé ou de vinaigre de vin blanc
3 cuil. à soupe d'aneth finement haché
sel et poivre du moulin

J'ai généralement un avis tranché en toute chose, mais dans ce cas précis, je vous laisse le choix. Pour cette recette, peu importe la méthode de cuisson, du moment que les haricots sont à peine cuits, légèrement assaisonnés et nappés d'une sauce à la moutarde acidulée et de noix aux anchois grillées et aillées. Selon moi, le mieux est de faire griller les haricots, car ils vont se colorer très rapidement sans trop cuire — mais à moins que vous n'ayez de très gros haricots ou une grille à lames très rapprochées, cela peut être déchirant (et énervant) de les voir passer à travers la grille et tomber dans les braises. Cela dit, la cuisson au barbecue est pratique quand il y a beaucoup de monde, car on peut faire cuire beaucoup de haricots, en plusieurs fois, en quelques minutes (veillez juste à ne pas surcharger la grille). Mais si vous voulez les faire sauter, faites-vous plaisir !

1 Préchauffez le four à 230 °C (th. 7-8) ou préparez votre barbecue avec un feu moyen/vif.

2 Mettez les noix et la moitié de l'huile d'olive dans une casserole de taille moyenne et faites-les chauffer à feu moyen. Laissez cuire, en remuant de temps à autre, de 2 à 3 min, jusqu'à ce que les noix soient grillées. Retirez la casserole du feu et ajoutez les anchois et l'ail, en remuant pour dissoudre les anchois ; réservez.

3 Placez les haricots et les rondelles de citron sur une plaque. Arrosez-les d'huile d'olive de façon à les enrober légèrement, salez et poivrez. Faites-les cuire (ou griller), en les mélangeant 1 ou 2 fois en cours de cuisson, de 12 à 15 min (ou de 8 à 10 min au barbecue), jusqu'à ce qu'ils noircissent par endroits.

4 Mélangez la moutarde, le vinaigre et les 6 cl d'huile d'olive restants dans un grand saladier ; salez et poivrez. Ajoutez les haricots au citron et remuez bien. Transférez le mélange sur un plat de service, puis parsemez de noix et d'aneth.

À L'AVANCE Vous pouvez faire cuire les haricots plusieurs heures à l'avance. Conservez-les au frais, recouverts d'une feuille de papier d'aluminium lâche.

Carottes grillées, sauce pimentée au citron vert et cotija

pour 4 à 6 personnes

750 g de petites ou moyennes carottes, grattées et coupées en deux dans la longueur
3 cuil. à soupe d'huile d'olive + un peu pour arroser
6 cl de jus de citron vert
½ piment jalapeño, débarrassé des graines pour un piquant moins prononcé, finement haché
1 petite gousse d'ail, épluchée et pressée
2 cuil. à café de miel
1 grosse poignée de feuilles et tiges tendres de coriandre
30 à 60 g de cotija ou de queso fresco, de feta ou ricotta séchée, émietté(e)
sel et poivre du moulin

NOTE *Ces carottes sont presque meilleures à température ambiante (voire froides) — alors si vous faites griller autre chose (comme le poulet, p. 214), faites d'abord cuire les légumes avant de passer au reste.*

Le maïs grillé est un délice, oui, mais avez-vous déjà goûté des carottes grillées ? Naturellement très riches en sucre, les carottes caramélisent et brunissent comme aucun autre légume, et cuisent bien plus vite que le maïs (vous savez, à cause de leur circonférence plus petite, tout ça). Bien évidemment, vous n'êtes pas obligé de les faire griller, mais si vous en avez la possibilité, faites-le, car c'est vraiment une tuerie. (Ne vous inquiétez pas, elles sont tout aussi irrésistibles rôties au four.)

Peu importe le mode de cuisson, la morale de cette histoire est que si vous servez vos carottes croustillantes et noircies, nappées d'une sauce légèrement sucrée, gorgée de citron vert et vaguement épicée, et parsemées de fromage, vous allez faire des heureux, vous compris.

1 Préparez votre barbecue avec un feu moyen à vif ou préchauffez le four à 230 °C (th. 7-8).

2 Mélangez les carottes et l'huile d'olive sur une plaque, puis salez-les et poivrez-les. Faites-les griller (ou rôtir) de 8 à 10 min (de 15 à 20 min au four) en les retournant de temps à autre, jusqu'à ce qu'elles aient bien bruni et caramélisé de toutes parts. Retirez-les du barbecue ou du four et laissez-les refroidir légèrement.

3 Pendant ce temps, mélangez le jus de citron vert, le piment, l'ail et le miel dans un bol ; salez et poivrez.

4 Disposez les carottes dans un grand plat de service et arrosez-les d'un peu plus d'huile d'olive. Nappez-les de sauce pimentée au citron vert, et parsemez-les de coriandre et de fromage. Servez les restes de sauce dans un bol à part, comme un dip.

À L'AVANCE Vous pouvez faire cuire les carottes jusqu'à 2 jours à l'avance. Réservez-les au réfrigérateur, dans un récipient hermétique ; elles sont excellentes froides.

Radis rôtis au beurre vert divin

pour 4 à 6 personnes

POUR LE BEURRE VERT DIVIN

125 g de beurre doux, à température ambiante

1 poignée de persil — tiges et feuilles tendres — très finement haché

3 cuil. à soupe de feuilles d'estragon très finement hachées

3 cuil. à soupe de ciboulette très finement hachée

4 filets d'anchois, très finement hachés

1 gousse d'ail, épluchée et pressée

2 cuil. à soupe de vinaigre de vin blanc

sel et poivre du moulin

POUR LES LÉGUMES ET LE DRESSAGE

2 bottes de radis ou de navets nouveaux, avec les queues, bien grattés et coupés en deux dans la longueur

3 cuil. à soupe d'huile d'olive

1 citron, coupé en deux

sel et poivre du moulin

Si vous pensiez que j'allais écrire un livre sans y inclure une variation sur mes deux thèmes préférés (les radis et le beurre), vous faisiez erreur. Rôtis, les radis prennent une couleur brun doré et une texture croquante (ils ont un goût de panais, si vous voulez mon avis), et leurs feuilles deviennent croustillantes (elles ont un goût de chips de kale, si vous voulez mon avis, bis). Dès la sortie du four, ils sont posés sur un lit de beurre parfumé à l'ail, aux anchois et aux herbes. Il va fondre légèrement à la chaleur résiduelle des légumes, mais devrait rester crémeux — idéal pour saucer.

S'il vous reste du beurre vert divin (il vous en restera), servez-le avec de l'espadon rôti (p. 243), un poisson entier (p. 244), du poulet, sur des toasts, avec des pâtes, ou sans rien, à la cuillère, etc. Il est délicieux et se marie avec tout : vous voudrez en mettre partout !

1 Préparez le beurre vert divin. Mélangez le beurre, le persil, l'estragon, la ciboulette, les anchois, l'ail et le vinaigre dans un saladier de taille moyenne. Écrasez le tout à la fourchette pour bien mélanger. (Vous pouvez également mettre tous les ingrédients dans le bol d'un robot et les mixer jusqu'à l'obtention d'un mélange homogène.) Salez et poivrez.

2 Préchauffez le four à 210 °C (th. 7).

3 Préparez les légumes. Mélangez les radis et l'huile d'olive sur une plaque, en veillant à bien enrober les feuilles aussi. Faites-les rôtir de 12 à 15 min, jusqu'à ce que les radis soient tendres, et les tiges brunes et croustillantes.

4 Étalez le beurre vert divin au fond d'un plat de service ou d'un saladier peu profond. Déposez les radis par-dessus et arrosez-les de jus du citron. Salez et poivrez, puis servez.

À L'AVANCE Vous pouvez réaliser le beurre vert divin jusqu'à 2 semaines à l'avance et le réserver au réfrigérateur, enveloppé dans du film alimentaire. Laissez-le revenir à température ambiante avant emploi.

Artichauts rôtis au vin

pour 4 à 6 personnes

2 ou 3 gros artichauts
25 cl de vin blanc sec
25 cl d'eau
6 cl d'huile d'olive
60 g de beurre doux, détaillé en parcelles de 1 cm
4 gousses d'ail, épluchées et écrasées
1 pincée de flocons de piment (facultatif)
Aïoli citronné (p. 37), facultatif
sel et poivre du moulin

À DÉGUSTER AVEC

Chicorée à la moutarde et chapelure au guanciale (p. 82)

\+

Flétan aux asperges et petits pois au beurre noisette (p. 237)

Pour cette recette, j'ai une bonne et une mauvaise nouvelle. Laquelle voulez-vous en premier ? Je vais commencer par la bonne : une fois ces artichauts cuits dans leur bain de vin et d'huile, vous pouvez les manger sans avoir à expliquer au préalable comment attaquer ces bêtes à écailles et à poils. La mauvaise, c'est qu'il faut les nettoyer crus, ce qui, selon la quantité d'alcool que vous avez bue, peut se révéler au mieux pénible, au pire dangereux. Alors, pourquoi est-ce que je vous indique de le faire comme ça ? Parce que ça vaut le coup. Hé, au moins, je ne vous demande pas de faire frire quoi que ce soit !

La cuisson en deux temps permet deux choses. D'abord, on fait cuire les artichauts, recouverts de papier d'aluminium, à la vapeur jusqu'à ce qu'ils soient tendres, ce qui rend chaque feuille molle et comestible jusqu'au cœur. (Ne sautez pas cette étape, car les feuilles ne seraient pas assez tendres pour être mangées sinon.) Ensuite, on découvre les artichauts pour laisser l'excédent de liquide s'évaporer et caraméliser le dessous : les feuilles extérieures deviennent alors croustillantes, parfaites pour les mettre sous la dent. (Ne sautez pas cette étape non plus, ou l'ensemble y perdrait beaucoup.)

Parfumés au vin blanc, ces artichauts ne demandent rien d'autre qu'un peu de l'huile aillée dans laquelle ils ont cuit pour les y tremper, mais je n'ai jamais assez de dip pour les accompagner, alors un aïoli citronné ou un labné seront aussi bienvenus.

1 Préchauffez le four à 210 °C (th. 7).

2 Coupez le bout de chaque tige d'artichaut, mais laissez la majeure partie intacte (c'est une extension du cœur et elle a aussi bon goût). À l'aide d'un couteau bien aiguisé, coupez les 4 cm supérieurs de chaque artichaut, exposant ainsi l'intérieur violet-jaune. Avec les mains, retirez les 2 ou 3 premières couches de feuilles dures extérieures, et laissez apparaître les feuilles plus pâles et tendres dessous. À l'aide de ciseaux de cuisine, retirez les épines éventuelles sur les feuilles.

3 Coupez les artichauts en deux dans la longueur. À l'aide d'une cuillère, retirez le foin de chaque moitié, en veillant à bien gratter les bords. Placez les artichauts, côté coupé vers le bas, dans un grand plat allant au four ; un plat de 23 × 32 cm devrait faire l'affaire, que vous ayez 2 ou 3 artichauts. Pas la peine de placer les artichauts dans l'eau assaisonnée de jus de citron pour éviter qu'ils ne brunissent — ils vont brunir de toute façon à la cuisson, alors pourquoi s'embêter ?

4 Versez le vin, l'eau et l'huile d'olive sur les artichauts. Ajoutez le beurre, l'ail et les flocons de piment, si vous les utilisez ; salez et poivrez le tout. (N'oubliez pas que vous assaisonnez les artichauts et le liquide de cuisson, alors soyez généreux.) Recouvrez le plat d'une feuille de papier d'aluminium bien serrée et enfournez pour 45 à 55 min, jusqu'à ce que les artichauts soient parfaitement tendres.

5 Retirez le papier d'aluminium et poursuivez la cuisson au four de 15 à 20 min, jusqu'à ce que le liquide se soit presque entièrement évaporé (l'huile d'olive va rester dessous), que le dessus des artichauts ait bruni, et que l'ail commence à grésiller et à brunir dans l'huile d'olive (le côté coupé des artichauts va également grésiller et brunir).

6 Transférez les artichauts dans un grand plat de service. Récupérez l'huile au fond du plat et mettez-la dans un bol pour la servir à côté de l'aïoli, si vous le souhaitez.

À L'AVANCE Vous pouvez faire cuire les artichauts plusieurs heures à l'avance, puis les réserver, recouverts d'une feuille de papier d'aluminium lâche, à température ambiante. Il n'est pas nécessaire de les réchauffer avant de les servir, mais vous pouvez tout à fait les passer à four chaud peu avant de servir, si vous le souhaitez.

Pois gourmands mijotés à la harissa et herbes

pour 6 personnes

2 cuil. à soupe d'huile d'olive
2 cuil. à soupe de harissa
4 gousses d'ail, épluchées et écrasées
1 grosse tomate mûre, coupée en quartiers
6 cl de vin blanc sec
750 g de pois gourmands, de haricots verts ou de haricots beurre, équeutés
une grosse poignée d'herbes fraîches — persil, coriandre, aneth et/ou menthe —, uniquement les feuilles
1 poignée de ciboulette finement hachée
2 cuil. à soupe de zeste de citron finement râpé
sel et poivre du moulin

À DÉGUSTER AVEC

Courgettes au basilic, parmesan et sarrasin grillé (p. 108)
+
Épaule d'agneau grillée sur lit de tomates fraîches à l'ail (p. 206)

Il y a quelques vérités inamovibles me concernant, parmi lesquelles (entre autres) : je ne serai jamais du matin, je n'utiliserai jamais de drap plat et je préfère les légumes croquants. La dernière signifie que je fais presque toujours cuire mes légumes vite et à feu vif, ou que je les fais griller encore plus vite, à température encore plus élevée.

Mais il arrive qu'une personne, un plat ou un moment me fassent changer d'avis (sauf pour les draps plats). Récemment, mon ami Amiel m'a expliqué qu'il faisait cuire ses légumes longuement et à feu doux, jusqu'à ce qu'ils perdent toute texture et deviennent tristes, mous et insipides, ai-je pensé. Mais il m'en a préparé ainsi (la cuisson a duré un siècle), ils sont devenus tendres et, je dois l'avouer, savoureux à souhait. Comme je sais reconnaître mes erreurs, je vous le dis (et à lui aussi) : les haricots verts mijotés peuvent être aussi bons que leurs homologues croquants et juste cuits.

Cela dit, je continue de préférer une texture al dente, alors, chez moi, « longuement mijoté » signifie 30 minutes. Ainsi, ils gardent leur jolie couleur verte et une pointe de croquant, tout en pouvant être qualifiés de tendres.

1 Versez l'huile d'olive dans une casserole et faites la chauffer à feu moyen. Faites-y revenir la harissa et l'ail de 2 à 3 min, en remuant de temps à autre, jusqu'à ce que la harissa commence à caraméliser. Ajoutez la tomate, salez et poivrez. Laissez cuire de 3 à 4 min, jusqu'à ce que la tomate commence à se déliter. Ajoutez le vin et laissez cuire pendant environ 2 min, jusqu'à ce qu'il ait réduit de moitié.

2 Ajoutez les pois gourmands et remuez bien. Salez et poivrez, passez sur feu doux à moyen et couvrez. Laissez mijoter de 15 à 20 min avant de remuer. Poursuivez la cuisson de 10 à 15 min, jusqu'à ce que les pois gourmands aient pris une couleur plus kaki et soient bien tendres, mais pas réduits en purée. Parsemez d'herbes et de zeste de citron avant de servir.

À L'AVANCE Vous pouvez préparer les pois gourmands 2 jours à l'avance et les conserver au réfrigérateur dans un récipient hermétique ; faites-les réchauffer à feu doux avant de servir.

Carottes rôties collantes aux agrumes et au tahin

pour 4 à 6 personnes

1 petit oignon rouge, épluché et taillé en quartiers de 1 cm d'épaisseur
2 cuil. à soupe de jus de citron ou de citron vert + un peu selon votre goût
450 g de petites carottes, parées, grattées, puis coupées en quatre dans la longueur
1 mandarine, 1 citron ou 1 petite orange sanguine, non pelé(e), taillé(e) en fines rondelles, épépiné(e)
4 piments de àrbol, légèrement moulus, ou ½ cuil. à café de flocons de piment
2 cuil. à soupe de sirop d'érable pur ou de miel
6 cl d'huile d'olive + un peu pour arroser
60 g de tahin
3 cuil. à soupe d'eau
sel et poivre du moulin

À DÉGUSTER AVEC
Cresson citronné au fenouil cru et grillé (p. 87)
+
Plats de côtes braisés et pommes de terre crémeuses (p. 224)

Les carottes rôties sont suffisamment sucrées pour ne pas avoir besoin d'aide en la matière, mais je reste convaincue que l'ajout de sirop d'érable ou de miel leur est bénéfique pour leur donner du lustre et une texture collante. L'idée est de reproduire la puissance d'un excellent sandwich au beurre de cacahuètes et à la confiture, en nappant le fond du plat d'une sauce au tahin délicatement assaisonnée (le beurre de cacahuètes, naturellement), puis de déguster les carottes collantes arrosées des rondelles d'agrumes rôties (la confiture, bien entendu). Pour conserver leur délicieux goût salé, les carottes sont rôties avec de l'oignon rouge ayant baigné dans du jus de citron, car rien ne surpasse de l'oignon rôti si ce n'est des pickles d'oignons rôtis.

1 Préchauffez le four à 210 °C (th. 7).

2 Mélangez l'oignon et le jus de citron dans un bol. Salez et poivrez, puis laissez macérer de 8 à 10 min.

3 Égouttez l'oignon et jetez le liquide. Sur une plaque, mélangez l'oignon avec les carottes, les rondelles d'agrumes, le piment, le sirop d'érable et l'huile d'olive. Enfournez pour 25 à 30 min, en remuant de temps à autre, jusqu'à ce que les carottes et les agrumes soient bien tendres et caramélisés aux extrémités.

4 Pendant ce temps, mélangez le tahin et l'eau dans un bol ; salez et poivrez.

5 Tapissez le fond d'un grand plat de service de sauce au tahin, puis disposez les carottes, l'oignon et les agrumes par-dessus. Arrosez d'huile d'olive et servez avec le reste de sauce au tahin à part.

À L'AVANCE Vous pouvez faire rôtir les carottes et les agrumes 3 ou 4 h à l'avance et les conserver sous un papier d'aluminium lâche, jusqu'au moment de servir (il n'est pas nécessaire de les réchauffer). Vous pouvez faire la sauce au tahin 1 semaine à l'avance et la garder au frais, dans un récipient hermétique.

Grenaille semi-écrasée à la ciboule et au céleri avec des tonnes d'aneth

pour 4 à 6 personnes

750 g de petites pommes de terre à chair farineuse (de préférence de la taille d'une balle de golf, pas plus grosses qu'une mandarine)
8 cl d'huile d'olive
3 cuil. à soupe d'aneth finement haché + un peu pour décorer
1 cuil. à soupe de zeste de citron finement râpé
2 cuil. à soupe de jus de citron + un peu selon votre goût
4 ciboules, la partie blanche et la partie verte, taillées en fines rondelles
poivre noir grossièrement moulu
4 branches de céleri, taillées en fines rondelles de biais
1 grosse poignée de feuilles de céleri, ou de tiges et feuilles tendres de persil
1 boîte de sardines, de filets d'anchois ou d'autre poisson de vos rêves, coupés en morceaux (facultatif, mais allez, quoi)
sel

J'aime avoir des pommes de terre à l'eau prêtes pour répondre aux envies irrépressibles, garnir mon « plateau de légumes savamment agencés » (p. 54) ou accompagner de la graisse de volaille dans une poêle. Mais, sinon, il n'y a pas meilleure application qu'en salade aux pommes de terre. (Le fait de dire salade « aux » pommes de terre me permet de m'exprimer librement, car les gens se fâchent si on change la définition de la salade « de » pommes de terre — de la mayonnaise ? Jamais ! Du céleri ? Toujours !)

Ici, les pommes de terre sont partiellement pressées afin que les morceaux (pour la texture) puissent coexister avec les parties écrasées (pour le crémeux), et que les bords exposés absorbent la sauce aux ciboules et au citron. Le poisson en boîte est facultatif, mais il se prête vraiment bien à cette recette.

1 Faites cuire les pommes de terre dans de l'eau bouillante salée de 10 à 15 min selon leur taille, jusqu'à ce qu'elles soient parfaitement tendres. Égouttez-les et laissez-les refroidir suffisamment pour pouvoir les écraser légèrement avec la paume des mains.

2 Pendant ce temps, mélangez l'huile d'olive, l'aneth, le zeste de citron, le jus de citron et la moitié des ciboules dans un bol ; salez, poivrez et rectifiez l'assaisonnement en jus de citron.

3 Ajoutez les pommes de terre semi-écrasées et les rondelles de branches de céleri, puis remuez ; salez et poivrez.

4 Transférez le mélange dans un grand plat de service. Parsemez de feuilles de céleri, du reste de ciboules, d'aneth et de poivre. Servez avec des morceaux de sardines ou d'anchois à part ou répartis sur la salade, si vous le souhaitez.

À L'AVANCE Vous pouvez faire bouillir les pommes de terre jusqu'à 1 semaine à l'avance et les conserver dans un récipient hermétique au réfrigérateur. La salade peut être réalisée 2 jours à l'avance. Conservez-la au frais, dans un récipient hermétique.

Patates douces écrasées au sirop d'érable et à la crème aigre

pour 4 à 6 personnes

750 g de petites patates douces
250 g de crème aigre
2 cuil. à soupe de jus de citron ou de jus de citron vert
2 cuil. à soupe d'huile d'olive
90 g de beurre doux
8 cl de sirop d'érable pur
45 g de gruau de sarrasin grillé (kasha)
2 cuil. à soupe de feuilles de thym
fleur de sel
sel et poivre du moulin

À DÉGUSTER AVEC

Cœurs de laitue au citron, à l'ail et aux pistaches (p. 88)
+
One-pot de poulet aux dattes et au citron caramélisé (p. 194)

Dans la grande tradition des pommes de terre écrasées croustillantes, ces patates douces sont cuites deux fois, mais les résultats sont différents — car une patate douce n'est pas une patate comme les autres. Attendez-vous donc plus à un intérieur crémeux qu'à un extérieur croustillant.

Vous pouvez, bien sûr, utiliser des patates douces plus grosses, mais le résultat ne sera pas aussi adorable.

1 Préchauffez le four à 200 °C (th. 6-7).

2 À l'aide d'une fourchette, piquez les patates douces de toutes parts, afin qu'elles n'explosent pas au four (cela peut arriver). Placez-les directement sur la grille du four et faites-les cuire de 50 à 60 min, jusqu'à ce qu'elles soient bien tendres. Sortez-les du four et laissez-les refroidir.

3 Pendant ce temps, mélangez la crème aigre et le jus de citron, salez et poivrez. Le mélange doit être assez acide et salé. Nappez-en le fond d'un plat de service.

4 Lorsque les patates douces ont suffisamment refroidi, écrasez-les légèrement avec la paume des mains.

5 Faites chauffer l'huile d'olive et le beurre à feu moyen dans une grande poêle. Déposez-y les patates douces, en plusieurs fois, en pressant doucement. Salez et poivrez, puis faites-les cuire de 3 à 4 min, jusqu'à ce qu'elles croustillent et brunissent légèrement sur un côté. Retournez-les et faites-les brunir et durcir sur l'autre côté. Transférez-les dans le plat de service et renouvelez l'opération avec les patates douces esseulées.

6 Sans nettoyer la poêle, versez-y le sirop d'érable et laissez-le chauffer pendant 2 min environ, jusqu'à ce qu'il épaississe et commence à caraméliser. Arrosez-en les patates douces en filet. Parsemez de sarrasin, de thym et de fleur de sel.

À L'AVANCE Vous pouvez faire cuire les patates douces 5 jours à l'avance. Réservez-les au frais, recouvertes de film alimentaire.

brocolis vapeur : une lettre d'amour

Les brocolis vapeur sont super. Je ne pense pas avoir jamais rien écrit de plus ennuyeux — à part « J'aime les pommes de terre à l'eau » —, mais c'est comme ça. Et maintenant, laissez-moi remplir toute une page pour vous expliquer pourquoi.

Le fait qu'il existe un légume aussi bon blanchi que cuit à la vapeur, au four ou au barbecue est un miracle que je souhaiterais célébrer. Le brocoli et ses congénères — brocoli-rave (rapini), broccolinis — brillent dans presque toutes les situations, mais honnêtement, je dois dire que, bien souvent, surtout quand la table déborde de plats, je les préfère cuits à l'eau ou à la vapeur — encore plus quand ils sont noyés sous une quantité indécente de jus de citron, généreusement arrosés d'huile d'olive et parsemés de fleur de sel croquante.

Il ne leur en faut guère plus. Je vous exhorterais même à résister à l'envie de les saupoudrer de fromage râpé ou de les enrober de crème aigre. Ce serait délicieux, sans doute, mais rien n'égale la joie de mettre en bouche une fleurette vert vif au goût furieusement citronné, entre deux bouchées de pâtes au fromage ou de viande mijotée. C'est le trou normand dont vous n'auriez jamais cru avoir besoin, jusqu'à aujourd'hui.

POUR LA RÉALISATION

Entre cuisson à l'eau ou à la vapeur, mon choix varie en fonction de ce que je suis en train de faire à côté. Par exemple, si je prépare des pâtes un soir, je vais faire blanchir mes brocolis dans l'eau des pâtes juste avant d'y faire cuire celles-ci (oui, l'eau va devenir verte, mais mes pâtes s'en moquent éperdument — veillez juste à ce que l'eau soit généreusement salée !). Si je fais cuire quelque chose au four, je vais opter pour une cuisson à la vapeur en parallèle. Les deux conviennent.

Pour une cuisson à l'eau : pour 4 à 6 personnes, faites cuire environ 500 g de légumes dans une casserole d'eau bouillante salée jusqu'à ce qu'ils soient vert vif et juste tendres — 30 s environ pour du brocoli-rave ; 60 s environ pour des broccolinis ; et près de 90 s pour les fleurettes prélevées sur un brocoli.

Pour une cuisson à la vapeur : versez environ 4 cm d'eau au fond d'une marmite. Placez un panier vapeur dans la marmite, déposez-y les légumes et salez. Faites-les cuire à la vapeur jusqu'à ce qu'ils soient vert vif et juste tendres — 60 s environ pour du brocoli-rave ; 2 min environ pour des broccolinis ; et près de 4 min pour les fleurettes prélevées sur un brocoli.

À partir de là, la clé du succès consiste à arroser très généreusement les brocolis de jus de citron après cuisson. Ne vous retenez pas. Ils doivent être intensément acides — à tel point que lorsque vous les servirez à vos amis, ils diront : « Waouh, c'est citronné ! » avant de les dévorer sans pouvoir s'arrêter. Parsemez-les d'un peu de fleur de sel, de quelques herbes fraîches, si vous le souhaitez, et d'une pincée de flocons de piment. Arrosez-les éventuellement d'un filet d'huile d'olive.

Poireaux caramélisés à la harissa et au citron

pour 4 à 6 personnes

4 gros poireaux, débarrassés de la partie verte, coupés en deux dans la longueur
8 cl d'huile d'olive
2 cuil. à soupe de harissa
½ citron, épépiné, puis très finement haché
fleur de sel
sel et poivre du moulin

NOTE *En fonction de l'endroit où vous achetez vos poireaux, ils seront soit sales, soit très sales. Pour retirer la terre, le plus simple est de rincer les poireaux coupés en deux dans un saladier d'eau froide.*

Je vais utiliser la tribune qui m'est offerte ici pour présenter officiellement mes excuses aux poireaux : « *Poireaux, je vous ai ignorés pendant des années, privilégiant n'importe quelle autre alliacée à vous. J'aime à croire que ce long rejet avait pour seul but de nous amener à ce moment précis, où vous êtes sur le devant de la scène, illuminant de votre présence un plat que je décrirais comme "bien meilleur qu'on aurait pu le croire", étant donné le peu d'ingrédients qu'il contient.* »

Ici, les poireaux cuisent dans une huile d'olive pimentée. Leurs extrémités en ressortent délicieusement croustillantes avec des allures de décorations de fête ; le cœur devient incroyablement tendre et crémeux, et une note de citron vient le réveiller. S'il est un plat qui vous fera regretter d'avoir renié les poireaux tout ce temps, c'est celui-ci. Mais ne vous inquiétez pas — ils vous pardonneront !

1 Préchauffez le four à 230 °C (th. 7-8).

2 Placez les poireaux, côté coupé vers le bas, sur une planche à découper. Sans tailler la racine, coupez-les dans la longueur en bandes de 5 mm d'épaisseur. (Ils vont ressembler à des cotillons à franges.) Mettez-les dans un plat allant au four de 23 × 32 cm ou sur une plaque.

3 Mélangez l'huile d'olive et la harissa, puis massez les poireaux avec ce mélange, en passant bien entre chaque épaisseur. Salez-les et poivrez-les, puis placez-les aussi droits que possible.

4 Enfournez-les pour 20 à 25 min, sans y toucher, jusqu'à ce qu'ils commencent à grésiller et à brunir aux extrémités.

5 Sortez-les du four et transférez-les dans un plat de service. Parsemez-les de citron et de fleur de sel avant de servir.

À L'AVANCE Vous pouvez cuire les poireaux quelques heures avant de servir et les laisser à température ambiante sous du papier d'aluminium. Il n'est pas nécessaire de les réchauffer avant de servir (ils vont rester croustillants à température ambiante), mais vous pouvez le faire si vous préférez.

Chou juste cuit au beurre, aux anchois et au citron

pour 4 à 6 personnes

3 cuil. à soupe d'huile d'olive, de graisse de volaille, de graisse de porc ou de graisse de canard
1 gros chou de Milan, chou blanc ou chou pointu (n'utilisez pas de chou rouge ou de chou chinois ici), coupé en quatre dans la longueur
4 à 6 filets d'anchois
60 g de beurre doux
1 citron, coupé en deux
fleur de sel
sel et poivre du moulin

NOTE *L'huile d'olive fonctionne très bien, mais cette recette offre une excellente occasion d'employer la graisse qui reste au fond de la poêle après y avoir fait cuire de la viande (cuisses de poulet, côtes de porc, steak, etc.) pour faire revenir des légumes tels que du fenouil, des champignons, de l'aillet ou des radis.*

Cette recette a failli ne pas figurer dans ce livre, mais un jour que je l'avais préparée pour la plus critique de mes amies, elle m'a demandé de l'inclure ici, ne serait-ce que pour pouvoir la refaire chez elle. Saisi à la poêle, nappé de beurre et d'anchois fondus, et rehaussé d'une discrète pointe de poivre noir et de citron, ce chou est sans doute la plus grande surprise gustative de cet ouvrage.

Après avoir mangé le plat tout entier à nous deux, nous avons convenu du fait que si les gens découvraient cette recette exquise (et facile à faire), la popularité du chou grimperait en flèche. Alors voici la recette, un cadeau de dernière minute pour vous, toute à la gloire du chou.

Il est essentiel de suivre à la lettre le titre de la recette et donc de faire cuire le chou juste assez pour l'attendrir. Vous saurez qu'il est prêt quand il commencera à se flétrir tout en gardant de la tenue, sans totalement se déliter.

1 Faites chauffer la matière grasse de votre choix dans une grande poêle, de préférence en fonte, sur feu moyen à vif.

2 Salez et poivrez le chou. Une fois la matière grasse très chaude, déposez-y les quartiers de chou, côté coupé vers le bas, et faites-les cuire de 4 à 6 min, jusqu'à ce qu'ils soient bruns et caramélisés. À l'aide d'une pince ou d'une spatule, retournez le chou et faites-le saisir sur l'autre côté de 4 à 6 min jusqu'à ce qu'il soit brun et caramélisé. Transférez le chou dans un grand plat de service.

3 Mettez les anchois et le beurre dans la poêle, et laissez celui-ci mousser et brunir pendant environ 2 min, le temps que les anchois fondent.

4 À l'aide d'une cuillère, nappez le chou du mélange de beurre et d'anchois, puis pressez le jus des quartiers de citron par-dessus. Salez et poivrez.

À L'AVANCE Il faut réaliser ce plat juste avant de le servir, ce qui signifie que non, désolée, on ne peut rien faire à l'avance.

ode aux pommes de terre au four

Les pommes de terre au four sont sous-estimées. Je me suis donné pour mission de vous les faire apprécier autant que moi. Comme pour les artichauts, ceci est moins une recette qu'un rappel insistant du fait qu'il faudrait faire des pommes de terre au four plus souvent, surtout quand on a des invités.

Ceci étant dit, je me doute que si vous n'avez jamais rien connu d'autre que des pommes de terre sous-assaisonnées, avec une peau molle et bien trop peu de garnitures, l'idée ne doit pas vous enchanter outre mesure. Cependant, il se trouve que, dans mon enfance, j'ai eu la chance de déguster les meilleures pommes de terre au four de la création : elles étaient l'œuvre de ma mère, qui avait un penchant assumé pour les aliments croustillants. Ses pommes de terre n'étaient pas cuites au four à micro-ondes (non pas parce qu'elle avait une aversion pour cet appareil, mais parce qu'il est impossible d'obtenir une peau croustillante avec ce type de cuisson), pas plus qu'elles n'étaient enveloppées dans du papier d'aluminium (comment pourraient-elles croustiller engoncées dans de l'aluminium ?) — mais frottées à l'huile, généreusement salées, frénétiquement piquées à la fourchette et placées directement sur la grille d'un four brûlant.

Mon père et moi devions attendre au moins une heure (cinq, en ressenti), et notre patience était récompensée par une pomme de terre infiniment soyeuse à l'intérieur et irrésistiblement croustillante à l'extérieur. Nous les ouvrions, encore fumantes et bien trop chaudes pour être mangées, avant de les napper d'énormes noix de beurre, de les bombarder de sel et de poivre, et d'une quantité absurde de ciboule hachée. Ma mère les noyait également de crème aigre (j'étais jeune, alors, et je n'appréciais pas encore cet ingrédient).

Cette « recette » lui venait de son père — mon grand-père Bob — une sorte de couteau suisse made in Oklahoma, où il élevait des lapins, cultivait des tomates, faisait son pain et, d'après ce qu'on m'a dit, réalisait les meilleures pommes de terre au four du monde. C'est à votre tour maintenant !

Indépassables pommes de terre au four

pour 4 à 10 personnes

4 à 10 pommes de terre spéciales four, de taille moyenne, soigneusement grattées et séchées
huile de colza
sel et poivre du moulin

GARNITURES ACCEPTABLES (LISTE NON EXHAUSTIVE)
crème aigre, en grande quantité (bien sûr, vous pouvez utiliser du yaourt à la grecque, mais ne venez pas pleurer en regrettant de ne pas avoir choisi de la crème aigre)
ciboulette et/ou ciboules, finement hachées
beurre doux, de préférence à température ambiante
œufs de truite ou de saumon
aneth et/ou persil finement haché
sel et poivre du moulin

NOTE *N'ouvrez pas les pommes de terre avant de les déguster, car la vapeur s'en échapperait, elles refroidiraient très vite et le beurre ne fondrait pas quand vous en napperiez la chair. (Tragédie !)*

Si je les apprécie pour mes dîners solo, les pommes de terre au four se prêtent très bien à des repas entre amis. Non seulement elles plaisent à tout le monde, mais elles ne nécessitent presque aucun travail de votre part et procurent aussi l'occasion de créer un Bar à garnitures vraiment cools (ce sera mon thème de mariage, si jamais je me marie un jour). Même si je trouve difficile d'améliorer le simple combo « beaucoup de beurre, de sel et des tonnes de ciboules », j'aime bien faire un effort pour mes invités en proposant des herbes, de la crème aigre et des œufs de poisson. Ne laissez pas tout cela vous intimider — ces garnitures ne sont que des suggestions !

1 Préchauffez le four à 260 °C (th. 8-9) ou à puissance maximale. Cela peut paraître excessif, mais je vous assure que non.

2 À l'aide d'une fourchette, percez les pommes de terre de toutes parts. C'est un acte violent, je vous l'accorde, mais il est nécessaire pour que la vapeur s'échappe de la pomme de terre, ce qui permet à l'intérieur de cuire uniformément et à la peau de devenir croustillante. Vous pourriez utiliser un petit couteau pointu, mais je ne veux pas que quelqu'un finisse à l'hôpital.

3 Arrosez chaque pomme de terre d'huile, ou huilez vos mains et enduisez les pommes de terre d'huile en une couche fine et uniforme, comme si vous lui appliquiez de la crème solaire. (Ma mère faisait ça avec du papier absorbant ; c'est une option.)

4 Salez et poivrez les pommes de terre de toutes parts, et placez-les directement sur la grille du four. Enfournez-les pour 60 à 70 min, jusqu'à ce que la peau soit bien sombre et croustillante et que l'intérieur soit très tendre.

5 Sortez délicatement les pommes de terre du four et posez-les sur un grand plat de service. Au moment de servir, ouvrez-les dans la longueur et garnissez-les de toutes les garnitures qui vous font envie.

Courge rôtie au yaourt, et pistaches au beurre et aux épices

pour 4 à 6 personnes

1 courge (potimarron, kabocha ou courgeron), taillée en quartiers de 4 cm de largeur
3 cuil. à soupe d'huile d'olive
90 g de beurre doux
30 g de pistaches crues, finement hachées
½ cuil. à café de cumin en poudre
½ cuil. à café de curcuma en poudre
1 pincée de cannelle en poudre
1 pincée de flocons de piment (facultatif)
fleur de sel
250 g de yaourt à la grecque au lait entier
2 cuil. à soupe de jus de citron
sel et poivre du moulin

NOTE *La plupart des variétés de courges fonctionnent ici, mais j'ai une préférence pour les plus grosses, à peau épaisse, parce qu'on peut consommer la peau (et les graines). Si vous utilisez autre chose que de la butternut ou de la courge musquée Honey nut, taillez-la en tranches de 2,5 cm d'épaisseur.*

Pour les habitants de la côte Est des États-Unis, la période des courges est vraiment quelque chose. Au début, c'est très excitant, car cela signifie que c'est la Saison du pull chaud et tout le monde apprécie l'ambiance cosy et le fait de pouvoir être dehors sans transpirer à grosses gouttes. Mais, très vite, on se rend compte que la SPC dure environ 84 ans, et au bout d'un mois, l'idée de manger encore une fois de la courge butternut rôtie vous donne envie de partir en courant.

La première fois que j'ai fait ce plat, c'était au pic de la SPC. Je me suis surprise à le dévorer avec les mains, en trempant chaque quartier caramélisé dans le yaourt citronné et les pistaches au beurre, récupérant les restes avec les doigts et les léchant pour ne rien laisser. Un pur délice, vraiment.

1 Préchauffez le four à 210 °C (th. 7).

2 Retirez les graines de la courge si vous le souhaitez. (Je les laisse, car j'aime leur texture croquante une fois rôties.) Mélangez la courge avec l'huile d'olive sur une plaque. Salez et poivrez, puis enfournez pour 40 à 50 min, jusqu'à ce que la courge soit bien tendre, brun doré et caramélisée par endroits.

3 Pendant ce temps, faites fondre le beurre à feu moyen dans une petite casserole, en remuant de temps à autre, de 3 à 5 min, jusqu'à ce qu'il brunisse et commence à mousser. Ôtez la casserole du feu, et ajoutez les pistaches, le cumin, le curcuma, la cannelle et les flocons de piment, si vous les utilisez. Salez et réservez.

4 Mélangez le yaourt et le jus de citron dans un bol et salez. Nappez de sauce au yaourt le fond d'un grand plat ou saladier de service. Disposez les quartiers de courge par-dessus et parsemez-les de pistaches au beurre. Salez et poivrez légèrement ou ajoutez 1 pincée de flocons de piment, si vous le souhaitez.

À L'AVANCE Vous pouvez faire cuire la courge plusieurs heures à l'avance, la couvrir d'une feuille de papier d'aluminium lâche et la conserver à température ambiante. Il n'est pas nécessaire de la réchauffer, mais vous pouvez le faire si vous voulez.

Chou-fleur longuement rôti aux épices

pour 4 à 6 personnes

1 gros chou-fleur, débarrassé des feuilles
4 gousses d'ail, épluchées et pressées
1 cuil. à café de flocons de piment
1 cuil. à café de graines de fenouil
½ cuil. à café de coriandre en poudre
½ cuil. à café de curcuma en poudre
8 cl d'huile d'olive
3 cuil. à soupe de ciboulette, de menthe, de persil ou de coriandre — feuilles et tiges tendres — finement haché(e) (facultatif)
feta émiettée, yaourt assaisonné ou labné (facultatif)
sel et poivre du moulin

NOTE *La version sans feta émiettée ou yaourt me comble tout à fait, mais il est évident que l'un comme l'autre compléterait ce chou-fleur à merveille, qu'il soit servi dessous, dessus ou à part.*

Quand il cuit au four très longtemps, le chou-fleur passe d'une texture dure et croquante à tendre et crémeuse, et de là, à croustillante et avec du mordant (un terme que j'essaie vraiment d'éviter, mais c'est parfois impossible). Résistez à l'envie de sortir le chou-fleur du four une fois juste cuit. Il faut poursuivre la cuisson jusqu'à ce que ses saveurs se soient concentrées, que les sucres aient caramélisé, que les épices aient grillé et que la texture soit croustillante.

Les épices sont suffisamment discrètes pour se marier avec à peu près tout. Sans vouloir compliquer les choses, je vous recommande l'ajout d'une boîte de pois chiches égouttés et rincés avant d'enfourner le chou-fleur. Ils vont cuire avec lui, et si vous ajoutez un œuf au plat par-dessus, voire une salade verte à côté… vous avez votre dîner !

1 Préchauffez le four à 230 °C (th. 7-8).

2 Détaillez le chou-fleur en très petites fleurettes, de la taille d'un gros haricot. Je le fais à la main, mais au couteau, c'est bien aussi.

3 Mélangez le chou-fleur avec l'ail, les flocons de piment, les graines de fenouil, la coriandre, le curcuma et l'huile d'olive sur une plaque. Salez, puis poivrez généreusement. Enfournez et ne songez même pas à y toucher avant au moins 15 min. (Non, il ne va pas brûler, je vous le promets !)

4 Au bout de 15 min, remuez le chou-fleur, puis poursuivez la cuisson de 15 à 20 min, en remuant de temps à autre pour avoir une cuisson uniforme, jusqu'à ce que chaque fleurette soit brun sombre et caramélisée, avec les parties les plus petites encore plus sombres et croustillantes (c'est ce que je préfère !).

5 Mettez le chou-fleur dans un plat de service et parsemez-le d'herbes. Servez (ou pas) avec de la feta, du yaourt ou du labné.

À L'AVANCE Vous pouvez faire cuire le chou-fleur plusieurs heures à l'avance et le conserver à température ambiante, recouvert de papier d'aluminium lâche.

Gratin de chou-fleur crémeux à l'oignon

pour 6 à 10 personnes

25 cl de crème fleurette
60 g de beurre doux
2 gousses d'ail, épluchées et pressées
1,25 kg de chou-fleur, débarrassé des feuilles
½ petit oignon doux ou jaune, épluché et taillé en très fines rondelles
175 g de gruyère ou de cheddar blanc, râpé
flocons de piment (facultatif)
175 g de chapelure à grosses miettes fraîche (voir p. 14) ou panko (facultatif)
3 cuil. à soupe de graines de sésame blanc
6 cl d'huile d'olive (si vous utilisez la chapelure)
sel et poivre du moulin

À DÉGUSTER AVEC
Endives au citron confit, yaourt et menthe (p. 85)
+
Poulet en cuisson lente à l'origan et tomates au beurre (p. 189)

Je fais partie de ceux qui n'ont jamais adhéré au principe qui consiste à remplacer des féculents par du riz de chou-fleur ou des spaghettis de courgette, mais après avoir conçu ce plat, je me suis rendu compte que j'avais utilisé le chou-fleur à la place des pâtes dans, eh bien, un gratin de macaronis au fromage sans macaronis. J'en étais horrifiée moi-même, mais c'était tellement bon que mes états d'âme ont vite été oubliés.

Ce gratin est le moyen le plus simple et le plus succulent d'obtenir un chou-fleur superlativement tendre et crémeux sans étapes supplémentaires (pas de béchamel, pas de roux ni d'autre sauce compliquée). Il suffit de le faire cuire dans la crème, recouvert de papier d'aluminium, juste pour l'attendrir, puis de retirer le papier d'aluminium afin de laisser la crème réduire et épaissir, et de permettre au fromage de dorer.

Cela peut paraître absurde, mais j'ai laissé la chapelure en option pour deux raisons. La première, c'est que cela permet aux intolérants au gluten de se faire plaisir (alors que ce gratin est habituellement nappé d'une béchamel à base de farine ou recouvert d'une couche de chapelure non négociable, voire des deux) ; et la deuxième, c'est que je trouve ce gratin vraiment très bon (et, accessoirement, plus esthétique) sans elle. Il est si bon, en fait, que je n'ai pas réussi à choisir entre les deux préparations. Je vous laisse donc face au choix de Sophie (quel livre, quel film !). Vous pouvez aussi tester les deux versions et décider ensuite.

1 Préchauffez le four à 210 °C (th. 7).

2 Mettez la crème, le beurre et l'ail dans une petite casserole, et portez à frémissements à feu moyen. Salez et poivrez, puis retirez la casserole du feu.

3 Taillez le chou-fleur en tranches de 1 cm d'épaisseur. (Des morceaux vont tomber ; ce n'est pas un souci.)

(la suite page suivante)

4 Mettez les plus petits morceaux de chou-fleur dans un plat à tarte ou un moule à manqué de 23 cm de diamètre ; j'aime leur aspect circulaire, mais n'importe quel plat allant au four d'une contenance de 2 l fera l'affaire. Parsemez-les d'un peu d'oignon, puis d'un peu de fromage. Renouvelez l'opération avec le reste de chou-fleur, d'oignon et de fromage jusqu'à épuisement des ingrédients, en terminant par le fromage.

5 Versez le mélange à la crème par-dessus (vous pouvez y laisser les gousses d'ail ou les retirer, au choix). Ajoutez une généreuse pincée de flocons de piment, si vous l'utilisez.

6 Recouvrez le plat de papier d'aluminium et enfournez pour 20 à 25 min, jusqu'à ce que le chou-fleur soit tendre et cuit.

7 Retirez le papier d'aluminium et poursuivez la cuisson de 15 à 20 min, jusqu'à ce que la surface soit dorée et recouverte de bulles, et que la crème ait presque entièrement réduit. Le gratin aura l'air plutôt crémeux et coulant dans le four, mais il va prendre et épaissir une fois que vous l'aurez sorti et laissé refroidir pendant quelques minutes.

8 Si vous n'utilisez pas la chapelure, parsemez le gratin de graines de sésame, puis salez et poivrez.

9 Si vous utilisez la chapelure, mélangez-la avec les graines de sésame et l'huile d'olive dans un saladier de taille moyenne. Salez et poivrez, puis parsemez le gratin de ce mélange.

10 Enfournez pour 8 à 10 min, jusqu'à ce que la surface soit bien croustillante et brun doré.

11 Sortez le gratin du four et laissez-le refroidir légèrement avant de servir.

À L'AVANCE Vous pouvez faire cuire le gratin (sans chapelure) 2 jours à l'avance et le conserver au frais, recouvert de papier d'aluminium. Pour le réchauffer, placez le gratin découvert au four préchauffé à 200 °C (après avoir ajouté la chapelure, si vous l'utilisez) et laissez-le cuire de 10 à 15 min, jusqu'à ce qu'il bouillonne et soit bien doré.

Betteraves jaunes au lait ribot et aux noix

pour 4 à 8 personnes

750 g de betteraves jaunes ou rouges de taille moyenne, grattées et parées
6 cl de vinaigre de vin rouge, de vinaigre de vin blanc ou de vinaigre blanc distillé
½ petit oignon rouge, épluché et taillé en fines rondelles
2 cuil. à soupe de jus de citron + un peu selon votre goût
½ cuil. à café de sumac en poudre (facultatif)
12,5 cl de lait ribot (voir p. 14)
60 g de crème aigre ou de yaourt à la grecque au lait entier
60 g de noix, de noix de pécan ou de noisettes, grillées (voir p. 14) et grossièrement hachées
1 cuil. à soupe de graines de cumin, finement écrasées
huile d'olive, pour arroser
sel et poivre du moulin

À DÉGUSTER AVEC
La salade parfaite (p. 86)
+
Gigot d'agneau mariné au yaourt, au fenouil épicé et au sumac (p. 204)

Peler une betterave fraîchement rôtie fait partie des tâches thérapeutiques que j'apprécie le plus en cuisine (presque autant qu'écosser des petits pois et équeuter des haricots verts). C'est encore plus cathartique avec des betteraves jaunes, car elles ne salissent pas les vêtements/les mains/les torchons/le plan de travail. Du fait de leur saveur terreuse et sucrée, les betteraves gagnent, selon moi, à être dégustées avec quelque chose de très crémeux, très acide et très herbacé. Ô joie, ce plat contient tout cela et apporte en plus le croquant des fruits à coque grillés (même si ceux-ci ne sont pas obligatoires) et des graines de cumin.

1 Préchauffez le four à 210 °C (th. 7).

2 Mettez les betteraves dans un grand plat allant au four et versez le vinaigre par-dessus. Salez, puis couvrez le plat de papier d'aluminium. Enfournez pour 50 à 60 min, jusqu'à ce que les betteraves soient parfaitement tendres : vous devez pouvoir les percer facilement avec une fourchette. Laissez refroidir.

3 Mélangez l'oignon et le jus de citron ; salez et poivrez, puis laissez macérer 1 ou 2 min. Ajoutez le sumac, si vous l'utilisez.

4 Pendant ce temps, mélangez le lait ribot et la crème aigre ; salez, poivrez et rectifiez l'assaisonnement en jus de citron.

5 Nappez le fond d'un plat de service incurvé de ce mélange.

6 Pelez les betteraves et taillez-les en tranches d'environ 1 cm d'épaisseur. Disposez-les dans le plat, puis parsemez-les d'oignon, de noix et de graines de cumin. Arrosez le tout d'huile d'olive avant de servir.

À L'AVANCE Vous pouvez faire cuire les betteraves et les peler quelques jours à l'avance, puis les conserver au frais, enveloppées dans du papier d'aluminium. Le mélange au lait ribot peut être réalisé 1 semaine plus tôt, puis conservé au réfrigérateur, dans un récipient hermétique.

Aubergines longuement rôties à l'ail, au labné et aux petits croûtons pimentés

pour 4 à 6 personnes

3 aubergines de taille moyenne ou 2 grosses, coupées en deux dans la longueur
20 cl d'huile d'olive
2 gousses d'ail, épluchées et émincées
1 piment rouge, taillé en très fines rondelles, ou 1 cuil. à café de flocons de piment
175 g de pain (au levain, de campagne ou miche) coupé en morceaux de 1 cm
250 g de labné, de yaourt à la grecque au lait entier ou de crème aigre
1 citron confit, finement haché
1 cuil. à soupe de jus de citron + un peu selon votre goût
1 grosse poignée de feuilles de menthe ou de coriandre
sel et poivre du moulin

À DÉGUSTER AVEC

Lentilles noires à l'ail croustillant et au labné (p. 167)
+
Concombre citronné à l'oignon rouge et au sésame grillé (p. 96)

L'aubergine est un légume vraiment spécial (O.K., c'est un fruit), avec des pouvoirs particuliers. Selon le mode de cuisson, sa texture peut être croustillante, tendre ou fondante, un peu comme une pomme de terre. Mais, contrairement à celle-ci, elle peut aussi avoir une consistance onctueuse. De celle qui fait dire : « Est-ce un flan ? Y a-t-il des œufs là-dedans ? Est-ce que je suis en train de manger du chawanmushi ? ». Je ne voudrais pas rendre les autres légumes jaloux, mais je doute qu'aucun puisse rivaliser avec l'aubergine.

Ici, on obtient une texture onctueuse avec une facilité déconcertante en arrosant d'huile d'olive une aubergine coupée en deux dans la longueur avant de la faire cuire au four à très haute température. Et là, sa surface ne durcit pas totalement, mais elle brunit. Fabuleusement. Elle brunit et caramélise tandis que le reste se pare d'une texture qui me rappelle l'intérieur d'un œuf mollet cuit à la perfection.

Alors, pourquoi ajouter du labné, lui aussi très crémeux ? Eh bien, parce que même cuite à l'huile d'olive, l'aubergine reste maigre, et des ingrédients riches comme du labné, du yaourt, de la crème aigre ou du fromage la rehaussent magnifiquement. Tout ça pour dire : faites-moi confiance. Comme j'adore tout ce qui croustille, je parsème le tout de quantité de croûtons aillés dorés à l'huile.

Ces aubergines peuvent former un excellent plat principal pour des végétariens ou quiconque n'a pas envie de viande. Dans ce cas, comptez au moins une moitié de grosse aubergine par personne.

1 Préchauffez le four à 210 °C (th. 7).

2 À l'aide d'un petit couteau pointu, pratiquez quelques entailles de 1 cm sur le côté coupé de chaque aubergine. (Vous pouvez les faire dans la longueur, dans la largeur ou même en diagonale. Exprimez votre créativité !)

3 Placez les aubergines côté coupé vers le haut dans un plat allant au four et arrosez-les de 12,5 cl d'huile d'olive, en la répartissant aussi uniformément que possible. Salez, poivrez, puis retournez les aubergines côté coupé vers le bas.

4 Enfournez les aubergines pour 40 à 45 min, sans y toucher, jusqu'à ce qu'elles soient parfaitement tendres, bien cuite et brun doré sur le dessous. (Comme la peau est déjà sombre, ce n'est pas évident à voir, mais celle-ci aura l'air fripée et, si vous la piquez, l'ensemble devrait être très tendre, comme prêt à s'affaisser ; vous pouvez aussi utiliser une spatule pour soulever les aubergines et vérifier la couleur du dessous.)

5 Pendant ce temps, faites chauffer les 6 cl d'huile d'olive restants dans une grande poêle à feu moyen. Ajoutez l'ail et le piment, et faites-les revenir de 1 à 2 min, en secouant la poêle de temps à autre, jusqu'à ce qu'ils exhalent leur parfum, mais ne les laissez pas se colorer. Ajoutez le pain, salez et poivrez. Laissez cuire de 3 à 5 min, en remuant souvent, jusqu'à ce que le pain soit grillé de toutes parts et brun doré. Retirez les croûtons du feu et réservez-les.

6 Mélangez le labné, le citron confit et 1 cuil. à soupe de jus de citron dans un bol ; salez, poivrez et ajoutez un peu de jus de citron, si vous le souhaitez. Nappez de ce mélange le fond d'un grand plat de service ou d'un saladier peu profond.

7 Une fois les légumes cuits, utilisez une spatule pour soulever chaque demi-aubergine d'un seul coup, en préservant le dessous doré. Disposez-les, côté coupé vers le haut sur le labné. Parsemez-les de croûtons et d'herbes avant de servir.

À L'AVANCE Vous pouvez faire cuire les aubergines quelques heures à l'avance, puis les conserver à température ambiante sous une feuille de papier d'aluminium (il n'est pas nécessaire de les réchauffer, elles sont excellentes à température ambiante). Vous pouvez assaisonner le labné 1 semaine à l'avance, puis le garder au frais, dans un récipient hermétique. Les croûtons peuvent être réalisés 2 jours à l'avance, puis conservés, bien couverts, à température ambiante.

Broccolinis et kale aillés aux noisettes et à la coriandre

pour 4 à 6 personnes

2 gousses d'ail, épluchées et pressées
65 g de noisettes, grillées à sec (voir p. 14) et finement concassées
1 cuil. à soupe de graines de coriandre, finement broyées
6 cl d'huile d'olive + 3 cuil. à soupe
2 ou 3 bottes de broccolinis, coupés en quatre dans la longueur
1 grosse ou 2 petites bottes de chou frisé ou palmier
1 citron, coupé en deux
fleur de sel
sel et poivre du moulin

Quiconque n'a jamais mangé de broccolinis grillés n'a pas vécu ! Les tiges, trop souvent négligées, sont si irrésistibles grillées au barbecue que vous ne voudrez plus jamais les manger autrement. (À moins que vous ne les fassiez cuire à l'eau, comme p. 139. Que pourrais-je dire ? Plongez-les dans les flammes ou dans l'eau bouillante, je vis dans un monde d'extrêmes.) Ce plat est un régal à température ambiante, alors si vous craignez de ne pas réussir à tout servir chaud en même temps, faites ces broccolinis et détendez-vous en songeant qu'ils ne seront que meilleurs une fois refroidis.

1 Mélangez l'ail, les noisettes, les graines de coriandre et les 3 cuil. à soupe d'huile d'olive dans un grand saladier. Salez et poivrez, puis réservez.

2 Préparez votre barbecue avec un feu vif ; vous pouvez aussi préchauffer le four à 230 °C (th. 7-8).

3 Mélangez les broccolinis et le chou avec les 6 cl d'huile d'olive restants sur une plaque. Salez et poivrez. Faites-les griller de 2 à 8 min, en les retournant ou en les remuant de temps à autre, jusqu'à ce que les tiges, les fleurettes et les feuilles soient légèrement noircies. (Vous pouvez aussi glisser la grille dans le four pour 15 à 20 min.)

4 Quel que soit le mode de cuisson, une fois que les broccolinis et le chou sont tendres et légèrement carbonisés (les feuilles et les tiges ne cuisent pas au même rythme, alors gardez un œil dessus), mettez-les dans le saladier contenant l'ail et les noisettes. Mélangez bien.

5 Transférez ensuite tous les ingrédients dans un grand plat ou saladier de service. Arrosez-les de jus de citron et d'un trait d'huile d'olive, et parsemez-les de fleur de sel.

À L'AVANCE Vous pouvez faire cuire et assaisonner les légumes quelques heures à l'avance, puis les conserver, légèrement couverts, à température ambiante.

Les meilleurs légumes verts à la crème

pour 4 à 6 personnes

60 g de chapelure à grosses miettes fraîche (voir p. 14) ou panko (facultatif)
2 cuil. à soupe d'huile d'olive + 3 cuil. à soupe si vous utilisez la chapelure
25 cl de crème fleurette
4 gousses d'ail, épluchées et écrasées
⅛ de cuil. à café de noix muscade fraîchement râpée
2 grosses bottes de kale, de moutarde brune, d'épinards, de brocoli-rave (rapini) ou de bettes, débarrassés des tiges épaisses, grossièrement hachées
125 g de crème fraîche
sel et poivre du moulin

Mon amour pour les légumes à la crème est directement lié à celui, immodéré, que je porte aux restaurants de grillades à l'ancienne. Dans ces établissements, les légumes à la crème sont souvent si riches qu'on peut difficilement en manger plus d'une bouchée, mais dans mon *steakhouse* (c'est-à-dire chez moi), ils sont tout juste nimbés de crème frémissante : une bonne raison pour ne pas en laisser une miette.

1 Si vous utilisez la chapelure, mélangez-la dans un bol avec les 3 cuil. à soupe d'huile d'olive, puis salez et poivrez. Mettez le tout dans une poêle et faites-le chauffer sur feu moyen à vif, de 3 à 5 min, en remuant souvent, jusqu'à ce que la chapelure soit grillée et croustillante. Retirez-la du feu et réservez.

2 Versez la crème dans une casserole de taille moyenne et portez-la à frémissements à feu moyen. Ajoutez l'ail et la noix muscade, salez et poivrez. Laissez la crème frémir de 15 à 20 min, jusqu'à ce qu'elle ait réduit de moitié ; elle doit être épaisse et très, très riche (elle va se diluer un peu au contact des légumes).

3 Faites chauffer les 2 cuil. à soupe d'huile d'olive à feu moyen dans une très grande casserole. Ajoutez une poignée de légumes verts, salez et poivrez. Faites-les cuire, en ajoutant une autre poignée quand les premiers sont flétris, et en remuant souvent, jusqu'à ce qu'ils soient vert vif et que l'eau commence à s'évaporer. Comptez 5 à 8 min, en fonction du type de légumes. Poursuivez la cuisson environ 5 min, jusqu'à ce que presque toute l'eau se soit évaporée et que les légumes soient tendres.

4 Ajoutez le mélange à base de crème, salez, poivrez et remuez pour bien enrober les légumes de crème. Laissez-les cuire pendant encore 1 ou 2 min pour que l'ensemble soit bien chaud avant de le transférer dans un saladier. Parsemez le tout de chapelure, si vous l'utilisez, puis servez.

À L'AVANCE Vous pouvez préparer les légumes verts quelques heures à l'avance et les conserver, recouverts d'une feuille de papier d'aluminium lâche, à température ambiante. Faites-les réchauffer à feu moyen avant d'ajouter la chapelure.

Pommes de terre croustillantes au vinaigre, au piment et au paprika

pour 4 à 6 personnes

1 kg de pommes de terre pour cuisson au four, grattées et taillées en rondelles de 5 mm d'épaisseur (utilisez une mandoline)
6 cl de vinaigre blanc distillé
6 cl d'huile d'olive
1 cuil. à café de flocons de piment
1 cuil. à café de paprika fumé
1 petite gousse d'ail, épluchée et finement hachée
3 cuil. à soupe de persil (feuilles tendres et tiges) ou de ciboulette finement haché(e)
sel et poivre du moulin

Je cherche toujours de nouveaux moyens de recréer l'effet de la friture (du croustillant, de l'huile, du salé) sans avoir à porter des litres d'huile à une température affreusement élevée dans ma propre maison. C'est bien trop dangereux ! De leur côté, les pommes de terre rôties sont presque toujours « pas mal », mais rarement transcendantes. Trop molles à l'intérieur, pas assez croustillantes à l'extérieur, or je ne jure que par le croustillant.

Ces pommes de terre, en revanche, cochent toutes les cases. Elles ont la texture d'un aliment frit sans l'être, et le goût des chips au sel et au vinaigre sans qu'il soit nécessaire d'en ouvrir un paquet. Taillées en fines rondelles, elles sont arrosées de vinaigre blanc distillé (pour l'acidité) et d'huile d'olive (pour le croustillant), et rehaussées d'une pointe judicieuse de paprika pour le piquant et la couleur. Après passage au four, elles se transforment en pommes de terre légèrement moelleuses, mais surtout croustillantes.

1 Préchauffez le four à 210 °C (th. 7).

2 Mélangez les rondelles de pommes de terre avec le vinaigre, l'huile d'olive, les flocons de piment et le paprika sur une plaque. Salez et poivrez. Enfournez pour 20 à 25 min, en remuant de temps à autre, jusqu'à ce que les pommes de terre soient brun doré sombre et commencent à croustiller, comme des chips.

3 Pendant ce temps, mélangez l'ail et le persil dans un bol ; salez et poivrez.

4 Laissez les pommes de terre refroidir légèrement. (Résistez à la tentation de les manger dès la sortie du four : vous vous brûleriez la langue, et si j'aimerais vous dire que ça vaut le coup, ce n'est pas une bonne idée, O.K. ?) Parsemez-les de mélange au persil, puis servez-les avec ce que vous voulez.

À L'AVANCE Les pommes de terre ne se réchauffent pas. On peut en revanche préparer le mélange d'ail et de persil plus tôt ; sachez juste que le goût de l'ail s'intensifie une fois coupé.

Farro au fenouil sauté, au citron et au basilic

pour 4 à 6 personnes

450 g de farro perlé ou semi-perlé, d'orge, de perles de couscous, de freekeh ou de grains de blé dur
6 cl d'huile d'olive
6 gousses d'ail, épluchées et émincées
1 cuil. à soupe de graines de fenouil
1 gros bulbe de fenouil, taillé en fines tranches, les feuilles réservées
1 citron, taillé en fines rondelles, épépiné
1 pincée de flocons de piment (facultatif)
1 grosse poignée de feuilles de basilic, déchirées
sel et poivre du moulin

NOTE *Cette salade étant très conciliante, n'hésitez pas à la personnaliser en ajoutant des herbes (du basilic ! de l'estragon !), du fromage râpé (ricotta séchée ou pecorino), ou 1 poignée de fruits à coque concassés et grillés pour apporter de la texture.*

Cette salade de céréales, très bonne et très polie, est sans doute ma préférée du livre. Elle ne fait de l'ombre à aucun autre plat et s'entend bien avec tous. Elle a plein de choses intéressantes à dire, mais ne monopolise pas la discussion, et même si vous pensez avoir tout ce qu'il vous faut pour le dîner, vous êtes toujours content de la voir, car cela fera des restes excellents. J'arrête là avec la métaphore ?

Vous pouvez réaliser cette recette avec presque toutes les céréales (sauf le riz, peut-être), parce que ouah ! que cette salade est polie et conciliante ! O.K., j'arrête vraiment. Mais franchement, une fois que vous aurez goûté ce plat, avec son trio de fenouil (bulbe caramélisé, graines grillées et feuilles fraîches), ses éclats d'ail tendres et mon ingrédient préféré, le citron entier — vous serez aussi extatique.

1 Faites cuire les céréales en suivant les instructions sur le paquet. Égouttez-les et réservez-les.

2 Faites chauffer l'huile d'olive dans une grande poêle ou casserole à feu moyen. Ajoutez l'ail et les graines de fenouil, et faites-les cuire de 3 à 4 min, en remuant de temps à autre, jusqu'à ce que l'ail commence tout juste à se colorer. Ajoutez les tranches de fenouil et la moitié des rondelles de citron. Salez et poivrez. Laissez cuire de 8 à 10 min, en remuant de temps à autre, jusqu'à ce que le fenouil soit bien tendre et commence à caraméliser.

3 Ajoutez les céréales, du sel, du poivre et les flocons de piment, si vous les utilisez. Remuez, puis laissez cuire pendant quelques minutes, en laissant les céréales absorber un peu de l'huile parfumée à l'ail et au fenouil. Ajoutez les rondelles de citron restantes et retirez du feu. Transférez le tout dans un plat de service et parsemez de basilic et de feuilles de fenouil.

À L'AVANCE Vous pouvez faire cuire les céréales jusqu'à 5 jours à l'avance, puis les conserver au réfrigérateur, dans un récipient hermétique. Vous pouvez faire le plat complet 2 jours à l'avance, et ajouter le basilic et les feuilles de fenouil juste avant de servir.

Lentilles noires à l'ail croustillant et au labné

pour 4 à 8 personnes

500 g de lentilles noires ou de lentilles vertes du Puy
12,5 cl d'huile d'olive
6 gousses d'ail, épluchées et émincées
1 grosse échalote, épluchée et taillée en fines rondelles
250 g de labné, de yaourt à la grecque au lait entier ou de crème aigre
6 cl de jus de citron
2 cuil. à soupe de zeste de citron finement râpé
2 grosses poignées de coriandre ou de persil, tiges et feuilles tendres, finement haché(e)
fleur de sel
sel et poivre grossièrement moulu

À DÉGUSTER AVEC
Cœurs de laitue au citron, à l'ail et aux pistaches (p. 88)
+
Chou juste cuit au beurre, aux anchois et au citron (p. 143)
+
Rôti de côtes de bœuf en cuisson lente au romarin et aux anchois (p. 218)

Pour l'unique raison que les lentilles noires ressemblent à de petites perles de caviar, je me suis mis en tête que c'étaient les plus chics des légumineuses. Elles paraissent chères et complexes, alors qu'elles sont en fait bon marché et cuisent comme des pâtes. Mais si je les adore, c'est pour leur texture incomparable et leur capacité à ne pas se transformer en bouillie. Leur texture s'apparente plus à celle de céréales que, disons, celle des lentilles corail, qui ont tendance à se déliter à la simple évocation d'une eau frémissante (ce qui est parfait pour un ragoût ou un dahl, mais moins pour ce plat). Si vous ne trouvez pas de lentilles noires, les lentilles vertes du Puy offrent un bon substitut.

1 Faites cuire les lentilles de 20 à 25 min dans une grande casserole d'eau bouillante salée, jusqu'à ce qu'elles soient tendres et cuites (ne les laissez pas se transformer en bouillie). Égouttez-les et réservez.

2 Pendant ce temps, mettez l'huile d'olive, l'ail et l'échalote dans une poêle de taille moyenne et faites-les chauffer à feu moyen. Laissez cuire de 4 à 5 min, en remuant de temps à autre, jusqu'à ce que l'ail et l'échalote brunissent et commencent à devenir croustillants. Retirez la poêle du feu, salez et poivrez.

3 Mélangez le labné avec 2 cuil. à soupe de jus de citron. Salez et poivrez.

4 Mélangez les lentilles avec le zeste de citron et le reste de jus de citron, salez et poivrez. Déposez la moitié des lentilles dans un saladier et parsemez-les de coriandre. Recouvrez-les avec les lentilles restantes. Ajoutez le labné, puis le mélange à l'ail. Saupoudrez de fleur de sel et de poivre avant de servir.

À L'AVANCE Vous pouvez faire cuire les lentilles jusqu'à 5 jours à l'avance. Conservez-les au réfrigérateur, dans un récipient hermétique.

Pois chiches grésillés à l'oignon, à la feta et à l'origan

pour 4 à 6 personnes

12,5 cl d'huile d'olive
1 gros oignon rouge ou jaune, épluché et taillé en fines rondelles
2 boîtes de 425 g de pois chiches, égouttés et rincés
4 gousses d'ail, épluchées et écrasées
1 pincée de flocons de piment
les feuilles de 4 brins de marjolaine ou d'origan
60 g de feta, taillée en très fins copeaux ou émiettée
sel et poivre du moulin

À DÉGUSTER AVEC
Pommes et kakis au vinaigre et cheddar blanc (p. 103)
+
Poulet en cuisson lente à l'origan et tomates au beurre (p. 189)

Je ne suis pas sûre que l'adjectif « grésillé » existe vraiment, mais une fois que vous aurez fait cuire l'oignon avec les pois chiches, vous comprendrez sans peine ce que je veux dire et admettrez qu'il n'y a pas d'autre façon de les décrire. Pas vraiment frits, pas vraiment caramélisés, ils cuisent et deviennent croquants dans une généreuse quantité d'huile grésillante agrémentée d'ail haché : ils sont grésillés, donc.

C'est un délice nature, mais l'ajout de marjolaine fraîche et de feta acide en fait un plat de rêve, que j'ai savouré en plat principal je ne sais combien de fois, avec parfois la compagnie d'un œuf au plat au jaune coulant et au blanc doré et croustillant.

1 Faites chauffer l'huile d'olive dans une grande poêle sur feu moyen à vif. Ajoutez l'oignon, salez et poivrez. Faites-le revenir de 5 à 8 min, en remuant de temps à autre, jusqu'à ce qu'il soit tendre et commence tout juste à brunir.

2 Ajoutez les pois chiches, l'ail, les flocons de piment, et la moitié des feuilles de marjolaine ou d'origan. Salez, poivrez, puis mélangez bien. Poursuivez la cuisson, en secouant la poêle de temps à autre pour que les pois chiches cuisent de façon uniforme, sans coller au fond de la poêle, jusqu'à ce qu'ils soient brun doré et paraissent frits sur les bords. L'oignon doit être brun doré sombre et paraître mi-frit, mi-caramélisé — nous allons dire qu'il est « grésillé ».

3 Goûtez un pois chiche pour vérifier qu'il est bien assaisonné, et ajoutez du sel et du poivre si nécessaire, ainsi qu'une pincée de flocons de piment si vous voulez un plat plus relevé.

4 Retirez le mélange du feu et transférez-le dans un grand plat de service. Parsemez-le de feta et du reste de marjolaine.

À L'AVANCE Vous pouvez faire cuire les pois chiches quelques heures à l'avance, puis les conserver à température ambiante, sous du papier d'aluminium. Réchauffez-les sur feu moyen à vif avant de servir, car ils perdent du croquant en refroidissant.

PACIFIC TIME

une grosse marmite de haricots écumants

Si quelque chose devait vous convaincre des bienfaits de l'écossage, c'est la promesse d'une marmite pleine de haricots écumants. Cela implique l'usage de ces haricots dans leur cosse aperçus au marché et que vous avez peut-être dénigrés, parce qu'ils semblent compliqués et longs à préparer. Bon, c'est vrai, c'est un peu long, mais il s'avère qu'écosser des haricots fait partie de mes activités méditatives préférées, avec le hot yoga et le retrait d'un masque pour le visage. Outre l'évasion mentale que cela procure, la préparation des haricots fraîchement écossés offre un résultat incomparable. Tendres, mais fermes, jamais farineux ni en bouillie, dotés d'un parfum délicatement végétal, ils sont à nul autre pareils.

Je suis sûre que c'est possible, mais je n'ai jamais réussi à faire moins qu'une marmite géante de haricots. Et c'est très bien, parce qu'ils ont mille applications possibles. Selon le profil gustatif et le but recherché, la liste des éléments qu'on peut ajouter dans la marmite est variable, mais la formule de base est : haricots + aromates + eau. Si vous utilisez des haricots frais, sachez qu'ils vont opérer une perte de poids vertigineuse à l'écossage, qu'il faut anticiper ; 2,25 kg de haricots frais non écossés donnent environ 450 g de haricots écossés. Si vous employez des haricots secs, prenez ceux que vous voulez : blancs ou noirs, marbrés ou tachetés, bruns ou beiges, gros ou petits — veillez juste à ce qu'ils ne soient pas vieux.

POUR LA RÉALISATION (pour 4 à 8 personnes)
Mettez **2 ou 3 verres de haricots secs ou fraîchement écossés** dans une marmite. Commencez par des alliacées (un **oignon**, 2 ou 3 **gousses d'ail**, quelques **poireaux**, etc.), en les coupant en deux dans la longueur pour exposer leur chair. Ajoutez quelques brins d'herbes (**thym**, **marjolaine**, **origan** ou **romarin**) — et, pour les amateurs de piquant, des **flocons de piment** ou des **piments séchés** entiers (les variétés fumées, comme le chipotle, parfument très bien le liquide de cuisson).

Versez suffisamment d'eau dans la marmite pour qu'elle dépasse les haricots d'au moins 10 cm. Ajoutez une bonne quantité de **sel** (à peine moins que pour saler l'eau des pâtes) et portez à frémissements sur feu moyen à vif. Passez sur feu doux à moyen et laissez mijoter les haricots tout doucement, à découvert, jusqu'à ce qu'ils soient tendres, crémeux et bien cuits — 40 à 50 min pour des haricots frais, plus près de 80 à 90 min pour des haricots secs (ajoutez de l'eau si nécessaire pour les maintenir immergés).

Une fois les haricots cuits, retirez la marmite du feu et conservez-les dans leur liquide de cuisson. Après les avoir égouttés, ajoutez-les à une salade de chicorée (p. 82) ou à un plat relevé à la tomate (p. 48), ou faites-les mariner avec du vinaigre aillé pour l'apéritif (p. 56). Vous pouvez aussi les laisser dans leur liquide et les servir légèrement écrasés en accompagnement, étalés sur des tranches de pain grillé, ou les faire mijoter en même temps qu'une pièce de porc (p. 209).

Haricots tomatés au citron confit et à la chapelure

pour 4 à 6 personnes

12,5 cl d'huile d'olive + un peu pour arroser
80 g de chapelure à grosses miettes (voir p. 14) ou panko
1 petit oignon blanc, épluché et taillé en fins anneaux
2 gousses d'ail, épluchées et écrasées ou finement émincées
3 cuil. à soupe de concentré de tomates
2 piments de àrbol, ou ¾ de cuil. à café de flocons de piment
350 g de haricots frais écossés — haricots coco, par exemple —, ou 400 g de haricots secs, ou 2 boîtes de 425 g de haricots blancs, égouttés et rincés
½ citron confit, taillé en fines rondelles
sel et poivre du moulin

NOTE *Je pense vraiment que vous avez intérêt à utiliser des haricots frais ou secs pour cette recette (p. 171), mais comme je suis Vierge, je tiens à faire plaisir à tout le monde, alors il y a, bien sûr, une option avec des haricots en boîte (un basique du placard que j'affectionne particulièrement).*

J'aime accommoder mes haricots comme des pâtes, avec une sauce tomate aillée et caramélisée, et les rehausser de citron confit salé et d'une chapelure frite croquante. Et comme il s'agit de haricots et non de pâtes, ils ne risquent pas de trop cuire dans la sauce, alors laissez-les mijoter aussi longtemps que nécessaire pour qu'ils soient bien parfumés.

1 Faites chauffer la moitié de l'huile d'olive dans une marmite à fond épais sur feu moyen à vif. Ajoutez la chapelure, salez et poivrez. Laissez cuire, en remuant de temps à autre, de 4 à 6 min, jusqu'à ce que la chapelure soit grillée et brun doré. Mettez-la dans un bol.

2 Essuyez le fond de la marmite, puis faites-y chauffer le reste d'huile d'olive sur feu moyen à vif. Ajoutez l'oignon et l'ail. Salez et poivrez, puis faites-les revenir de 5 à 7 min, jusqu'à ce qu'ils soient tendres et translucides. Ajoutez le concentré de tomates et les piments, et laissez cuire 2 min, jusqu'à ce que le concentré ait pris une belle couleur rouge brique.

3 Ajoutez les haricots. S'ils sont frais ou secs, versez 1,5 l d'eau ; s'ils sont en boîte, versez 50 cl d'eau. À l'aide d'une cuillère en bois, grattez le fond de la marmite pour décoller les sucs caramélisés. Salez, poivrez et laissez cuire jusqu'à ce que les haricots soient crémeux et tendres et que le liquide soit presque entièrement évaporé — de 45 à 50 min pour des haricots frais ou secs, de 15 à 20 min pour des haricots en boîte.

4 Incorporez le citron confit. Transférez les haricots dans un plat de service et parsemez-les de chapelure. Laissez celle-ci se fondre dans la sauce.

À L'AVANCE Vous pouvez faire la chapelure la veille et la garder, filmée, à température ambiante. Vous pouvez cuire les haricots (sans ajouter la chapelure) jusqu'à 2 jours à l'avance. Conservez-les au réfrigérateur, dans un récipient hermétique. Faites-les réchauffer à feu moyen, en ajoutant un peu d'eau si nécessaire, pour délayer la sauce.

Riz au beurre et au curcuma, amandes concassées et herbes

pour 4 à 6 personnes

300 g de riz thaï ou basmati (voir Note)
90 g de beurre doux
2 cuil. à soupe d'huile d'olive
115 g d'amandes entières crues, finement concassées
1 morceau de curcuma frais de 5 cm, pelé et taillé en fines rondelles, ou ½ cuil. à café de curcuma en poudre
1 grosse échalote, épluchée et taillée en fines rondelles
1 grosse poignée de feuilles et tiges tendres de coriandre grossièrement hachées
1 poignée de feuilles et tiges tendres de menthe et/ou d'aneth
sel et poivre du moulin

NOTE *Vous pouvez aussi utiliser 550 g de riz cuit.*

À DÉGUSTER AVEC
La salade parfaite (p. 86)
\+
Saumon au beurre citronné à l'oignon rouge et à l'aneth (p. 247)

Par le passé, j'ai pu émettre un jugement négatif envers le riz et, de manière générale, j'ai gardé le même avis. Mais tout le monde évolue, alors je vais faire mon mea culpa : « Riz, je reconnais que tu peux être bon, parfois. Après un bref passage dans du beurre fondu, tu deviens grillé, croustillant et plein de saveur, choses dont je te reprochais de manquer. Si d'autres céréales comme l'orge ou le farro fonctionneraient, tu es vraiment l'aliment le mieux adapté pour cette recette. »

Ce plat, gorgé d'herbes fraîches et d'amandes grillées s'inspire du tahdig iranien (riz croustillant), mais demande moins de patience ou de technique (que je n'ai pas !).

1 Faites cuire le riz al dente dans une casserole d'eau bouillante salée, de 10 à 12 min. Égouttez-le, rincez-le et réservez-le.

2 Faites chauffer le beurre et l'huile à feu moyen dans une grande poêle antiadhésive ou en fonte. Faites-y revenir les amandes de 3 à 4 min, en remuant, jusqu'à ce qu'elles soient grillées et parfumées et que le beurre commence à brunir. Transférez les amandes dans un bol (laissez le beurre dans la poêle) et salez.

3 Ajoutez le curcuma et l'échalote, salez et poivrez. Faites cuire, de 2 à 3 min en remuant souvent, jusqu'à ce que l'échalote soit tendre, sans la laisser se colorer. Ajoutez le riz et, à l'aide d'une spatule, pressez-le pour le répartir en une couche uniforme. Laissez cuire, sans remuer le riz (mais tournez la poêle pour une cuisson uniforme), de 8 à 10 min, jusqu'à ce que le dessous commence à brunir ; cela va se produire plus vite au centre de la poêle, alors soulevez le riz à la spatule pour vérifier l'évolution.

4 Transférez le riz dans un grand plat de service, en plaçant un peu de croustillant par-dessus. Parsemez d'herbes et d'amandes.

À L'AVANCE Vous pouvez faire cuire le riz nature jusqu'à 5 jours à l'avance, puis le garder au frais, dans un récipient hermétique. Vous pouvez faire revenir le riz dans le beurre 1 h à l'avance et le garder au chaud dans la poêle, à couvert.

Haricots blancs citronnés, chicorée, anchois et parmesan

pour 4 à 6 personnes

6 cl d'huile d'olive
4 gousses d'ail, épluchées et émincées
4 filets d'anchois
2 cuil. à soupe de câpres au sel, rincées, ou 1 cuil. à soupe de câpres en saumure
1 cuil. à café de flocons de piment
2 boîtes de 425 g de haricots blancs — cannellini ou cocos —, égouttés et rincés
1 chicorée ou endive, parée et taillée en gros morceaux
1 poignée de feuilles de menthe
1 poignée de tiges et feuilles tendres de persil
1 morceau de parmesan ou de pecorino, pour le dressage
1 citron, coupé en deux
sel et poivre du moulin

Ces haricots pourraient constituer un plat complet veggie, mais j'aime bien les servir avec d'autres protéines, car ils font aussi bien office de féculents que de salade — parfaits quand vous avez envie des deux, mais pas envie de *faire* les deux. Si cette recette n'est pas tributaire de quelque saison, je rêve de la déguster avec une truite entière grillée (p. 244) ou une épaule d'agneau sur lit de tomates (p. 206) et un bon vin rouge ou blanc, l'été, dehors — même si c'est sur le perron pour moi, puisque je n'ai ni cour ni jardin.

1 Faites chauffer l'huile d'olive à feu moyen dans une grande poêle. Faites-y revenir l'ail de 3 à 4 min, en secouant la poêle de temps à autre, jusqu'à ce qu'il soit brun doré pâle.

2 Ajoutez les anchois, les câpres et les flocons de piment, et laissez cuire en remuant pendant 2 min environ, jusqu'à ce que les anchois aient fondu et grésillent, que les câpres éclatent, et que les flocons de piment aient grillé et coloré l'huile.

3 Ajoutez les haricots, salez et poivrez. Passez sur feu doux à moyen et remuez pour les enrober du mélange. Faites-les cuire de 8 à 10 min, jusqu'à ce que les saveurs se soient toutes mêlées et que l'origine des haricots (une boîte !) ne soit plus détectable au goût.

4 Ajoutez la moitié de la chicorée et remuez, jusqu'à ce qu'elle se flétrisse légèrement. Transférez le tout dans un grand plat ou saladier de service, puis incorporez le reste de chicorée. Parsemez de menthe et de persil. Râpez du parmesan au-dessus du plat, en le répartissant bien. Arrosez du jus du citron juste avant de servir.

À L'AVANCE Ce plat gagne vraiment à être préparé juste avant d'être servi — mais si vous devez absolument le faire à l'avance, vous pouvez le réaliser jusqu'à l'étape 3 la veille. Au moment de servir, réchauffez les haricots et effectuez l'étape 4.

Petites pâtes crémeuses au poivre noir et au pecorino

pour 4 à 6 personnes

60 g de beurre doux
2 cuil. à soupe d'huile d'olive + un peu pour arroser
6 gousses d'ail, épluchées et émincées
450 g de fregula, de perles de couscous, de ditalini ou d'autres petites pâtes
100 g de pecorino finement râpé ou de parmesan + un peu pour saupoudrer
2 cuil. à soupe de ciboulette hachée
4 à 6 gros jaunes d'œufs (facultatif)
sel et poivre du moulin

À DÉGUSTER AVEC
Laitue iceberg au pecorino, olives cassées et pickles de piment (p. 91)
+
Boulettes de porc épicées en bouillon tomaté au fenouil grillé (p. 187)

Cette variation très américanisée et pas du tout authentique des pâtes *cacio e pepe* façon risotto ne peut clairement pas tout miser sur son apparence — mais juste ciel, que c'est bon ! Les jaunes d'œufs sont facultatifs, mais ils apportent encore plus de crémeux. Je sers ce plat accompagné de n'importe quel légume, pour contrer l'assaut de féculents et de fromage, mais aucun ne s'y prête mieux que les brocolis vapeur excessivement citronnés (p. 139).

1 Faites fondre le beurre et l'huile d'olive à feu moyen dans une grande marmite. Faites-y revenir l'ail de 2 à 3 min, jusqu'à ce qu'il soit légèrement grillé. Ajoutez les pâtes, salez et poivrez. Faites-les revenir de 2 à 3 min, en remuant de temps à autre, jusqu'à ce que les pâtes soient bien grillées.

2 Ajoutez 1,25 l d'eau et portez à ébullition. Passez à feu moyen et poursuivez la cuisson à gros frémissements, en remuant souvent pour encourager la libération de l'amidon (un peu comme si vous faisiez un risotto), jusqu'à ce que les pâtes soient cuites et que l'eau se soit presque entièrement évaporée, laissant place à une sauce crémeuse. Cela devrait prendre de 20 à 25 min ; en cours de cuisson, ajoutez de l'eau si nécessaire pour que l'ensemble soit toujours un peu liquide.

3 Ajoutez le fromage, salez un peu et poivrez très généreusement. Poursuivez la cuisson quelques minutes, jusqu'à ce que les pâtes aient la texture d'un risotto ou d'un porridge, en ajoutant de l'eau si besoin pour que l'ensemble reste un peu liquide.

4 Transférez les pâtes dans un plat creux de service, parsemez-les de ciboulette, d'un peu plus de poivre et de fromage, puis ajoutez les jaunes d'œufs, si vous le souhaitez. (Vous pouvez aussi répartir les pâtes dans des assiettes, déposer un jaune d'œuf dans chacune, et parsemer le tout de poivre et de fromage.)

À L'AVANCE Les pâtes peuvent être réalisées 1 ou 2 h à l'avance et maintenues couvertes à température ambiante. Réchauffez-les lentement à feu doux, en ajoutant un peu d'eau pour délayer le tout, car les pâtes auront absorbé tout le liquide résiduel.

PACIFIC TIME

plats principaux

Le choix du plat principal est souvent l'aspect le plus stressant quand on a des invités.

Pour me soulager de ce fardeau émotionnel, je commence souvent par décider quel sera l'événement principal (l'expression « plat principal » est tellement formelle), puis je détermine tout le reste à partir de là. Je ne suis pas en train de dire que vous devez concevoir un menu complet par associations ; le choix du plat peut répondre à un simple « j'ai envie d'un poulet rôti » ou à un plus complexe « il me faut quelque chose de facile pour nourrir 10 à 12 personnes, ils ne mangent pas de bœuf et je n'ai pas du tout envie de poulet ». (Vous devriez faire une épaule de porc.)

J'ai volontairement sélectionné des plats sans chichi et aisément réalisables, quel que soit le nombre de convives. Certains cuisent plusieurs heures, mais vous laissent les mains libres ; d'autres se préparent en une demi-heure, mais requièrent votre attention non-stop. Tous possèdent un profil gustatif marqué, mais flexible (on peut ainsi les associer à tous types de salades ou d'accompagnements), avec quantité d'options et de suggestions pour rehausser ou simplifier votre dîner. Cela dit, toutes les recettes proposées dans cette section pourraient convenir à un déjeuner ou à un petit déjeuner très intense, alors faites comme bon vous semble.

Steak du boucher au piment séché et aux cacahuètes salées

pour 4 à 6 personnes

POUR LA SALSA

20 cl d'huile de colza ou d'huile de pépins de raisin + un peu selon votre goût
60 g de piments séchés New Mexico, débarrassés des tiges (voir Note)
60 g de piments séchés guajillo, débarrassés des tiges, taillés en anneaux
4 gousses d'ail, épluchées et écrasées
40 g de cacahuètes ou de noisettes grillées à sec
2 cuil. à soupe de vinaigre de cidre ou de vinaigre blanc distillé
sel

POUR LE STEAK ET LE DRESSAGE

750 g d'onglet, de rumsteck, de faux-filet ou d'autre steak de bœuf
½ petit oignon, épluché et taillé en fins anneaux
2 cuil. à soupe d'huile de colza
1 botte de cresson, parée
2 cuil. à soupe de jus de citron vert + quartiers de citron vert
1 bouquet de coriandre, tiges et feuilles tendres
8 à 16 tortillas de maïs, réchauffées
sel et poivre du moulin

NOTE *À défaut de piments séchés New Mexico, ne prenez pas des frais, car ils n'ont rien à voir. Si vous n'en trouvez pas, Internet est votre ami !*

Ce n'est pas une recette de tacos, mais un prélude aux tacos, inspiré par la cuisine de la géniale ville d'Oaxaca, au Mexique. Là-bas, vous verrez souvent des plats avec de la viande grillée servie à côté — et pas à l'intérieur — de tortillas de maïs, d'herbes, de légumes et de tonnes de citron vert pour garnir vous-même vos tacos, chose que j'adore. La salsa piquante et fumée aux cacahuètes (alias *salsa macha*) n'a rien d'authentique — c'est juste une recette bricolée à partir de ce que je me rappelais avoir goûté dans un endroit que j'aime beaucoup. Si vous le pouvez, allez goûter la vraie à Oaxaca. J'espère que celle-ci vous donnera envie de sauter le pas !

1 Pour la salsa : mettez l'huile, les piments et l'ail dans une petite casserole et faites chauffer à feu moyen. Laissez cuire de 4 à 6 min, en secouant la casserole de temps à autre, jusqu'à ce que les piments soient grillés et brun doré. Retirez la sauce du feu. Ajoutez les cacahuètes et secouez la casserole. Transférez le mélange dans un blender ou un robot et mixez par brèves pressions successives jusqu'à l'obtention d'une purée grossière. Mettez-la dans un bol avec le vinaigre, et ajoutez de l'huile jusqu'à l'obtention d'une sauce. Salez.

2 Pour le steak : salez et poivrez le bœuf ; réservez. Mettez l'oignon dans un bol d'eau glacée et laissez-le tremper quelques minutes pour en adoucir le goût.

3 Dans une grande poêle, de préférence en fonte, faites chauffer l'huile sur feu moyen à vif. Déposez-y les steaks et faites-les cuire de 4 à 6 min sur chaque face, jusqu'à ce qu'ils soient brun doré profond des deux côtés. Transférez-les sur une planche à découper et laissez-les reposer de 5 à 10 min.

4 Pour le dressage : mélangez le cresson avec le jus de citron vert ; salez et poivrez. Taillez le bœuf en tranches et mettez-les dans un plat. Déposez à côté l'oignon égoutté, la salsa, le cresson, les quartiers de citron vert, la coriandre et les tortillas.

À L'AVANCE Vous pouvez faire la salsa jusqu'à 2 semaines à l'avance et la conserver au frais, recouverte de film alimentaire.

saucisse party

Une « saucisse party » est, vous l'aurez deviné, une fête amusante où l'on sert toutes sortes de saucisses, accompagnées d'une myriade de délicieux condiments. Rien ne vous oblige à faire un barbecue dehors (j'ai fait des soirées saucisses très réussies en plein hiver, à l'intérieur), même si le principe est bien sûr tout à fait adapté aux soirées d'été, quand il fait trop chaud pour cuisiner à l'intérieur.

Il n'y a pas de règles pour une saucisse party, juste quelques lignes directrices. Tout d'abord, il peut et il doit y avoir une grande variété d'aliments apparentés à des saucisses : knacks, chorizo, saucisses locales bio et sans nitrites, saucisses de Francfort et saucisses à hot dog trop salées des matchs de base-ball. Pour compléter, tenez-vous-en à des choses qui ne nécessitent pas d'ustensiles, comme du maïs ou des poivrons, qui peuvent griller à côté. Il va sans dire que les burgers ne sont pas et ne seront jamais bienvenus dans une saucisse party.

Pour ce qui est des petits pains, ils doivent être assez solides pour être grillés, puis garnis sans tomber en morceaux. Quant aux condiments, il vous en faudra plus que ce que vous ne pensez. Chacun a ses préférences en termes de garniture et aucune sensibilité ne doit être ignorée. Ainsi, si je participais à une saucisse party et qu'il n'y avait pas de moutarde jaune, je me verrais contrainte d'aller en acheter pour savourer mes saucisses comme j'aime.

De même, jamais au grand jamais je ne mettrais de ketchup sur une saucisse ou un hot dog, mais je sais que c'est non négociable pour beaucoup, alors j'en propose toujours. Même si vous n'appréciez pas la moutarde forte à l'ancienne, vous devriez malgré tout en prévoir un pot. En règle générale, il vaut mieux acheter les condiments, pas seulement parce que le ketchup maison est un mensonge qui ne leurre personne, mais aussi parce que ce type de soirées a pour but de vous faciliter la vie, pas de préfigurer l'inauguration d'une épicerie fine « fait maison ».

Si toutefois vous êtes d'humeur DIY, voici un petit secret : de nombreux dips peuvent aussi servir de condiments. Je vous recommande tout particulièrement le Labné à l'huile au piment et aux ciboules grillées (p. 22) — une variante de la sauce ranch —, ou peut-être un aïoli citronné (p. 37), la version made in Brooklyn de la mayonnaise. Ce genre de soirées est aussi l'occasion rêvée de tester de nouvelles choses : le kimchi du marché fermier, la sauce pimentée que le meilleur ami de votre cousin prépare dans sa cave, cette stupéfiante harissa que vous voulez goûter depuis des lustres. Multipliez les pickles (en plus des indispensables pickles de poivrons piquants), proposez de l'oignon cru haché et peut-être votre premier essai de choucroute maison : tout convient ici. Veillez simplement à ce qu'il y ait plein d'éléments piquants et/ou acides pour en garnir vos saucisses, ou pour grignoter entre deux hot dogs.

Outre les petits pains et les chips (il vous faut les deux), prévoyez des salades, comme du chou rouge relevé (p. 99), de la grenaille semi-écrasée au céleri (p. 135) ou une simple salade de céréales (p. 164). Et n'oubliez pas que ce ne sont que des suggestions. Chaque saucisse party est une aventure individuelle !

Boulettes de porc épicées en bouillon tomaté au fenouil grillé

pour 4 à 6 personnes

6 gousses d'ail, épluchées, 2 râpées, les autres finement hachées
1 poignée de persil — tiges et feuilles tendres — finement haché + un peu pour décorer
1 poignée de ciboulette finement hachée
125 g de yaourt à la grecque au lait entier
2 cuil. à café de graines de fenouil + un peu pour décorer
2 cuil. à café de paprika fort fumé
1 ½ cuil. à café de sel
1 cuil. à café de flocons de piment + un peu pour servir
750 g de viande hachée de porc, d'agneau, de bœuf et/ou de dinde (n'hésitez pas à faire des mélanges)
2 cuil. à soupe d'huile d'olive + un peu pour arroser
1 grosse échalote, épluchée et taillée en fines rondelles
750 g de tomates cerise rouges ou jaunes, coupées en deux
6 cl de vinaigre blanc distillé ou de vinaigre de vin blanc
1 grosse poignée de feuilles de menthe
1 morceau de pecorino ou de parmesan, pour le râper
pain frais ou grillé, pour accompagner
sel et poivre du moulin

Par le passé, il a pu m'arriver de me montrer médisante envers les boulettes de viande. (Je ne suis pas fan de viande hachée et, il y a longtemps, je me suis fait plaquer le lendemain d'un dîner à base de boulettes, et, oui, ce sont elles que je blâme !) Mais de l'eau a coulé sous les ponts. Il faut dire que les boulettes se prêtent admirablement aux grandes tablées et, ici, nous avons du porc aillé et croquant dans une sauce tomate à l'ail. Que demander de plus ?

Bien que les deux se valent, il s'agit moins de boulettes italiennes en sauce tomate que de boulettes en bouillon à la tomate comme à Capri (ont-ils même des boulettes de viande à Capri ? Je n'en suis pas sûre). Celles-ci mijotent dans une sauce tomate légère et assez liquide agrémentée d'épices grillées et de beaucoup d'ail, et sont rehaussées d'herbes fraîches, de fromage et d'un océan d'huile d'olive. Dépourvues de liant tel que yaourt, chapelure ou œuf, ces boulettes sont légères, moelleuses et, par quelque heureux hasard, sans gluten, ce qui est une très bonne chose — du moins quand on suit un régime sans gluten.

Mais, selon moi, ce qui différencie ces boulettes des autres, c'est qu'elles sont à base de tomates fraîches et non en boîte, ce qui les associe plus aux longues soirées d'été qu'aux froides nuits d'hiver. Si vous trouvez des tomates cerise bien mûres pour ce plat, elles vont illuminer votre existence et faire de ce plat un délice dans lequel vous ne pourrez vous empêcher de tremper du pain pour saucer le mélange succulent.

1 Dans un saladier de taille moyenne, mettez l'ail râpé, le persil, la ciboulette, le yaourt, les graines de fenouil, le paprika, le sel et les flocons de piment. Mélangez soigneusement.

2 Ajoutez la viande et poivrez. Mélangez le tout avec les mains. Prélevez de petites portions du mélange et façonnez des boulettes de la taille d'une prune (je préfère les boulettes plutôt petites). Posez-les sur une plaque ou un grand plat.

(la suite page suivante)

NOTE *Je vous conseille vivement de prévoir quelque chose pour saucer le bouillon tomaté de ces boulettes : de la baguette ou du pain à l'ail amélioré (p. 73), par exemple. De même, n'hésitez pas à les servir avec des légumes amers (comme de la Chicorée à la moutarde et chapelure au guanciale, p. 82). Vous pouvez d'ailleurs les présenter dans la même assiette, les feuilles s'attendriront légèrement au contact du bouillon.*

3 Faites chauffer l'huile d'olive dans une grande casserole à fond épais (ou une cocotte en fonte) sur feu moyen à vif. Déposez-y quelques boulettes de viande, en veillant à ne pas surcharger la casserole. Laissez cuire de 8 à 10 min, en utilisant une pince ou une spatule pour les retourner de temps en temps, de sorte qu'elles prennent une couleur brun doré de toutes parts ; elles ne conserveront peut-être pas leur forme ronde, mais ce n'est absolument pas un problème. Une fois les boulettes saisies, transférez-les dans un grand plat. Renouvelez l'opération avec les boulettes restantes. Laissez les matières grasses et les sucs au fond de la casserole.

4 Ajoutez l'échalote et l'ail, salez et poivrez. Laissez cuire de 2 à 3 min, en remuant de temps à autre, jusqu'à ce que l'échalote soit tendre et que l'ail commence à brunir.

5 Ajoutez les tomates, salez et poivrez. Laissez cuire de 5 à 8 min, en remuant de temps à autre, jusqu'à ce qu'elles éclatent, forment une sauce et caramélisent au fond de la casserole. Ajoutez le vinaigre et 75 cl d'eau, puis grattez les sucs au fond de la casserole à l'aide d'une cuillère en bois. Portez à forts frémissements et laissez réduire la sauce d'un quart, de sorte qu'elle épaississe très légèrement ; elle doit rester assez liquide, un peu comme un bouillon. Cela devrait prendre 5 à 7 min.

6 Remettez les boulettes dans la casserole et passez sur feu doux à moyen. Laissez mijoter le tout de 10 à 15 min, jusqu'à ce que les boulettes de viande soient bien cuites et que les saveurs soient bien mêlées.

7 Retirez la casserole du feu. Pour servir, parsemez les boulettes de viande (soit dans des assiettes, soit directement dans la casserole) de menthe, d'un peu plus de flocons de piment et de graines de fenouil, si vous le souhaitez. Arrosez-les d'huile d'olive. Placez le fromage, avec une râpe, sur la table, de même que du pain pour saucer le bouillon.

À L'AVANCE La base pour les boulettes peut être réalisée la veille (soit dans le saladier, soit déjà façonnée en boulettes). Conservez-la/les au réfrigérateur, dans un récipient hermétique. Vous pouvez aussi les surgeler et les laisser au congélateur pendant 1 mois au maximum. Vous pouvez faire cuire le plat complet 2 jours à l'avance et le garder au frais.

Poulet en cuisson lente à l'origan et tomates au beurre

pour 4 à 6 personnes

1 poulet de 1,5 à 1,8 kg
6 cl d'huile d'olive
1 ½ cuil. à soupe de graines de fenouil, écrasées à l'aide d'un moulin à épices ou au pilon dans un mortier, ou hachées au couteau
1 bouquet d'origan
750 g de petites tomates grappe, coupées en deux dans la longueur
2 têtes d'ail, coupées en deux dans l'épaisseur (il n'est pas nécessaire de les peler)
2 cuil. à soupe de beurre doux
2 cuil. à soupe de vinaigre de vin rouge ou de vinaigre de vin blanc
4 ou 6 tranches très épaisses de pain de campagne ou de pain au levain, grillé (facultatif)
sel et poivre du moulin

NOTE *Je vais dire quelque chose qui ne va pas vous plaire. La peau de poulet croustillante est un mythe et un mensonge. Même si elle est vaguement croustillante à la sortie du four, elle va se ramollir et s'affaisser à la seconde où vous planterez le couteau dedans. Vous aurez au mieux quelques bouts croustillants, mais songer que vous pourrez obtenir une peau entièrement croustillante ne provoquera que frustration et déception.*

Il existe mille manières de faire cuire un poulet au four et tout le monde vous dira que la sienne est la meilleure. Voici ma vérité : si vous nappez un bon poulet de matières grasses, que vous le salez bien, et que vous le faites rôtir jusqu'à ce qu'il soit bien cuit et que sa peau soit dorée, il sera toujours excellent. Selon moi, cependant, rien ne vaut une cuisson lente : une peau parfaitement dorée, une chair tendre à souhait et plein de jus délicieusement salé en guise de sauce.

Plus que toute autre recette de ce livre, ce poulet incarne parfaitement l'esprit « sans prétention ». De l'assemblage ultra-simple des ingrédients à la préparation minimaliste, il implique une décontraction qui pourrait passer pour de la paresse (mais qui n'en est pas). Quant à son goût, il arrache des gémissements de plaisir aux invités. Vous pouvez bien sûr le customiser en ajoutant des anchois aux tomates. (Cette nouvelle intrusion des anchois pourrait me faire passer pour une monomaniaque, mais on va dire que ce n'est pas vrai !)

1 Préchauffez le four à 160 °C (th. 5-6).

2 Salez et poivrez le poulet. (Si vous pouvez le faire à l'avance, allez-y ; ce sera une sorte de saumure cool.) Arrosez-le avec l'huile d'olive et parsemez-le de graines de fenouil.

3 Garnissez la cavité de la moitié de l'origan, puis mettez le poulet dans un grand plat allant au four. Répartissez les tomates, l'ail, le beurre et le reste d'origan autour du poulet. Enfournez pour 2 h 30 à 3 h, jusqu'à ce qu'il soit brun doré et bien cuit, et que les tomates aient caramélisé. Ajoutez le vinaigre et laissez le poulet reposer dans le plat pendant 10 min.

4 Disposez les tranches de pain sur un plat de service et placez les tomates autour d'elles ou par-dessus. Découpez le poulet et mettez-le sur le pain afin qu'il en absorbe le jus.

À L'AVANCE Vous pouvez faire rôtir le poulet quelques heures à l'avance ; il est très bon à température ambiante.

GASPARD
Pinot Noir
Cantina Giardino
Vino Rosato
JAUMA
CERVEZA
Modelo
Especial
IMPORTED BEER
CERVECERIA MODELO MEXICO
1925
OODST
BREWI

j'aime le vin

Il n'y a pas plus grand plaisir qu'ouvrir une bouteille d'excellent jus de raisin ayant fermenté en un alcool exquis qui vous fait vous sentir bien et fait ressortir la version la plus drôle et la plus détendue de vous-même. Ce que je veux dire, c'est que j'aime le vin. Le vin blanc, le vin jaune, le vin rosé, le vin rouge. J'aime le vin bien frais et le vin chambré. J'aime le vin avec bulles et le vin sans bulles.

Alors, comment savoir quel vin choisir ? Mon premier conseil serait de demander leur avis à des gens qui s'y connaissent mieux que vous en vin. Cela peut être votre caviste, le serveur de votre restaurant préféré ou votre ami qui est toujours intarissable sur le vin pétillant naturel.

Dites-leur ce que vous cherchez, en donnant autant d'indices que possible. Par exemple, il m'est déjà arrivé de demander « quelque chose qui a le goût du kombucha » ou « un rouge léger meilleur frais que chambré ». Une autre chose utile est de prendre en photo les bouteilles que vous appréciez et de les montrer à la personne à qui vous achetez du vin. Si elle n'a pas exactement le même, elle saura vous aiguiller dans la bonne direction, à partir de ce qu'ele sait sur le cépage, sur l'origine du vin et sur la façon dont il a été réalisé.

Surtout, ne craignez pas d'avoir l'air inculte — nous sommes pour la plupart ignares en la matière ! Je préfère être honnête et poser 200 questions (au risque de paraître écervelée) plutôt que de me retrouver avec un vin que je n'aime pas.

Pour ce qui est des accords, je n'y crois pas tellement — pas au restaurant et encore moins chez moi. Je pense que le vin adapté à ce que vous mangez est le vin que vous aimez boire, point final. Le vin blanc peut très bien accompagner une viande rouge, et si vous voulez un gamay avec votre poisson, faites vous plaisir !

POUR LA CONSERVATION

Vous devez garder votre vin à la bonne température, qui, pour moi, est habituellement TERRIBLEMENT FROIDE, en particulier pour les vins blancs ou rosés et les vins pétillants. Je bois frais la plupart des rouges aussi, même si c'est rarement conseillé. Mon réfrigérateur est absurdement petit, alors quand j'ai des invités, je finis souvent par placer mon vin (et autres boissons) dans l'évier (ou dans la baignoire) rempli de glaçons. Cela libère le réfrigérateur pour qu'il puisse accueillir autre chose, sans avoir à en retirer vos condiments préférés. Et le fait de garder ses bouteilles dans l'évier ou dans la baignoire a quelque chose de vaguement décadent que j'adore.

One-pot de poulet aux dattes et au citron caramélisé

pour 4 à 6 personnes

1 poulet de 1,8 kg ou 1,25 kg de cuisses de poulet non désossées, avec la peau
4 cuil. à soupe d'huile d'olive
1 citron, coupé en grosses rondelles, épépiné
2 échalotes, épluchées et coupées en deux dans la longueur
4 à 6 dattes medjool, dénoyautées
4 brins de thym ou d'origan + un peu pour servir
2 cuil. à café de piment d'Urfa en poudre ou 1 cuil. à café de flocons de piment
fleur de sel
sel et poivre du moulin

À DÉGUSTER AVEC
La salade parfaite (p. 86)
\+
Pois chiches grésillés à l'oignon, à la feta et à l'origan (p. 168)

Ce one-pot de poulet cuit au four est un pur délice. Il est à la fois sucré, acide et légèrement épicé, ce qui lui donne un goût incomparable. Il possède une saveur franche, surprenante pour un nombre d'ingrédients si réduit, mais c'est en cela qu'il est remarquable. Il a aussi l'avantage d'être assez adaptable : vous pouvez le réaliser avec un poulet entier ou bien juste avec des cuisses pour une version plus décontractée de semaine. Mais ce qui change tout ici, c'est le mode de cuisson : le poulet est d'abord saisi, filets vers le haut, de façon que les cuisses brunissent et rendent leur graisse. Les rondelles de citron et les échalotes sont ensuite frites dans cette matière grasse, avant qu'on ajoute de l'eau pour former une sauce et cuire le poulet assez vite, mais délicatement. Il faut ensuite ôter le couvercle pour que la surface puisse se colorer. Et voilà comment on obtient un poulet à la chair quasi confite tout en arborant une superbe couleur brun doré. Une révélation !

1 Préchauffez le four à 210 °C (th. 7).

2 Salez et poivrez le poulet de toutes parts. Versez 2 cuil. à soupe d'huile dans une grande cocotte en fonte et faites-la chauffer sur feu moyen à vif. Placez le poulet dans la cocotte, filets vers le haut. À l'aide d'une pince, pressez délicatement de sorte que la peau soit uniformément en contact avec le fond de la cocotte. C'est l'occasion de laisser les cuisses se colorer et de leur faire rendre leur excès de graisse ! Cette possibilité est rarement offerte dans les recettes à base de poulet entier, alors profitez-en. (Si vous utilisez les cuisses seules, saisissez-les peau vers le bas.)

3 Laissez cuire de 5 à 8 min sans toucher à rien, jusqu'à ce que le poulet ait pris une jolie couleur brune. Je suis sérieuse, ne piquez pas la chair ni la peau ! Il ne se passera rien d'intéressant avant 5 min, je vous le promets !

4 Ajoutez les rondelles de citron et les échalotes, en déplaçant le poulet brièvement afin de placer les rondelles de citron en contact avec le fond de la cocotte. Faites-les revenir dans la graisse de poulet pendant environ 2 min, jusqu'à ce qu'elles soient légèrement caramélisées.

5 Ajoutez les dattes, les herbes et 25 cl d'eau. Saupoudrez le dessus du poulet de piment, puis placez le couvercle sur la cocotte. Enfournez ensuite pour 20 à 25 min, jusqu'à ce que les dattes aient gonflé et que le poulet soit presque quasiment cuit, mais pas encore totalement (le poulet aura l'air cuit presque partout, malgré une apparence anémiée du fait d'avoir être couvert).

6 Ôtez le couvercle et arrosez le poulet avec les 2 cuil. à soupe d'huile d'olive restantes. Poursuivez la cuisson jusqu'à ce que le liquide ait réduit de moitié, et que la surface du poulet soit brun doré et luisante à souhait. Cela devrait prendre de 20 à 30 min, selon que vous utilisez un poulet entier ou juste les cuisses.

7 Laissez le poulet reposer dans la cocotte pendant 10 min, puis mettez-le sur une planche à découper et détaillez-le en morceaux. Servez-les accompagnés des échalotes, des rondelles de citron et des dattes, et parsemés d'un peu de thym et de fleur de sel.

À L'AVANCE Vous pouvez faire cuire le poulet plusieurs heures à l'avance, puis le conserver dans la cocotte à température ambiante. Si vous voulez le réchauffer avant de servir, remettez-le dans le four, sans couvercle, pour 10 à 15 min.

Poulet gluant au piment, et ananas aigre et piquant

pour 6 à 8 personnes

1,8 kg de morceaux de poulet avec la peau, non désossés (cuisses, contre-cuisses, filets et/ou ailes : tout fonctionne)
100 g de sucre roux en poudre
12,5 cl de vinaigre de riz
125 g de sambal ou autre pâte de piment
6 cl de sauce de poisson
6 cl de jus de citron vert
2 cuil. à café de flocons de piment
2 gousses d'ail, épluchées et finement râpées
½ ananas, pelé et débarrassé de la partie dure au centre, découpé en rondelles ou quartiers de 4 cm
½ échalote ou 4 ciboules, épluchée(s) et taillée(s) en fines rondelles
1 grosse poignée de coriandre, tiges et feuilles tendres, grossièrement hachée
2 cuil. à soupe de graines de sésame grillé
sel et poivre du moulin

À DÉGUSTER AVEC
Salade de céleri à la coriandre et au sésame (p. 100)
+
Du riz nature

Je n'aime pas trop les mélanges sucrés-salés, mais ce plat fait exception. Les morceaux collants et caramélisés d'ananas cuits dans la graisse de volaille épicée sont un régal. La cuisson au four marche formidablement, mais je ne vous cache pas que l'usage du barbecue serait tout aussi spectaculaire, soit avec un poulet entier coupé en morceaux (comme ici), soit uniquement avec des ailes ou des brochettes réalisées avec des cubes de filet de 4 cm de côté enfilés sur des piques.

1 Salez et poivrez le poulet, et placez-le dans un grand sachet muni d'un Zip ou un grand plat allant au four.

2 Mélangez le sucre, le vinaigre, le sambal, la sauce de poisson, le jus de citron vert, les flocons de piment et l'ail dans un saladier de taille moyenne, en remuant pour dissoudre le sucre. Versez le mélange sur le poulet et massez avec les doigts pour l'enrober uniformément. Fermez le sachet ou recouvrez le plat de film alimentaire et laissez le poulet mariner au réfrigérateur pendant au moins 30 min.

3 Préchauffez le four à 210 °C (th. 7). Mettez le poulet et l'ananas dans un plat profond allant au four (pour faciliter le nettoyage, tapissez-le de papier d'aluminium ou de papier sulfurisé). Arrosez-les du reste de marinade et enfournez.

4 Laissez cuire de 50 à 60 min, jusqu'à ce que le poulet soit brun sombre, caramélisé et bien cuit ; si vous avez un pinceau à pâtisserie, badigeonnez régulièrement le poulet et l'ananas avec le jus de cuisson. En fin de cuisson, l'ananas sera doré et juteux, et aura formé une délicieuse sauce gluante.

5 Sortez le plat du four, puis taillez l'ananas en tranches plus fines pour faciliter le service, si vous le souhaitez. Servez-les avec le poulet. Parsemez d'échalote, de coriandre et de graines de sésame avant de servir.

À L'AVANCE Vous pouvez faire mariner le poulet 24 h à l'avance.

Poulet au lait de coco, pois chiches et citron vert

pour 4 à 6 personnes

1 poulet de 1,8 kg découpé en morceaux
2 cuil. à soupe d'huile de colza
4 gousses d'ail, épluchées et émincées
1 gros oignon jaune ou rouge, épluché et taillé en fines rondelles
2 cuil. à soupe de gochujang (pâte de piment coréenne) ou de concentré de tomates
2 cuil. à soupe de gingembre frais râpé
2 cuil. à soupe de curcuma frais, finement râpé, ou 1 cuil. à café de curcuma en poudre
1 cuil. à soupe de graines de cumin ou de fenouil
1 ½ cuil. à café de flocons de piment
2 boîtes de 40 cl de lait de coco
75 cl de bouillon de volaille pauvre en sel
2 boîtes de 425 g de pois chiches, égouttés et rincés
2 cuil. à café de sauce de poisson (facultatif)
1 grosse poignée de feuilles et tiges tendres de coriandre,
125 g de cacahuètes grillées à sec, grossièrement hachées (facultatif)
2 citrons verts, coupés en quartiers
sel et poivre du moulin

Ce plat semble en proie à une crise d'identité (est-il inspiré du khao soi ? Apparenté au tikka masala ? Oh, attendez ! Pourquoi y a-t-il de la pâte de piment coréenne dedans ?), mais je vous promets qu'il vit sa meilleure vie sous cette forme hybride. Avant que vous ne posiez la question, oui, on peut le faire à la Cocotte-Minute, mais même si c'est votre méthode préférée, je vous supplie de tester la recette ainsi au moins une fois. L'odeur qui s'en dégage en mijotant devrait vous arracher des soupirs de contentement.

1 Salez et poivrez le poulet. Faites chauffer l'huile à feu moyen dans une marmite à fond épais. Saisissez le poulet, peau vers le bas, de 8 à 10 min, jusqu'à ce qu'il libère sa graisse et que la peau soit dorée uniformément. Retournez le poulet et faites-le dorer de 8 à 10 min sur l'autre face.

2 Transférez le poulet dans un grand plat. Mettez l'ail et presque tout l'oignon dans la marmite ; salez et poivrez. Laissez cuire pendant environ 5 min, en remuant de temps à autre, jusqu'à ce qu'ils soient tendres. Ajoutez le gochujang, le gingembre, le curcuma, les graines de cumin et les flocons de piment, puis laissez cuire pendant environ 2 min, jusqu'à ce que le mélange ait caramélisé au fond de la marmite. Ajustez le feu pour éviter qu'il n'accroche au fond de la marmite. Versez le lait de coco et le bouillon et portez à frémissements. Remettez le poulet dans la marmite et ajoutez les pois chiches. Salez et poivrez. Couvrez, puis laissez cuire à feu doux pendant au moins 45 min.

3 Au bout de ce temps, ôtez le couvercle et laissez mijoter de 20 à 25 min, jusqu'à ce que la chair du poulet se détache des os et que le liquide ait épaissi. Ajoutez la sauce de poisson, si vous l'utilisez.

4 Servez le poulet avec l'oignon restant, la coriandre, les cacahuètes (le cas échéant) et les citrons verts.

À L'AVANCE Vous pouvez réaliser ce plat 2 jours à l'avance et le conserver au frais, à couvert. Réchauffez-le avant de servir.

Tourte au poulet, et champignons à la poêle aux légumes verts et à l'estragon

pour 4 à 6 personnes

1 kg de cuisses de poulet avec la peau, non désossées, ou de filets
1 cuil. à soupe d'huile de colza
4 gousses d'ail, épluchées et émincées
2 poireaux, la partie verte et la partie blanche, taillés en fines rondelles, ou 2 oignons jaunes, épluchés et taillés en fins anneaux
450 g de champignons — morilles, matsutake, champignons de Paris, ou un mélange —, coupés en petits morceaux
60 g de beurre doux
3 cuil. à soupe de farine + un peu pour saupoudrer
75 cl de bouillon de volaille pauvre en sel + 25 cl si vous n'utilisez pas la crème fleurette
25 cl de crème fleurette (facultatif)
200 g de légumes verts frais — du chou kale, par exemple —, taillés en morceaux
3 cuil. à soupe d'estragon haché
3 cuil. à soupe de ciboulette ou de persil — tiges et feuilles tendres — haché(e)
1 disque de La seule et unique pâte à tarte (p. 311), ou 1 rouleau de pâte feuilletée surgelée, décongelée
1 gros œuf, légèrement battu
sel et poivre du moulin

J'ai grandi à Los Angeles et, parfois, il faisait si chaud l'été que je passais des heures à lire le magazine *Seventeen* et à regarder *The Adventures of Pete et Pete* en boucle. Ce que je mangeais en même temps ? De la pastèque bien fraîche. Non, je plaisante, je me goinfrais de tourte au poulet passée au micro-ondes, en rendant grâce à la créatrice de la marque qui les commercialisait, Marie Callender. Pas vraiment un rafraîchissement estival, mais il faut dire qu'à Los Angeles, dans les années 1990, l'air conditionné tournait à plein régime dès que la température dépassait les 23 °C.

Quoi qu'il en soit, je vis à New York maintenant, dans un appartement dépourvu de climatisation et il me serait impossible de convaincre qui que ce soit de venir manger de la tourte au poulet au cœur de l'été, mais c'est un plat approprié pour les soirs d'hiver. La tourte au poulet est-elle cool ? Absolument pas. Est-elle délicieuse, adaptée pour une grande tablée et largement sous-estimée ? Assurément. Réservez-la à votre cercle d'amis proches et proposez-la à même le plat. Servez-la avec une salade de cresson aux accents poivrés (p. 87) ou une salade verte.

1 Salez et poivrez le poulet.

2 Versez l'huile dans une grande poêle allant au four et faites-la chauffer à feu moyen. Ajoutez le poulet, peau vers le bas, et faites-le cuire de 10 à 12 min, jusqu'à ce que la peau soit brun doré et croustillante et qu'il ait rendu presque toute sa graisse. À l'aide d'une pince, retournez le poulet et poursuivez la cuisson de 8 à 10 min, jusqu'à ce qu'il soit bien brun et quasiment cuit — le poulet continuera de cuire plus tard.

3 Transférez le poulet dans un grand plat, en laissant la graisse et les résidus dorés dans la poêle.

4 Ajoutez l'ail et les poireaux dans la poêle, salez et poivrez. Laissez cuire pendant environ 4 min, en remuant de temps à autre, jusqu'à ce que les poireaux soient vert vif et tendres.

5 Ajoutez les champignons, salez et poivrez. Laissez cuire de 8 à 10 min, en remuant de temps à autre, jusqu'à ce que les champignons et les poireaux commencent à brunir.

6 Ajoutez le beurre et laissez-le fondre, puis ajoutez la farine et remuez pour enrober les légumes. Laissez cuire de 2 à 3 min, sans laisser brunir la farine. Ajoutez le bouillon et grattez le fond de la poêle avec une cuillère en bois pour décoller les sucs. Portez à frémissements, salez et poivrez. Si vous utilisez la crème, ajoutez-la ; sinon, ajoutez les 25 cl de bouillon supplémentaire. Salez et poivrez.

7 Détachez la chair du poulet des os, en jetant les cartilages et la peau. Ajoutez le poulet, les légumes verts, l'estragon et la ciboulette dans la poêle, puis remuez bien.

8 Préchauffez le four à 210 °C (th. 7).

9 Déroulez la pâte feuilletée sur le plan de travail fariné de façon à obtenir un disque ou un ovale adapté à la taille de votre poêle : il doit être légèrement plus large qu'elle. Placez la pâte par-dessus la garniture, en laissant les bords dépasser.

10 Utilisez un pinceau à pâtisserie pour badigeonner la pâte d'œuf battu. À l'aide d'un couteau pointu, faites quelques incisions au centre de la pâte pour laisser la vapeur s'échapper (cela permet que la garniture épaississe bien et que la pâte croustille sans se détremper). Enfournez pour 45 à 55 min, jusqu'à ce que la pâte soit brun doré profond (elle doit avoir la couleur d'un bon croissant) et que la garniture bouillonne. Laissez refroidir légèrement la tourte avant de servir.

À L'AVANCE Vous pouvez réaliser la garniture jusqu'à 2 jours à l'avance ; transférez-la dans la poêle allant au four, placez la pâte par-dessus et poursuivez la recette. Vous pouvez aussi remplir la poêle, placer la pâte par-dessus (sans la badigeonner d'œuf) et la réserver au frais pendant 24 h, jusqu'au moment de la badigeonner et de l'enfourner. Vous pouvez aussi assembler la tourte tout entière, sans la cuire, et la conserver au congélateur jusqu'à 1 mois. (Cela peut faire un super cadeau.) Pour la cuire surgelée, augmentez le temps de cuisson au four de 20 min.

Gigot d'agneau mariné au yaourt, au fenouil épicé et au sumac

pour 8 à 12 personnes

1 gigot d'agneau de 2 à 2,5 kg, non désossé
40 g de graines de fenouil ou de cumin, finement broyées + un peu pour le dressage
500 g de yaourt à la grecque au lait entier + un peu pour le dressage
6 gousses d'ail, épluchées et pressées
3 cuil. à soupe de feuilles d'origan grossièrement hachées + un peu pour le dressage
1 cuil. à soupe de flocons de piment + un peu pour décorer
6 cl d'huile d'olive + un peu pour arroser
6 cl de jus de citron + 2 cuil. à soupe
2 gros bulbes de fenouil, taillés en fines rondelles
2 grosses poignées de persil, de coriandre et/ou de menthe — tiges et feuilles tendres
sumac en poudre (facultatif)
fleur de sel
sel et poivre du moulin

À DÉGUSTER AVEC
Haricots blancs marinés au vinaigre (p. 56)
+
Endives au citron confit, yaourt et menthe (p. 85)

Par rapport au gigot d'agneau, j'ai une bonne et une mauvaise nouvelle. La mauvaise, c'est qu'un gigot entier est très gros, assez coûteux et carrément intimidant. Mais la bonne nouvelle, c'est que grâce à sa taille massive et à son enveloppe protectrice de graisse, elle est rarement trop cuite et ne s'assèche pas, surtout si elle mijote longuement à feu doux.

Comme le rôtissage reste impressionnant (et que je vous aime beaucoup !), je propose aussi des instructions pour faire braiser l'agneau et je vous jure que le résultat est divin dans les deux cas. Le premier donne une viande rosée et facile à trancher ; le second offre une chair tendre qui s'effiloche. Quelle que soit la méthode, vous pouvez faire cuire le gigot des heures (ou jours) à l'avance, et le trancher ou l'effilocher au moment du repas. J'aime servir le gigot tranché à température ambiante ou même froid, mais pour la version braisée, il vaut mieux le réchauffer à four doux avant de l'effilocher pour délier la graisse.

1 À l'aide d'un couteau pointu, formez des incisions de 1 cm tous les 5 ou 6 cm — c'est une très grosse pièce de viande et on ne cherche pas à la maintenir intacte, mais il faut qu'elle soit cuite à cœur. Ces incisions permettront d'assaisonner la viande en profondeur et de la cuire plus uniformément. Cela paraît complexe, mais promis, c'est inratable.

2 Salez et poivrez l'agneau ; il vous faut au moins 1 cuil. à café de sel par livre de viande. Parsemez-la de graines de fenouil, en veillant à ce que l'assaisonnement pénètre dans les incisions.

3 Mélangez le yaourt, l'ail, l'origan, les flocons de piment, l'huile d'olive et les 6 cl de jus de citron dans un saladier. Salez et poivrez. Nappez l'agneau de ce mélange, comme si vous appliquiez un masque, en veillant à bien aller dans tous les creux et replis. Laissez la viande macérer, recouverte d'une feuille de film alimentaire lâche, à température ambiante, pendant au moins 1 h ou jusqu'à 2 h, ou enveloppez-la bien serré de film alimentaire et laissez-la mariner au réfrigérateur toute une nuit.

4 Préchauffez le four à 150 °C (th. 5).

5 Répartissez la moitié du fenouil au fond d'un grand plat allant au four, salez et poivrez. En prenant bien toute la marinade, placez l'agneau par-dessus, côté gras vers le haut. (Si vous faites braiser l'agneau, ajoutez 50 cl d'eau dans le plat et recouvrez-le d'une feuille de papier d'aluminium bien serrée.)

6 Enfournez pour 1 h à 1 h 30, sans toucher, déplacer ou piquer l'agneau, jusqu'à ce qu'il ait une température interne de 45 °C si vous enfoncez un thermomètre à viande sur 5 cm dans la partie la plus épaisse du gigot (en veillant à ne pas toucher l'os). (Pour un agneau braisé, laissez-le cuire de 3 h à 3 h 30, jusqu'à ce qu'il soit extrêmement tendre et sur le point de se déliter. Retirez le papier d'aluminium.)

7 Augmentez la température du four à 230 °C et poursuivez la cuisson de 20 à 25 min ou plus, jusqu'à ce que l'agneau atteigne 50 °C et qu'il soit brun doré profond de toutes parts, avec des parties de marinade noircies. (Pour un agneau braisé, cette étape sert à faire dorer et durcir légèrement la surface du gigot.)

8 Sortez l'agneau du four et laissez-le reposer quelques minutes.

9 Une fois l'agneau cuit à votre convenance, découpez de gros lobes de viande le long de l'os, puis taillez-les en tranches fines. Ou, pour une présentation plus théâtrale (quoique plus risquée pour votre nappe), taillez la viande en tranches directement sur l'os, comme si vous tailliez un jambon – c'est ma méthode préférée. (Pour un agneau braisé, effilochez simplement la viande en gros morceaux, à l'aide de 2 fourchettes.)

10 Mélangez les rondelles de fenouil restantes avec 2 cuil. à soupe de jus de citron ; salez, poivrez et ajoutez quelques flocons de piment. Ajoutez les herbes, puis remuez bien.

11 Placez l'agneau sur un grand plat de service et répartissez le mélange au fenouil tout autour. Parsemez de graines de fenouil et de sumac, si vous l'utilisez. Arrosez d'huile d'olive et parsemez de fleur de sel. Servez avec du yaourt supplémentaire.

À L'AVANCE Vous pouvez faire mariner l'agneau 24 h à l'avance et le laisser au frais, recouvert de film alimentaire. Vous pouvez le faire cuire quelques heures à l'avance, et le maintenir sous une feuille de papier d'aluminium lâche à température ambiante.

Épaule d'agneau grillée sur lit de tomates fraîches à l'ail

pour 6 à 8 personnes

1 épaule d'agneau de 1,25 kg, désossée
12 filets d'anchois, finement hachés
6 cl d'huile d'olive + un peu pour la cuisson
1 kg de tomates bien mûres, taillées en rondelles de 2 cm d'épaisseur
4 tiges d'ail vertes, taillées en fines rondelles, ou 2 gousses d'ail, épluchées et pressées
2 cuil. à soupe de jus de citron, de vinaigre de vin blanc ou de vinaigre de vin rouge
fleur de sel
aïoli citronné (p. 37), yaourt à la grecque au lait entier ou labné, pour accompagner (facultatif)
salsa verde, pour accompagner (facultatif)
pitas ou autres pains plats, pour accompagner (facultatif)
sel et poivre du moulin

NOTE *Une simple salade de haricots blancs à la chicorée (p. 175) serait parfaite pour ma rêverie italienne, tout comme les Artichauts rôtis au vin (p. 128). L'aïoli, la salsa verde et les pitas sont facultatifs, mais je vous conseille d'en servir au moins un, voire les trois. Faites griller le pain au barbecue pendant que la viande repose, pour qu'il absorbe le jus d'agneau résiduel.*

Quand je m'imagine âgée de 27 ans, vivant dans la campagne italienne et m'occupant d'un jardin luxuriant quoique de taille modeste, entourée de plusieurs chats, voilà ce que je me vois manger pour un déjeuner tellement tardif qu'il pourrait presque être un dîner, en sirotant un verre de vin blanc glacé.

Cela dit, je cuisine souvent et dévore mon propre poids d'une version ou d'une autre de ce plat, en fin d'été, quand le temps est assez doux pour faire un barbecue sans transpirer à grosses gouttes. Cette recette est d'une simplicité enfantine — zéro expérience requise en grillades ; j'indique aussi comment faire cuire l'agneau à la poêle.

1 À l'aide d'un couteau, détachez l'épaule d'agneau là où elle se sépare naturellement, en 3 ou 4 morceaux plus petits, pour que la viande cuise uniformément au barbecue.

2 Mélangez les anchois et l'huile d'olive. Salez et poivrez l'agneau, puis nappez-le du mélange aux anchois. Laissez-le macérer au frais, à découvert, pendant au moins 30 min.

3 Préchauffez votre barbecue électrique ou préparez les braises de façon à avoir un feu moyen à vif. (Vous pouvez aussi faire chauffer 2 cuil. à soupe d'huile d'olive dans une grande poêle en fonte sur feu moyen à vif.)

4 Faites griller la viande sur la partie la plus chaude du barbecue, jusqu'à ce qu'elle soit uniformément brun doré, en la retournant souvent pour éviter qu'elle ne brûle. Cela devrait prendre de 5 à 8 min, en fonction de l'épaisseur de chaque morceau. (Ou saisissez-la à la poêle, de 3 à 5 min sur chaque face jusqu'à ce qu'elle soit brun doré de toutes parts.) Transférez l'agneau sur une planche à découper et laissez-le reposer pendant 10 min.

5 Pendant ce temps, disposez les tomates dans un grand plat de service, salez et poivrez. Parsemez-les d'ail, arrosez-les de jus de citron et réservez.

6 Taillez la viande en tranches fines et placez-la aussitôt sur les tomates. Saupoudrez de fleur de sel. Servez avec de l'aïoli, de la salsa verde et/ou des pitas, si vous le souhaitez.

Épaule de porc frottée à la harissa, haricots blancs et bettes

pour 6 à 10 personnes

1 épaule de porc de 1,8 kg, désossée
125 g de harissa
6 cl de vinaigre blanc distillé
3 cuil. à soupe de concentré de tomates
3 cuil. à soupe de sucre roux en poudre
4 gousses d'ail, épluchées et pressées
2 boîtes de 425 g de petits haricots blancs, de type cannellini, égouttés et rincés
1 grosse botte de bettes, débarrassées des tiges, les feuilles taillées en petits morceaux
1 citron confit, épépiné et taillé en fines rondelles
1 grosse poignée de coriandre, tiges et feuilles tendres
1 citron, coupé en deux
sel et poivre du moulin

NOTE *L'épaule de porc est peu coûteuse, facile à trouver et toujours délicieuse. C'est ma recette fétiche quand « j'ai envie d'inviter des gens, mais je ne sais pas quoi faire », encore plus quand je ne sais pas combien ils seront ou ce qu'ils aiment manger, car (a) il y en a miraculeusement toujours assez, (b) c'est impossible à rater (c) tout le monde (ou presque) aime l'épaule de cochon.*

Il n'est nul besoin de saisir le porc ou autre avant de le napper de harissa aillée et de l'enfourner, ce qui est infaillible, même si l'idée de cuire de grosses pièces de viande vous tétanise. Vous pourriez vous arrêter après avoir fait braiser la viande, et servir le jus délicieusement relevé avec des pommes de terre au four ou de la semoule, mais j'adore y ajouter des haricots et remettre le tout à four bien plus chaud afin qu'ils absorbent le jus parfumé, qu'ils brunissent et durcissent un peu pendant que le porc fait de même. Et, oui, c'est une référence à la chanson « Pork and Beans », des Weezer !

1 Préchauffez le four à 160 °C (th. 5-6).

2 Salez et poivrez le porc, puis mettez-le dans une grande cocotte. Mélangez la harissa, le vinaigre, le concentré de tomates, le sucre et l'ail dans un saladier de taille moyenne. Nappez le porc uniformément de ce mélange, en allant bien dans tous les creux et replis. Ajoutez 37,5 cl d'eau dans la cocotte, couvrez, puis enfournez. Laissez cuire de 3 h à 3 h 30, jusqu'à ce que le porc soit sur le point de se déliter.

3 Retirez le couvercle. Ajoutez les haricots, salez et poivrez. Augmentez la température du four à 210 °C (th. 7), enfournez de nouveau la cocotte, sans couvercle. Laissez cuire de 40 à 45 min, jusqu'à ce que les haricots aient absorbé presque tout le liquide et que la surface du porc soit brun doré profond.

4 Transférez le porc sur une planche à découper. Ajoutez les bettes et le citron confit aux haricots, et remuez jusqu'à ce que les bettes se flétrissent. Découpez le porc en tranches de 1 cm d'épaisseur ; ce n'est pas un souci s'il s'effiloche. Transférez les haricots et les légumes dans un grand plat de service, et placez le porc par-dessus. Parsemez de coriandre et servez, accompagné du citron pour en presser le jus.

À L'AVANCE Vous pouvez réaliser ce plat, sans les bettes, 3 jours à l'avance, puis le garder au frais. Réchauffez-le avant d'ajouter les bettes.

dalla nonna

Porc braisé au kimchi, au sésame et au jaune d'œuf

pour 6 à 8 personnes

POUR LE RAGOÛT

1,25 kg de côtes levées de porc, séparées en segments de 2 côtes, ou 1 kg d'épaule de porc désossée, découpée en morceaux de 5 cm
2 cuil. à soupe d'huile végétale
4 gousses d'ail, épluchées et finement hachées
1 morceau de gingembre frais de 5 cm, pelé et finement haché
60 g de gochujang (pâte de piment coréenne)
2 bocaux de 450 g de kimchi, grossièrement haché
1 botte de ciboules, la partie verte et la partie blanche, coupées en tronçons de 2,5 cm
sel et poivre du moulin

Je parle de porc braisé, mais c'est en réalité un ragoût (un hommage au jjigae coréen), dans lequel la viande est braisée — mais n'est-ce pas le cas de la plupart des ragoûts ? Quoi qu'il en soit, c'est un *ragoût* épicé et riche en gingembre où l'on fait *braiser* de gros morceaux de porc, que l'on surmonte ensuite de légumes frais et croquants, et peut-être d'un peu de tofu moelleux et, éventuellement, d'un jaune d'œuf cru coulant. Vous pouvez très bien utiliser une épaule de porc à la place des côtes levées, mais j'aime bien le ratio de viande et de graisse de ces dernières (et les os, c'est marrant !).

Ce ragoût est un régal servi seul (excellent après une gueule de bois ou en cas de gros rhume), mais comme souvent dans la vie (et dans ce livre), j'aime les petits plus. Pourquoi ne pas présenter ce ragoût dans sa marmite et disposer tout un tas de petits bols mignons garnis de ceci et de cela, pour une soirée DIY de folie ?

1 Préparez le ragoût. Salez et poivrez le porc. Versez l'huile dans une marmite à fond épais et faites-la chauffer à feu moyen. Saisissez-y le porc, en plusieurs fois si nécessaire, jusqu'à ce qu'il soit brun doré de toutes parts. Le temps de cuisson varie selon que vous utilisez des côtes levées ou l'épaule, mais grosso modo, cela devrait prendre de 15 à 20 min.

2 Transférez la viande sur une planche à découper, en laissant le jus et la graisse dans la marmite (n'hésitez pas à gratter les sucs avec une cuillère en bois). Ajoutez l'ail et le gingembre, puis laissez cuire, de 2 à 3 min, en remuant de temps à autre, jusqu'à ce que l'ail commence à brunir. Ajoutez le gochujang et laissez cuire pendant environ 2 min, jusqu'à ce qu'il soit caramélisé et prenne une couleur rouge brique.

3 Ajoutez le kimchi, les ciboules et recouvrez de 2 l d'eau. Portez à frémissements, puis placez le porc dans le liquide, en veillant à ce qu'il soit entièrement immergé. Couvrez la marmite et passez sur feu doux à moyen. Laissez mijoter de 2 h à 2 h 30, jusqu'à ce que le porc se délite et soit très tendre.

POUR LE DRESSAGE (FACULTATIF)

2 radis red meat ou 4 radis roses, taillés en fines rondelles
1 pomme, taillée en fines rondelles
2 cuil. à soupe de vinaigre de riz
1 cuil. à soupe d'huile de sésame grillé
flocons de piment coréens ou flocons de piment classiques, selon votre goût
400 g de tofu soyeux
4 ciboules, la partie verte et la partie blanche, taillées en fines rondelles
3 cuil. à soupe de graines de sésame grillé
120 g de tiges de cresson
6 à 8 gros jaunes d'œufs

4 Pour le dressage, mélangez les radis et la pomme avec le vinaigre, l'huile de sésame et les flocons de piment dans un saladier de taille moyenne. Salez et poivrez. Placez le tofu dans un bol de taille moyenne (je le laisse entier, de sorte que les convives puissent en prendre autant qu'ils le souhaitent). Dans un autre, disposez les ciboules et, dans un dernier, les graines de sésame.

5 Proposez à vos hôtes de garnir leur propre bol. À titre d'exemple, dans mon bol idéal, je mets un morceau de tofu au fond et je dépose le ragoût et son bouillon de cuisson par-dessus. Ensuite, j'ajoute un peu du mélange aux radis et à la pomme, quelques tiges de cresson, des graines de sésame et des ciboules — et, dernier élément, mais non le moindre, un jaune d'œuf. Toutefois, je vous invite vraiment à préparer le bol dont vous avez envie, et il peut très bien contenir uniquement du ragoût.

À L'AVANCE Le ragoût au kimchi peut être réalisé jusqu'à 3 jours à l'avance. Conservez-le au réfrigérateur, dans un récipient hermétique. Faites-le réchauffer à feu moyen, en portant le bouillon à légers frémissements.

Poulet aux agrumes et aux herbes fraîches

pour 4 à 6 personnes

12,5 cl de jus de citron ou de jus de citron vert + 1 citron ou 1 citron vert, taillé en fines rondelles
12,5 cl de jus d'orange + 1 orange, taillée en fines rondelles, épépinée
12,5 cl de sauce soja
2 cuil. à soupe d'huile de colza
2 cuil. à soupe de yuzukosho ou de sambal, ou 1 piment jalapeño, finement haché
2 gousses d'ail, épluchées et pressées
1 poulet de 1,8 kg, coupé en deux dans la longueur à travers la colonne (voir Note, p. 216), ou coupé en morceaux
1 poignée de coriandre grossièrement hachée
1 poignée de persil — tiges et feuilles tendres — grossièrement haché
quelques brins de romarin, de thym, d'origan ou de marjolaine (facultatif)
sel et poivre du moulin

Un poulet rôti mariné dans un mélange de jus d'agrumes sucré et acide, de sauce soja salée et d'une généreuse quantité d'un élément piquant (tel que du yuzukosho, une pâte de piment fermentée japonaise) a quelque chose de simple et d'agréable, toujours bienvenu — un peu comme votre tee-shirt préféré, que vous portez encore et encore, ou votre gentil voisin qui réceptionne vos colis quand vous n'êtes pas là. Donc, voilà, c'est juste un très bon poulet et, honnêtement, on n'a parfois besoin de rien d'autre.

La marinade étant éminemment agréable et la technique très facile, c'est l'occasion rêvée de faire cuire quelques légumes en même temps que le poulet. Choisissez quelque chose qui cuit vite, comme des tranches de fenouil, une botte de ciboules, des piments frais ou des radis coupés en quartiers.

Si la recette de base correspond à une cuisson au four, j'ai également donné des instructions pour la version au barbecue, car cette marinade se mêle particulièrement bien aux saveurs profondes et fumées issues du gril. Dans ce cas, n'hésitez pas à déposer quelques agrumes coupés en deux sur la grille à côté du poulet. Ils seront parfaits pour arroser la chair au moment de servir.

1 Pour la marinade, mélangez les jus d'agrumes, la sauce soja, l'huile, le yuzukosho et l'ail dans un saladier de taille moyenne, salez et poivrez. Réservez-en la moitié, et versez le reste dans un grand saladier, un grand sachet muni d'un Zip ou un plat allant au four. Ajoutez le poulet et retournez-le plusieurs fois pour bien l'enrober du mélange. Laissez-le mariner pendant au moins 30 min, ou jusqu'à 24 h, au réfrigérateur.

2 Préchauffez le four à 230 °C (th. 7-8). Vous pouvez aussi préparer un feu moyen sur votre barbecue, avec des braises plus froides ou des flammes plus basses d'un côté. (Vous pouvez faire griller le poulet sur des flammes vives, mais la cuisson est difficile à gérer ; pour les débutants, mieux vaut s'en tenir à la partie plus froide.)

(la suite page suivante)

COUPER UN POULET EN DEUX

Il ne s'agit pas d'ouvrir le poulet en crapaudine, car on le coupe entièrement en deux dans la longueur pour créer des moitiés égales. Cela sert à éliminer la poche d'air dans la cavité de la volaille, ce qui permet qu'elle cuise plus vite. Il n'y a rien de tel pour effectuer cette tâche qu'un couperet de boucher, mais qui en possède un, franchement ? Utilisez simplement le couteau le plus lourd et le plus aiguisé que vous avez.

Placez le poulet sur une planche à découper, filets vers le bas. Prenez votre couteau et divisez le poulet en deux pile entre chaque filet, en pressant fermement avec le couteau jusqu'à ce que vous atteigniez la colonne, puis continuez jusqu'à toucher la planche à découper. Voilà ! Deux moitiés de poulet.

3 Sortez le poulet de la marinade et jetez celle-ci. Mettez la volaille dans un plat allant au four, côté peau vers le haut. Enfournez pour 35 à 45 min, jusqu'à ce que la peau soit brun doré et noircie par endroits, et que la chair soit bien cuite ; il n'est pas nécessaire de retourner le poulet. (Vous pouvez aussi placer le poulet, peau vers le bas, sur la grille du barbecue et couvrir ; veillez à ce que les clapets d'aération soient ouverts. Laissez la volaille griller de 10 à 12 min, en résistant à l'envie de la retourner ou de vérifier la cuisson trop souvent, jusqu'à ce qu'elle soit brun doré et que les marques de la grille soient imprimées sur la peau ; comme lorsqu'on saisit un poulet à la poêle, la peau se retire sans effort une fois qu'elle est cuite et dorée. Si vous bougez le poulet trop tôt, la peau risque de se déchirer et cela gâcherait assurément toute votre soirée ! Prenez votre plus grande pince et retournez délicatement le poulet, puis couvrez-le et poursuivez la cuisson sur l'autre face de 10 à 12 min. Retournez-le encore une fois peau vers le bas et ajoutez quelques demi-citrons, si vous le souhaitez. Laissez le poulet griller encore 5 à 8 min, pour faire durcir la peau et terminer la cuisson.)

4 Placez les rondelles d'agrumes sur un plateau ou une planche à découper et parsemez-les d'herbes. Disposez le poulet cuit par-dessus, puis versez la marinade restante. Laissez le poulet reposer de 10 à 20 min, de façon à laisser son jus se mêler aux agrumes et aux herbes. Découpez le poulet en morceaux avant de servir.

À L'AVANCE Vous pouvez faire cuire le poulet quelques heures à l'avance, et le conserver à température ambiante, recouvert d'une feuille de papier d'aluminium lâche. Servez-le à température ambiante, ou réchauffez-le brièvement au four préchauffé à 230 °C (ou au barbecue).

quand tout ne se passe pas comme prévu

J'espère que ce livre ne vous donne pas l'impression que chaque fois que j'ai des invités, tout se déroule selon mes plans. Non seulement cela arrive rarement, mais honnêtement, j'ai rarement un plan à la base… Je ne dis pas que c'est la meilleure chose à faire, mais c'est ainsi que je mène mon existence. Alors, si vous êtes de ceux qui planifient tout, vous avez toute mon admiration, car vous êtes très en avance sur moi.

Dans l'éventualité où tout ne se passerait pas comme il faut (il y a plus de monde que prévu et il n'y a pas assez à manger ! Quelqu'un a éteint le feu sous votre ragoût et il est encore loin d'être cuit !), il y a toujours un plan B, parmi lesquels : commander des pizzas, remplacer votre dîner assis par un buffet, accepter le chaos en riant de bon cœur et tâcher de passer un bon moment malgré tout. La cuisine, comme la vie, n'est pas une science exacte. (Enfin, d'un point de vue technique, la cuisine l'*est*, mais vous voyez ce que je veux dire.) Si vous souhaitez inviter des gens chez vous et cuisiner pour eux, vous devez savoir faire preuve d'un peu de flexibilité. J'essaie, péniblement, d'appliquer ce principe au quotidien (mes attentes *vs* la réalité), mais le fait d'accepter que les choses puissent se passer différemment de ce que j'escomptais en recevant des amis est essentiel pour pouvoir le but même de l'entreprise : recevoir des hôtes. Alors, si j'ai un conseil à vous donner pour gérer les aléas, ce serait d'être indulgent envers vous-même, de réduire vos attentes, et de vous souvenir que vous êtes avant tout censé passer de bons moments.

Rôti de côtes de bœuf en cuisson lente au romarin et aux anchois

pour 8 à 12 personnes

1 rôti de côtes de bœuf de 3 à 3,5 kg avec les côtes (rôti d'environ 3 côtes), non désossé
10 filets d'anchois + un peu pour le dressage (facultatif)
6 brins de romarin
8 gousses d'ail, épluchées et pressées
6 cl d'huile d'olive
1 cuil. à soupe d'huile de colza
fleur de sel
1 grosse poignée de persil – tiges et feuilles tendres – finement haché + un peu pour le dressage
sel et poivre du moulin

NOTE *Gardez les os ! Mangez-les tels quels, passez-les au four ou utilisez-les en bouillon.*

À DÉGUSTER AVEC
Cocktail de crevettes (p. 36)
+
Bar à martini DIY (p. 63)
+
Cœurs de laitue au citron, à l'ail et aux pistaches (p. 88)
+
Indépassables pommes de terre au four (p. 147)
+
Les meilleurs légumes verts à la crème (p. 162)

Voici une astuce pour une soirée réussie : invitez quelques amis à dîner. Ne stressez pas à propos de ce que vous allez faire, mais laissez-vous porter par vos émotions. Disons qu'elles vous mènent vers une très belle pièce de bœuf. Ne regardez pas à la dépense. Assaisonnez-la ardemment, aimez-la passionnément et faites-la cuire à la perfection à basse température. Faites tout ceci avant l'arrivée de vos hôtes. Placez éventuellement quelques pommes de terre au four en même temps, car elles ne coûtent rien et sont toujours succulentes (voir p. 146). Préparez une salade rapide, ou réunissez juste quelques feuilles de roquette et une poignée d'herbes, mais n'ajoutez pas encore le jus de citron. Accueillez chaque invité de même que les bouteilles qu'ils apportent. Servez-vous un verre. Vous le méritez !

Au moment du repas, sortez les pommes de terre du four et demandez à quelqu'un de trouver quelque chose pour les accommoder (comme une boîte de crème aigre). Terminez la cuisson de votre viande en la faisant dorer à la poêle (ou à four très chaud). Ne la laissez pas reposer, elle n'en a pas besoin (vive la « saisie inversée ! », voir p. 221). Découpez votre pièce de bœuf époustouflante (veillez à ce que tout le monde vous voie), puis assaisonnez votre salade. Dégustez tout en même temps en vous délectant de la joie d'avoir fait plaisir aux gens que vous aimez grâce à la préparation de ce bœuf divin, en échange d'une simple bouteille de vin. Et la vaisselle – ils doivent faire la vaisselle.

1 Salez et poivrez la viande ; comptez 1 cuil. à café de sel par livre. Placez-la dans un grand plat allant au four, idéalement muni d'une grille pour que la viande ne repose pas directement dans le liquide qui va s'en écouler sous l'action du sel. Laissez-la macérer pendant au moins 2 h à température ambiante, ou jusqu'à 48 h au réfrigérateur.

2 Pendant ce temps, hachez finement les anchois et 2 brins de romarin, et mélangez-les dans un saladier de taille moyenne avec l'ail et l'huile d'olive. Salez et poivrez.

(la suite page suivante)

3 Préchauffez le four à 120 °C (th. 4).

4 Répartissez les brins de romarin restants au fond d'un plat allant au four. Nappez la viande uniformément du mélange aux anchois, puis posez-la sur le romarin. Enfournez et laissez rôtir lentement de 2 h à 2 h 30, jusqu'à ce que le bœuf ait une température interne de 45 °C si vous enfoncez un thermomètre à viande dans la partie la plus épaisse. Sortez la viande du four ; sa température va continuer d'augmenter pendant qu'elle reposera — le but est d'atteindre 50 °C. Laissez-la reposer pendant 4 h à température ambiante.

5 Au moment de passer à table, faites chauffer l'huile de colza dans une grande poêle en fonte sur feu moyen à vif. Lorsqu'elle commence à fumer, déposez-y la viande, côté gras vers le bas. Laissez-la cuire de 5 à 8 min, en la pressant légèrement pour que le dessous soit uniformément en contact avec la poêle, jusqu'à ce qu'elle soit brun doré profond. Retournez le rôti côté gras vers le haut et retirez la poêle du feu. (Vous pouvez aussi augmenter la température du four à 260 °C (th. 8-9) ou à puissance maximale, et faire cuire le rôti de 10 à 15 min, jusqu'à ce que la graisse soit brune ; c'est plus facile, mais votre viande ne sera jamais aussi colorée et vous perdriez le jus au fond de la poêle.)

6 Transférez la viande sur une planche à découper, en laissant le jus dans la poêle.

7 Taillez le rôti en le séparant des os (voir Note, p. 218). Vous pouvez le découper comme vous le souhaitez ; j'aime les tranches fines, d'environ 5 mm d'épaisseur, mais certains les préfèrent encore plus fines (comme un rôti de bœuf) ou plus épaisses (comme une côte de bœuf). Placez les tranches dans un grand plat de service et arrosez-les du jus de cuisson resté dans la poêle. Parsemez de fleur de sel et de persil, et proposez des anchois supplémentaires à côté, si vous le souhaitez.

À L'AVANCE Le rôti peut et doit être assaisonné jusqu'à 48 h à l'avance. Il peut être cuit 3 h à l'avance, puis réservé à température ambiante sous une feuille lâche de papier d'aluminium, comme cela se fait au restaurant pour les côtes de bœuf.

la saisie inversée

Voici un petit discours d'encouragement si vous envisagez de vous lancer dans une recette quelque peu intimidante impliquant la cuisson d'une grosse pièce de viande (rôti de côtes de bœuf, p. 218 ; ou gigot d'agneau, p. 204) : ne stressez pas, car la saisie inversée est là pour vous aider ! Qu'est-ce que la saisie inversée ?, me demanderez-vous. Eh bien, au lieu de saisir une viande avant de la transférer dans le four pour poursuivre la cuisson, on la fait d'abord cuire au four à basse température et, une fois qu'elle a atteint la température interne parfaite (50 °C pour une viande saignante), on la saisit à la poêle (ou bien on la fait brunir à four extrêmement chaud), avant de la tailler en tranches et de la servir. Pas de repos de la viande, pas d'inquiétude, pas de croûte externe de chair bien cuite. J'étais sceptique vis-à-vis de cette technique de cuisson — me demandant si c'était vraiment mieux ou juste nouveau — jusqu'à ce que je l'essaie et que je me rende compte qu'il s'agit, en effet, de la façon la plus simple et la plus infaillible de faire cuire une grosse pièce de viande. Voici pourquoi...

1 Voyez le passage au four comme un temps d'assaisonnement supplémentaire. Que vous frottiez la viande avec du sel et du poivre, ou avec le mélange aux anchois et à l'ail (p. 218), cela leur laisse la possibilité de pénétrer plus encore la chair.

2 Au cours de la cuisson à basse température, la viande rend de la graisse, ce qui facilite et accélère grandement la coloration de la surface en fin de cuisson. La cuisson étant longue et à faible température, il n'est pas nécessaire de laisser reposer la viande, car elle « repose » quasiment tout le temps, en fin de compte.

3 Mon argument le plus convaincant, étant donné la taille de la pièce et la cuisson à température extrêmement basse, est peut-être qu'il est quasiment impossible de trop cuire la viande. Le risque est en fait plus grand qu'elle manque de cuisson, ce qui est une bonne chose, car il est toujours possible de la remettre au four si elle est trop saignante à votre goût.

Plats de côtes braisés et pommes de terre crémeuses

pour 4 à 6 personnes

2,25 kg de plats de côtes, taillés en morceaux de 4 ou 5 cm d'épaisseur
2 cuil. à soupe d'huile de colza ou d'huile végétale
750 g de pommes de terre tout usage, coupées en quatre dans la longueur
2 petits oignons jaunes, épluchés et coupés en quatre
6 gousses d'ail, épluchées et émincées
4 piments de àrbol entiers, ou 1 cuil. à café de flocons de piment + un peu selon votre goût
2 cuil. à soupe de graines de cumin
2 cuil. à soupe de graines de fenouil
1 cuil. à soupe de graines de coriandre
½ cuil. à café de cannelle en poudre
2 cuil. à soupe de concentré de tomates
12,5 cl de vinaigre de vin blanc
75 cl de bouillon de bœuf ou de bouillon de volaille, ou d'eau
1 citron, épépiné, finement haché
sel et poivre du moulin

À DÉGUSTER AVEC

Céleri et fenouil aux noix et au bleu (p. 95)
+
Du pain, pour saucer
+
Un vin rouge très léger, frais

Les plats de côtes sont un morceau parfait si vous aimez les plats réconfortants et/ou si vous paniquez à l'idée de faire cuire de la viande rouge. Leur teneur en graisse et leur chair outrageusement marbrée en font l'une des découpes les plus faciles à préparer et les plus difficilement ratables. Si la plupart des gens les cuisinent à l'italienne, avec du vin rouge et des tomates en boîte, je préfère les accommoder avec des épices et du citron pour contrer le côté intense que représente une pièce géante de viande rouge braisée.

La dernière étape de la recette consiste à découvrir les plats de côtes bien cuits et délicieusement tendres pour faire durcir la surface de la viande et des pommes de terre, et faire épaissir et réduire la sauce. Cela n'augmente le temps de cuisson que d'une trentaine de minutes, mais c'est une demi-heure diablement bien investie.

1 Salez les plats de côtes et poivrez-les généreusement. Faites cela la veille, idéalement ; dans ce cas, conservez-les au réfrigérateur, à découvert.

2 Préchauffez le four à 160 °C (th. 5-6).

3 Versez l'huile dans une grande cocotte en fonte et faites-la chauffer à feu moyen. Saisissez-y les plats de côtes, en plusieurs fois, de 12 à 15 min chaque fois, jusqu'à ce qu'ils soient brun doré profond de toutes parts. À l'aide d'une pince, transférez les plats de côtes sur un grand plat ou une plaque de cuisson.

4 Avec précaution (la cocotte est chaude !), videz la majeure partie de la graisse de la cocotte, en ne laissant que l'équivalent de 2 cuil. à soupe de graisse et autant de sucs que possible. Ajoutez les pommes de terre, côté coupé vers le bas, salez et poivrez. Laissez-les cuire, sans y toucher, pendant environ 5 min, jusqu'à ce qu'elles soient bien dorées sur un côté. Remuez et poursuivez la cuisson jusqu'à ce qu'elles soient dorées plus uniformément. À l'aide d'une écumoire, transférez les pommes de terre sur le plat ou la plaque contenant la viande, en laissant les sucs et la graisse dans la cocotte.

5 Mettez l'oignon et l'ail dans la cocotte, salez et poivrez. Laissez cuire de 5 à 8 min, en remuant de temps à autre, jusqu'à ce que l'oignon soit brun doré. Ajoutez les piments entiers, les graines de cumin, les graines de fenouil, les graines de coriandre et la cannelle, puis remuez soigneusement.

6 Ajoutez le concentré de tomates et faites-le cuire, en remuant sans cesse, pendant environ 2 min, jusqu'à ce qu'il commence à caraméliser au fond de la cocotte ; ajustez la puissance du feu pour éviter qu'il ne brûle avant de caraméliser. Ajoutez ensuite le vinaigre, le bouillon et la moitié du citron. Portez à frémissements, en grattant le fond de la cocotte à l'aide d'une cuillère en bois.

7 Remettez les plats de côtes et les pommes de terre dans la cocotte en optimisant l'espace. (Si la cocotte est un peu petite, veillez à placer la viande en priorité dans le mélange, ce qui signifie qu'elle doit être immergée, même si les pommes de terre ne le sont pas.) Couvrez et enfournez pour 2 h 30 à 3 h, jusqu'à ce que la chair soit très tendre et se détache des os, et que les pommes de terre soient crémeuses, sur le point de se déliter en purée (mais pas tout à fait quand même).

8 Ôtez le couvercle. Augmentez la température du four à 210 °C (th. 7) et poursuivez la cuisson de 25 à 35 min, jusqu'à ce que les plats de côtes et les pommes de terre aient pris une jolie coloration et commencent à durcir en surface, et que le liquide ait réduit en une sauce riche.

9 Avant de servir, parsemez la viande et les pommes de terre du reste de citron et d'un peu plus de piment, si vous le souhaitez.

À L'AVANCE Vous pouvez faire cuire les plats de côtes jusqu'à 2 jours à l'avance et les réserver au réfrigérateur, dans la cocotte dans laquelle ils ont cuit, à couvert. Faites-les réchauffer à couvert, soit à feu moyen sur la cuisinière, soit au four préchauffé à 200 °C, jusqu'à ce que le tout soit chaud et juteux.

Poitrine de bœuf braisée au soja, au miel caramélisé et à l'ail

pour 6 à 10 personnes

1,5 à 1,8 kg de poitrine de bœuf désossée, débarrassée de la graisse
2 cuil. à soupe d'huile de colza
115 g de miel
2 têtes d'ail, coupées en deux dans l'épaisseur pour exposer les gousses (vous pouvez laisser la peau)
2 gros oignons jaunes, épluchés et coupés en quatre
1 bâton de cannelle
3 étoiles de badiane
1 morceau de gingembre frais de 7,5 cm, pelé et taillé en lamelles
4 piments de àrbol ou ½ cuil. à café de flocons de piment (+ un peu pour saupoudrer)
2 feuilles de laurier fraîches ou séchées
1 l de bouillon de bœuf ou de volaille
30 cl de sauce soja allégée en sel
12,5 cl de vinaigre de riz
2 cuil. à soupe de sauce de poisson
4 poignées de tiges et feuilles tendres de coriandre, de menthe et/ou de basilic
3 cuil. à soupe de ciboulette ou de ciboule émincée
nouilles de riz ou riz nature cuit(es), pour accompagner (facultatif)
sel et poivre du moulin

Je ne voudrais pas passer pour une chochotte, mais je trouve souvent la viande braisée – surtout le bœuf – un peu « trop » pour moi. Trop salée, trop sucrée, trop lourde, trop, trop, trop. Généralement, je n'en prends pas à la carte, mais je fais une exception pour les nouilles au bœuf braisé, relevées et acides que l'on trouve dans mes restaurants chinois préférés de New York, et j'en commande presque chaque fois. Sans être une reproduction, on va dire que cette recette en est mon interprétation : salée grâce à la sauce soja, acide par le vinaigre et légèrement épicée de quelques indémodables du placard. J'aime cuisiner une grosse pièce de bœuf dans un liquide très parfumé, en la faisant cuire longuement à feu doux jusqu'à ce que la viande soit prodigieusement tendre, mais sans se déliter, de sorte qu'on puisse la tailler en tranches plutôt que l'effilocher. Je la sers sur des nouilles élastiques, arrosée de liquide de cuisson, et parsemée d'une quantité folle d'herbes (il n'y en a jamais trop !).

1 Salez et poivrez la poitrine de bœuf. Faites cela aussi en amont que possible ; au minimum 5 min et jusqu'à 48 h à l'avance.

2 Versez l'huile dans une grande cocotte en fonte (munie d'un couvercle) et faites-la chauffer sur feu moyen à vif. Ajoutez la poitrine de bœuf, côté le plus gras vers le bas ; s'il n'y a pas de vainqueur évident, placez-la sur l'un ou l'autre côté. Saisissez la viande de 8 à 10 min, en la pressant de temps à autre avec une pince pour qu'elle soit en contact uniforme avec la cocotte, jusqu'à ce qu'elle soit brun doré. Retournez la viande et saisissez-la sur l'autre face jusqu'à ce qu'elle ait la même couleur brun doré. Il arrive qu'un morceau de poitrine ait un troisième (voire un quatrième) côté, selon la forme de la découpe, alors saisissez-la de toutes parts si c'est le cas.

3 Transférez la poitrine de bœuf dans un plat. Videz la cocotte de la graisse résiduelle (sans la nettoyer), puis mettez-la sur feu moyen à vif et ajoutez le miel. Laissez-le bouillonner et grésiller

(la suite page suivante)

vino

pendant 2 min, jusqu'à ce qu'il commence à caraméliser. (Même si la cocotte est sombre et que vous ne voyez pas le miel, vous allez le sentir. Il aura l'odeur d'un caramel riche et profond.)

4 Passez sur feu doux à moyen. Ajoutez l'ail, l'oignon, la cannelle, la badiane, le gingembre, les piments et les feuilles de laurier. Remuez pour enrober les épices de miel, puis faites-les revenir de 2 à 3 min, jusqu'à ce qu'ils aient pris la couleur du miel.

5 Ajoutez le bouillon, la sauce soja, le vinaigre et la sauce de poisson. Remettez le bœuf dans la cocotte. S'il n'est pas recouvert au moins aux trois quarts, ajoutez du bouillon ou de l'eau jusqu'à ce qu'il le soit.

6 Portez le liquide à frémissements, puis passez sur feu doux à moyen et couvrez. Laissez doucement mijoter le bœuf de 3 h à 3 h 30 — en ne le piquant que lorsque l'odeur exquise vous oblige à vérifier si la viande est cuite (elle ne l'est pas).

7 À l'aide d'une pince ou de 2 spatules, sortez la poitrine de bœuf de la cocotte et transférez-la sur une planche à découper, en réservant le liquide de cuisson. Si vous le souhaitez, utilisez une écumoire ou un chinois pour retirer les légumes et les épices de la cocotte (ce n'est pas indispensable, mais cela vous évitera d'aller les retirer plus tard).

8 Taillez le bœuf en tranches et remettez-les dans la cocotte avec le liquide ; vous pouvez aussi l'effilocher, si vous préférez.

9 Mélangez les herbes dans un saladier de taille moyenne. Salez et poivrez.

10 Servez la viande directement dans la cocotte, ou placez-la dans un plat peu profond et arrosez-la d'un peu de liquide de cuisson. Répartissez les herbes par-dessus et ajoutez 1 pincée de flocons de piment. Servez avec le reste de liquide de cuisson à part, pour en arroser la viande (ou même le boire), et avec des nouilles de riz ou du riz, si vous le souhaitez.

À L'AVANCE Vous pouvez faire cuire la poitrine de bœuf, sans la couper en tranches, jusqu'à 5 jours à l'avance et la conserver dans le liquide de cuisson. Gardez-la au frais, à couvert. Faites-la réchauffer à légers frémissements, à feu moyen.

côtelettes d'agneau pour toute la table

J'ai une obsession pour le concept de nourriture « pour toute la table ». Vous vous demandez peut-être : « Les plats qui sont sur la table ne sont-ils pas … pour toute la table ? » Si, bien sûr, mais c'est autre chose. La nourriture « pour toute la table » est un choix de vie. Par exemple, au restaurant, si vous ne vous sentez pas capable d'engloutir un pancake ou une gaufre en entier, vous pouvez encourager les convives à prendre un pancake « pour toute la table », de sorte que personne n'en soit privé ni n'éclate d'avoir trop mangé.

De même, chez moi, quand j'ai prévu de faire un poulet rôti ou des lasagnes au dîner, mais que je me retrouve dans l'incapacité de résister à d'adorables côtelettes d'agneau chez le boucher, j'en ramène quelques-unes à la maison, je les assaisonne simplement, puis je les sers de façon très décontractée. Je précise toujours que ce n'est pas le plat principal, mais plutôt des bricoles à grignoter (pour toute la table !). Elles apparaissent comme une petite gâterie — et qui n'aime pas les gâteries ? Aucun ustensile n'est requis ; j'invite mes amis à prendre les côtelettes avec les doigts et à les manger sans plus de formalités, comme à l'époque médiévale.

Différentes préparations pourraient s'y prêter, je suppose, mais selon moi, il n'y a pas de meilleures représentantes de nourriture « pour toute la table » que des côtelettes d'agneau parfaitement cuites. Servez-les avec De très très bonnes lasagnes (p. 256), en parallèle d'un plat estival de pâtes aux fruits de mer (p. 250), voire d'un poisson entier (p. 244) pour un repas terre et mer spectaculaire. (Oui, le Beurre vert divin, p. 124, se marierait superbement avec les côtelettes d'agneau.)

Pour la réalisation, comptez 1 ou 2 **côtelettes d'agneau** standard (non désossées) par personne. L'épaisseur idéale est de 2 cm, mais cela peut varier. Assaisonnez-les simplement avec du **sel** et du **poivre**, puis saisissez-les dans une grande poêle en fonte très chaude, sur feu moyen à vif, jusqu'à ce qu'elles soient brun doré des deux côtés (de 4 à 6 min en tout). Une fois toutes les côtelettes cuites à la perfection, retirez la poêle du feu et ajoutez 1 grosse noix de **beurre**, en penchant la poêle d'un côté à l'autre pour le faire fondre et grésiller. Ajoutez également 2 ou 3 gousses d'**ail pressées** et quelques brins d'**herbes fraîches** comme du **thym** ou de la **sarriette**. Transférez les côtelettes d'agneau sur un grand plateau ou un grand plat (ce que vous trouvez). Versez le mélange de beurre à l'ail et aux herbes sur les côtelettes en train de reposer, ajoutez 1 trait de **jus de citron** et 1 pincée de **fleur de sel**. Apportez le plat sur la table et indiquez à vos invités que c'est juste de quoi grignoter, et qu'ils peuvent se servir à leur guise, puisque c'est « pour toute la table » !

Crevettes grillées aux tomates écrasées et au citron vert

pour 4 à 6 personnes

2 grosses tomates extrêmement mûres
2 gousses d'ail, épluchées et pressées
4 cuil. à soupe d'huile d'olive + un peu pour une cuisson à la poêle
1 kg de crevettes entières crues de taille moyenne
2 cuil. à soupe de beurre doux
1 pincée de flocons de piment, ou 2 ou 3 traits de sauce pimentée (facultatif)
2 cuil. à soupe de jus de citron vert + quartiers de citron vert pour accompagner
1 poignée de feuilles et tiges tendres de persil ou de coriandre, grossièrement hachées
tortillas, riz ou pain grillé, pour accompagner
sel et poivre du moulin

À DÉGUSTER AVEC
Piments shishitos au yuzukosho (p. 64)
+
Maïs et ciboules grillés, tomatilles (p. 113)

Malgré une légère allergie aux fruits de mer, j'adore cuisiner et manger crabes, homards, écrevisses ou crevettes, et observer une approche précise, rituelle, voire hédoniste. On commence par ôter la tête, on suce éventuellement le jus qui s'en écoule, on retire les petites pattes, puis on enlève la carapace pour atteindre la chair exquise. Si ce procédé concerne tous les fruits de mer cités plus haut, quel que soit le mode de cuisson (grillés, vapeur, à l'eau, sautés), c'est aux crevettes qu'il s'applique ici, et celles-ci sont grillées (ou sautées, si vous préférez). Après cuisson, carapaces encore chaudes, elles rejoignent des tomates de préférence très mûres, aillées et rehaussées d'énormément de jus de citron et d'une noix de beurre. On mélange alors soigneusement le tout de façon à obtenir une sauce de rêve.

1 Avec les mains, écrasez les tomates dans un grand saladier, en brisant tous les gros morceaux. Ajoutez l'ail, 2 cuil. à soupe d'huile d'olive, du sel et du poivre.

2 Préparez un feu vif sur votre barbecue à charbon ou à gaz. (Vous pouvez aussi faire chauffer 2 cuil. à soupe d'huile dans une grande poêle sur feu moyen à vif.)

3 Mélangez les crevettes avec les 2 cuil. à soupe d'huile d'olive restantes. Salez et poivrez.

4 Faites cuire les crevettes sur la grille (ou dans la poêle), en les retournant une seule fois, de 3 à 4 min en tout selon leur taille, jusqu'à ce qu'elles soient cuites et légèrement noircies par endroits. Transférez-les aussitôt dans le saladier contenant les tomates, ajoutez le beurre et remuez. Ajoutez les flocons de piment, si vous les utilisez. Versez le jus de citron vert et remuez de 1 à 2 min ; la chaleur des crevettes va faire fondre le beurre et cuire légèrement les tomates et l'ail.

5 Transférez les crevettes dans un grand plat ou saladier de service, et arrosez-les uniformément du mélange aux tomates. Parsemez de persil. Servez avec des quartiers de citron vert, et soit des tortillas chaudes, du riz ou des tranches de pain grillé pour saucer le jus.

Sardines poêlées aux citrons salés frits

pour 4 à 8 personnes

2 citrons, taillés en fines rondelles, épépinés
1 cuil. à café de sumac en poudre (facultatif)
1 kg de sardines fraîches entières, éviscérées et nettoyées (il n'est pas nécessaire de les écailler)
3 cuil. à soupe d'huile d'olive + un peu pour arroser
60 g de beurre doux
1 grosse poignée de feuilles et tiges tendres de persil ou de coriandre
fleur de sel
sel et poivre du moulin

NOTE *Certaines personnes se réjouissent d'une assiette de sardines sans autre apprêt, mais la plupart des gens sont souvent plus réticents. Pour ceux-là, je tablerais sur 1 ou 2 sardines par personne, en veillant à compléter le repas par autre chose, comme des boulettes de viande (p. 187) ou un plat de pâtes (p. 253).*

Les sardines ont la réputation d'être grasses, et c'est pour cette raison que je les aime ! Ce sont en effet des poissons huileux, gras et charnus : c'est pour cela qu'ils sont délicieux ! C'est aussi pour cela que leur qualité se détériore sitôt pêchées. Cela dit, on trouve aisément d'excellentes sardines et je vous invite à en acheter dès que vous en voyez. Faites-les cuire de préférence dans une nuée de beurre noisette (gras + gras = régal) et un peu de citron (pour couper tout ce gras !), mais loin de moi l'idée de vous dicter votre conduite.

1 Mélangez la moitié des rondelles de citron et le sumac, si vous l'utilisez, dans un bol ; salez et poivrez furieusement — les citrons doivent être bien salés.

2 Salez et poivrez les sardines. Faites chauffer 2 cuil. à soupe d'huile d'olive dans une grande poêle. Déposez-y autant de sardines qu'elle peut en contenir pour qu'elles soient serrées comme… des sardines. À l'aide d'une spatule, pressez légèrement chaque sardine pour que la peau soit uniformément en contact avec le fond. Au bout de 3 à 4 min, retournez-les et faites-les cuire de nouveau de 3 à 4 min. La peau doit se colorer et durcir légèrement, et la chair être opaque et bien cuite ; il est rare que les sardines soient trop cuites, alors en cas de doute, faites-les cuire un peu plus longtemps. Transférez-les sur une assiette ou un plat recouvert de papier absorbant et réservez-les.

3 Essuyez la poêle, sans la nettoyer outre mesure. Remettez-la sur feu moyen à vif, puis ajoutez le beurre et faites-le chauffer jusqu'à ce qu'il mousse et grésille, et commence à brunir. Ajoutez la cuillerée d'huile d'olive et les rondelles de citron restantes, salez et poivrez.

4 Laissez cuire pendant environ 4 min, jusqu'à ce que les rondelles de citron brunissent. Disposez les sardines sur un grand plateau et recouvrez-les de beurre noisette et de citron frit. Surmontez le tout de rondelles de citron salé, de persil, de 1 pincée de fleur de sel et de 1 trait d'huile d'olive.

Noix de saint-jacques aux haricots épicés, tomatilles et agrumes

pour 4 à 6 personnes

4 tomatilles, débarrassées des feuilles, rincées et taillées en fines rondelles
2 clémentines ou petites oranges, pelées, taillées en fines rondelles, épépinées
1 petit piment vert ou rouge, taillé en fines rondelles, épépiné pour un piquant moins prononcé, si vous le souhaitez
1 petite échalote, épluchée et taillée en fines rondelles
2 cuil. à soupe de jus de citron vert + un peu selon votre goût
6 cuil. à soupe d'huile d'olive + un peu pour arroser
1 kg de noix de saint-jacques, débarrassées du corail
2 cuil. à soupe d'huile de colza
1 boîte de 425 g de haricots blancs, tels que des cannellini, égouttés et rincés
2 cuil. à café de piment d'Alep, ou 1 cuil. à café de flocons de piment
1 poignée de feuilles et tiges tendres de coriandre
sel et poivre du moulin

Les noix de saint-jacques coûtent cher, alors je les associe habituellement à des ingrédients plus abordables, mais que je trouve amusants. Et, pour moi, il n'y a rien de plus amusant que des haricots en boîte. Ceux-ci, que l'on fait revenir dans la poêle où ont cuit les saint-jacques, se gorgent des fabuleux sucs salés et collants des mollusques, avant d'être déposés sur un lit d'épaisses tranches d'agrumes et de tomatilles croquantes et acides (si vous ne les avez jamais goûtées crues, ce sera une belle découverte !).

Il s'agit pour moi d'une sorte de plat unique (il contient des protéines et des féculents), mais vous pouvez tout à fait le servir avec des tortillas ou du riz si vous le souhaitez.

1 Mélangez les tomatilles, les clémentines, le piment, l'échalote, le jus de citron vert et 4 cuil. à soupe d'huile d'olive dans un grand saladier ; salez, poivrez et réservez.

2 Salez et poivrez les noix de saint-jacques. Faites chauffer l'huile de colza dans une grande poêle, de préférence en fonte, sur feu moyen à vif. Déposez-y les noix de saint-jacques, en plusieurs fois, et, à l'aide d'une spatule, pressez-les légèrement pour qu'elles soient uniformément en contact avec la poêle. Saisissez-les pendant environ 3 min sur chaque face, jusqu'à ce qu'elles soient brun doré.

3 Transférez les noix de saint-jacques sur un grand plat de service. Sans nettoyer la poêle, versez-y les 2 cuil. à soupe d'huile d'olive restantes, puis ajoutez les haricots et le piment d'Alep. Salez et poivrez. Laissez cuire pendant environ 4 min, en secouant la poêle de temps à autre, jusqu'à ce que les haricots aient absorbé les sucs des saint-jacques et soient follement savoureux.

4 Mettez les tomatilles et les agrumes sur un grand plat de service et surmontez-les des haricots, des saint-jacques et de coriandre. Arrosez le tout d'un peu d'huile d'olive avant de servir.

À L'AVANCE Vous pouvez découper les agrumes et les tomatilles quelques heures à l'avance.

Flétan aux asperges et petits pois au beurre noisette

pour 4 à 8 personnes

1 kg de filets de flétan, de saumon ou autre poisson à chair ferme et grasse, sans la peau
1 botte d'asperges, les plus fines possibles, coupées en deux dans la longueur si elles sont épaisses, extrémités dures coupées
1 botte de ciboules, coupées en deux dans la longueur si elles sont épaisses
6 cl d'huile d'olive
60 g de beurre doux + un peu si vous voulez vivre votre meilleure vie
300 g de petits pois frais écossés (les petits pois surgelés marchent aussi)
2 cuil. à soupe de ciboulette finement hachée + un peu pour décorer
2 cuil. à soupe d'estragon finement haché + un peu pour décorer
1 citron, coupé en quartiers
sel et poivre du moulin

À DÉGUSTER AVEC
Aïoli citronné (p. 37)
+
Artichauts rôtis au vin (p. 128)

Je suis d'avis que les ingrédients difficiles ou coûteux à élever, cultiver, trouver, pêcher, produire et travailler doivent être, eh bien, chers. Les bonnes choses ne sont pas bon marché et n'ont pas à l'être. C'est la raison pour laquelle je mange rarement du flétan, mais quand c'est le cas, je me prépare mentalement et émotionnellement à en payer le prix.

C'est aussi pour cela que, quand je dispose d'un ingrédient spécial (comme un beau morceau de flétan, des tomates de saison parfumées, une pêche parfaite), je ne le transforme quasiment pas. Si je débourse un demi-loyer pour quelque chose, je veux en sentir le goût, et pas celui de 14 autres ingrédients. Alors, oui, ceci un simple plat de poisson cuit simplement. Du sel, du poivre et du citron — un bon poisson n'a besoin de rien d'autre.

1 Préchauffez le four à 210 °C (th. 7).

2 Placez le poisson sur une plaque de cuisson, et répartissez les asperges et les ciboules tout autour. Arrosez le tout d'huile d'olive, salez et poivrez. Enfournez pour 10 à 12 min, jusqu'à ce que le poisson soit à peine cuit, que l'extrémité des ciboules ait commencé à durcir et que les asperges soient tendres quand vous les piquez à la fourchette.

3 Pendant ce temps, faites chauffer le beurre à feu moyen dans une casserole de taille moyenne. Laissez-le cuire pendant environ 3 min, en inclinant la casserole de temps à autre, jusqu'à ce que le beurre commence à brunir et à mousser. Utilisez une cuillère en bois ou un petit fouet pour gratter les sucs au fond de la casserole. Ajoutez les petits pois, salez, puis poivrez très généreusement. Ajoutez la ciboulette et l'estragon. Versez le mélange dans un bol et ajoutez un peu de beurre, si vous le souhaitez.

4 Servez le poisson et les légumes rôtis avec les petits pois et les quartiers de citron à part. Parsemez le tout d'un peu plus d'estragon, de ciboulette et de poivre, si vous le souhaitez.

Saumon au soja et ciboules grillées aux agrumes

pour 4 à 8 personnes

2 bottes de ciboules, la partie blanche et la partie verte, parées
1 kg de filet de saumon avec la peau
6 cl d'huile d'olive + 3 cuil. à soupe
6 cl de sauce soja pauvre en sel
1 cuil. à soupe de zeste de citron ou de citron vert finement râpé
6 cl de jus de citron ou de citron vert
2 cuil. à soupe de jus d'orange
flocons de piment, selon votre goût
sel et poivre du moulin

J'ai longtemps été moyennement fan du saumon, car mon expérience se limitait à sa version bien cuite : ferme, sèche, friable et si pâle qu'on ne pouvait même pas parler de rose. Puis j'ai découvert le poisson en cuisson lente, arrosé d'huile et cuit d'un seul côté, ce qui donne une chair très tendre, quasi crémeuse, d'une couleur en adéquation avec son nom. C'est cette technique qui m'a fait passer de « je tolère le saumon » à « j'adore le saumon, j'en rêve la nuit ! ».

Dans cette recette, le poisson est tout juste cuit au four, puis arrosé d'un mélange de ciboules à la sauce soja et aux agrumes, à mi-chemin entre la sauce et l'assaisonnement. Vous pouvez ensuite faire ce que vous voulez, mais j'aime servir le mien avec des tonnes de riz et des œufs de saumon — associés au saumon, c'est juste *trop bon* !

À DÉGUSTER AVEC

Concombre frappé, huile à l'ail et au curcuma (p. 107)
+
Des œufs de saumon
+
Du riz nature

1 Préchauffez le four à 160 °C (th. 5-6). Émincez 4 ciboules et mettez-les dans un saladier de taille moyenne ; réservez.

2 Placez le saumon dans un grand plat allant au four, peau vers le bas. Arrosez-le de 2 cuil. à soupe d'huile d'olive, salez et poivrez généreusement. Enfournez pour 10 à 12 min, jusqu'à ce que le cœur passe d'une couleur orangée à un rose saumon, tout en restant mi-cuit en surface.

3 Pendant ce temps, faites chauffer la cuillerée d'huile restante dans une poêle en fonte sur feu moyen à vif. Ajoutez les ciboules entières, salez et poivrez. Laissez cuire de 4 à 6 min, en remuant de temps à autre, jusqu'à ce qu'elles noircissent par endroits.

4 Transférez les ciboules sur une planche à découper et hachez-les grossièrement. Mettez-les dans le saladier avec les ciboules crues et ajoutez la sauce soja, le jus et les zestes d'agrumes, et les 6 cl d'huile d'olive ; salez, poivrez et parsemez de piment.

5 À l'aide d'une grande spatule, transférez le saumon sur un grand plat de service, en ôtant la peau. Nappez-le d'une partie du mélange aux ciboules et servez le reste à part.

Palourdes et cabillaud en crème épaisse aux petites pommes de terre et au céleri

pour 6 à 8 personnes

1,8 kg de palourdes, nettoyées
6 cl d'huile d'olive
6 gousses d'ail, épluchées et émincées
450 g de petites pommes de terre spéciales cuisson à l'eau, taillées en rondelles de 5 mm d'épaisseur
6 branches de céleri, taillées en fines rondelles de biais + les feuilles, pour décorer
½ cuil. à café de flocons de piment + un peu selon votre goût
12,5 cl de vin blanc sec, comme un sauvignon blanc (voir Note)
37,5 cl de crème fleurette
350 g de cabillaud ou autre poisson à chair ferme, coupé en morceaux de 5 cm de côté
1 grosse poignée de feuilles et tiges tendres de persil
1 citron, pour en prélever le zeste et le jus
pain frais ou grillé, pour accompagner
sel et poivre du moulin

NOTE *Comme toujours, n'utilisez pas un vin que vous ne boiriez pas, mais ce qui est important ici, c'est d'éviter un vin que vous qualifieriez de « doux » ou « O.K. ». Je me doute que vous n'avez pas besoin que je vous le dise, mais n'hésitez pas à finir la bouteille en dégustant ce plat.*

Ce plat n'est pas tout à fait un clam chowder – recette typique du nord-est des États-Unis –, mais il en a l'esprit. Les palourdes (ou les coques, si vous voulez) s'ouvrent dans du vin blanc, avant de cuire dans un bouillon avec des pommes de terre, du céleri et de l'ail grillé. On ajoute ensuite le cabillaud, pour le faire pocher, avant de surmonter le tout d'herbes au citron et de le servir avec du pain bien grillé. Je sers habituellement ce plat à même la marmite, mais si vous préférez un service à l'assiette, c'est bien aussi.

1 Mettez les palourdes dans un grand saladier et laissez-les tremper dans de l'eau très froide le temps de préparer le bouillon.

2 Faites chauffer l'huile d'olive dans une grande marmite (plus large que haute) sur feu moyen à vif. Ajoutez l'ail et les rondelles de pommes de terre. Salez, poivrez et faites cuire de 8 à 10 min, en remuant de temps à autre, jusqu'à ce que les pommes de terre soient tendres.

3 Ajoutez le céleri et les flocons de piment, salez et poivrez. Versez le vin et laissez cuire de 2 à 3 min, jusqu'à ce qu'il ait réduit de moitié. Ajoutez la crème et portez à frémissements.

4 Ajoutez les palourdes et répartissez-les bien, même si elles n'ont pas besoin d'être toutes immergées. Couvrez et laissez cuire, sans y toucher, pendant au moins 5 min (une palourde ne s'ouvre pas quand on la regarde). Une fois que les palourdes commencent à s'ouvrir, au bout de 4 à 8 min, remuez, pour favoriser l'ouverture des autres. Si certaines tardent trop (et ne s'ouvrent jamais), retirez-les de la marmite et jetez-les.

5 Ajoutez le poisson, salez et poivrez. Couvrez de nouveau et laissez cuire pendant environ 5 min, jusqu'à ce que le poisson soit cuit. Retirez la marmite du feu.

6 Mélangez le persil et les feuilles de céleri dans un saladier de taille moyenne. Ajoutez le zeste et le jus du citron, salez et poivrez. Parsemez le plat de ce mélange avant de servir, avec du pain.

Espadon aux olives cassées et à l'origan

pour 4 à 6 personnes

300 g d'olives de Castelvetrano ou autres olives vertes douces, dénoyautées et « cassées »
2 cuil. à soupe de vinaigre de vin blanc ou de jus de citron
les feuilles de 6 brins d'origan ou de marjolaine
6 cl d'huile d'olive + 2 cuil. à soupe
3 ou 4 steaks d'espadon, d'environ 250 à 280 g chacun, et de 2,5 à 3 cm d'épaisseur
2 gousses d'ail, épluchées et émincées
3 cuil. à soupe de feuilles et tiges tendres de persil
2 citrons, coupés en deux
sel et poivre du moulin

À DÉGUSTER AVEC
Cresson citronné au fenouil cru et grillé (p. 87)
+
Haricots tomatés au citron confit et à la chapelure (p. 172)

L'espadon est parfait pour les gens qui prétendent n'être « pas trop poisson ». Charnu et juteux, avec un goût très peu iodé, il a l'aspect et le goût du meilleur filet de poulet que vous ayez jamais mangé (et je pèse mes mots !). C'est encore plus le cas si vous le préparez en fausse escabèche, en le faisant mi-cuire avant de le napper d'olives vinaigrées à l'oignon pour le faire mariner brièvement et raffermir sa chair. Si le cœur vous en dit et que le temps s'y prête, vous pouvez faire cuire les steaks d'espadon au barbecue, soit entiers, soit coupés en cubes de 4 cm de côté et enfilés sur des brochettes.

1 Mélangez les olives, le vinaigre, la moitié des feuilles d'origan, et les 6 cl d'huile d'olive dans un bol. Salez et poivrez. Réservez le temps de faire cuire l'espadon.

2 Salez et poivrez les steaks d'espadon. Faites chauffer 2 cuil. à soupe d'huile d'olive dans une très grande poêle. Faites-y cuire les steaks, en plusieurs fois si nécessaire, en veillant à laisser un peu d'espace entre eux. Faites-les cuire de 5 à 7 min, jusqu'à ce qu'ils soient brun doré sur une face. Retournez-les à l'aide d'une spatule et poursuivez la cuisson sur l'autre face de 4 à 6 min, jusqu'à ce qu'ils soient brun doré sur ce côté aussi.

3 Transférez le poisson sur un grand plat de service, voire une plaque de cuisson. Mettez l'ail dans la poêle ayant servi à faire cuire les steaks et faites-le revenir de 1 à 2 min, jusqu'à ce qu'il soit tendre. Ajoutez le mélange aux olives et retirez du feu.

4 Nappez le poisson d'une partie du mélange aux olives, puis laissez-le mariner pendant quelques minutes, pour qu'il s'imprègne bien des saveurs.

5 Parsemez l'espadon de persil et du reste d'origan. Servez avec le reste de mélange aux olives et proposez les demi-citrons à part, pour en presser le jus sur le poisson.

Truite grillée au beurre vert divin (Un poisson entier ! *Yes, You Can!*)

pour 4 à 8 personnes

2 à 4 truites entières, bars ou petites perches noires, de 350 à 400 g chacun(e), vidé(e)s et écaillé(e)s
quelques brins de sarriette, thym, origan, marjolaine ou romarin
1 ou 2 cuil. à soupe d'huile de colza
Beurre vert divin (p. 124)
2 citrons ou citrons verts, coupés en deux
fleur de sel
sel et poivre du moulin

NOTE *Préparer un poisson entier n'est pas aussi difficile que vous le pensez. Cela se fait de façon assez intuitive, et quand la chair est bien cuite, on peut lever les filets sans peine ; il suffit de passer une cuillère ou une fourchette le long de l'épine dorsale pour détacher la chair des arêtes sans effort. Il vous restera peut-être quelques arêtes à retirer, ce qui n'est pas la fin du monde, mais je me dois de le mentionner. Pour ce qui est du reste : je ne mange pas les yeux, mais je consomme les joues, et je vous invite à en faire autant.*

Faire griller un poisson entier n'a rien d'insurmontable : si vous êtes capable de faire griller une saucisse, alors vous pouvez faire griller un poisson, surtout s'il est fin et de taille raisonnable, comme une truite ou un bar. Plutôt que de vous séduire avec un assaisonnement original ou des ingrédients exotiques, je veux insister sur l'objet principal de la recette : faire griller un poisson entier (ce qui est déjà, pour certains, bien assez original et exotique). Outre une bonne spatule, il ne vous faut rien de plus qu'un peu de confiance et un barbecue très chaud. Plus facile à griller que des filets, le poisson entier a quelque chose de festif et d'ambitieux : quoi de plus approprié ?

Une fois que vous maîtriserez la technique de base, vous pourrez vous lâcher sur les sauces, les marinades, ou que sais-je encore. Mais, pour l'heure, il vous suffit de servir votre poisson avec un délicieux beurre aux herbes comme le Beurre vert divin et de l'arroser d'un trait de jus de citron.

1 Préparez un feu moyen à vif sur votre barbecue.

2 Salez et poivrez l'intérieur des poissons, puis garnissez-le avec les brins d'herbes. Frottez l'extérieur avec l'huile. Placez les poissons directement sur la grille du barbecue, l'épine dorsale tournée vers vous (ce sera plus facile pour les retourner par la suite). Faites-les griller de 6 à 8 min, sans les déplacer, jusqu'à ce que la peau soit croustillante et noircie par endroits, et que la chair soit bien cuite sur une face.

3 Pour vérifier la cuisson, utilisez une spatule pour retourner un poisson sur l'autre face, en l'éloignant de vous. Un poisson bien cuit se décolle aisément de la grille ; si vous avez du mal, c'est qu'il lui manque encore 1 ou 2 min de cuisson. Lorsqu'ils sont cuits, retournez les poissons et poursuivez la cuisson de 6 à 8 min sur l'autre face.

4 À l'aide de la spatule, transférez les poissons sur un grand plat de service ou deux grandes assiettes. Nappez-les d'un peu de beurre divin et laissez celui-ci fondre. Arrosez le tout de jus de citron ou de citron vert et saupoudrez de fleur de sel. Servez avec du beurre divin supplémentaire à part.

Saumon au beurre citronné, à l'oignon rouge et à l'aneth

pour 4 à 6 personnes

1 citron
1 kg de filets de saumon, avec ou sans la peau
90 g de beurre doux
6 cl d'huile d'olive + un peu pour arroser
½ petit oignon rouge, épluché et taillé en très fins anneaux
2 cuil. à soupe de câpres en saumure, égouttées
1 grosse poignée de brins d'aneth
2 cuil. à soupe de graines de sésame grillé (facultatif)
sel et poivre du moulin

J'aimerais manger des bagels garnis de saumon en saumure ou de gravlax et de fromage à tartiner tous les jours, mais comme je ne le peux pas (pas plus que je ne le devrais), je me rabats sur ce saumon, qui repose sur les mêmes notes, avec de l'oignon rouge, des câpres et de l'aneth frais. Les graines de sésame à la fin sont facultatives, mais je trouve qu'elles apportent une dimension grillée à la sauce au beurre noisette. Comme les saveurs de ce plat sont riches, je vous conseille d'en faire l'élément central du repas, et de le servir avec une simple salade aux herbes (p. 86), des brocolis vapeur (p. 139) et peut-être un excellent pain à l'ail (p. 73).

1 Préchauffez le four à 160 °C (th. 5-6). Taillez une moitié du citron en fines rondelles ; gardez l'autre pour la presser.

2 Mettez le saumon sur une plaque ou dans un grand plat allant au four. Salez et poivrez.

3 Mettez le beurre dans une poêle de taille moyenne et faites-le chauffer de 2 à 3 min sur feu moyen à vif, en remuant de temps à autre, jusqu'à ce qu'il prenne une couleur noisette. Ajoutez l'huile d'olive, les rondelles de citron et la moitié de l'oignon. Salez, poivrez, puis laissez cuire de 2 à 3 min, en remuant de temps à autre, jusqu'à ce que le mélange commence à brunir et à frire ; il doit croustiller plus qu'être tendre et caramélisé. Ajoutez les câpres.

4 Versez le mélange de beurre citronné sur le saumon. Enfournez pour 12 à 15 min, jusqu'à ce que le poisson soit juste cuit et encore mi-cuit au centre ; la chair sera plus translucide, moins opaque. Sortez le saumon du four et posez-le sur un plat de service.

5 Pendant ce temps, mélangez l'aneth et les graines de sésame, le cas échéant, dans un saladier de taille moyenne. Arrosez du jus du demi-citron restant, salez et poivrez. Parsemez le saumon de ce mélange et ajoutez les anneaux d'oignon restants.

Linguines aux fruits de mer, à l'ail et aux pistaches

pour 4 à 6 personnes

8 cl d'huile d'olive + un peu selon votre goût
8 gousses d'ail, épluchées et émincées
1 gros bulbe de fenouil, taillé en fines lamelles, feuilles réservées
1 cuil. à soupe de graines de fenouil, écrasées + un peu pour décorer
1 cuil. à café de flocons de piment + un peu pour décorer
450 g de tomates cerise rouges ou jaunes, coupées en deux si elles sont grosses
350 g de linguines ou de fettuccinis sèches
12,5 cl de vin blanc sec
750 g de palourdes, de coques ou de moules, grattées, ébarbées et trempées
750 g de crevettes crues de taille moyenne, avec ou sans la tête, décortiquées ou non
75 g de pistaches, grillées (voir p. 14) et très finement hachées ou moulues
fleur de sel
1 citron, coupé en deux
sel et poivre du moulin

NOTE *Je suis assez souple sur la forme des pâtes, mais je préfère les pâtes longues et larges pour cette recette, façon* La Belle et le Clochard.

J'ai toujours été fascinée par la nature généreuse et théâtrale de la paella, sans pour autant avoir jamais été tentée d'en faire moi-même. Peut-être est-ce la peur de l'échec, mais ce plat m'a toujours semblé représenter beaucoup de travail et de tracas — choses que j'essaie d'éviter, surtout quand je cuisine pour des invités. Bien sûr, si vous avez un immense brasero surplombant une étendue d'eau bleu azur, je me procurerais une poêle spéciale géante et j'essaierais de faire une paella, mais sans garantie de résultat. Je proposerais plus volontiers un plat de pâtes aussi séduisant visuellement, mais qui demande quatre fois moins d'efforts.

Ce serait donc des pâtes enrobées d'une sauce aux tomates cerise aigre-douce agrémentée de fenouil et d'ail caramélisés, le tout rehaussé de l'apparat d'une paella, les préparatifs pénibles en moins. C'est un plat spectaculaire, dont l'effet est destiné à durer. Il n'est pas nécessaire de le déguster brûlant : les convives n'ont pas à le manger vite par peur qu'il ne soit moins bon en refroidissant. Ces pâtes *seront* tout aussi bonnes même à température ambiante — chose que je n'aurais jamais pensé dire un jour, mais je vous donne ma parole.

1 Portez une grande marmite d'eau à ébullition.

2 Versez l'huile d'olive dans la plus grande poêle que vous ayez, ou dans un grand faitout à fond épais et faites-la chauffer sur feu moyen à vif. Ajoutez l'ail et les lamelles de fenouil, salez et poivrez. Laissez cuire de 8 à 10 min, en remuant de temps à autre, jusqu'à ce que l'ail et le fenouil brunissent légèrement et soient parfaitement tendres.

3 Ajoutez les graines de fenouil et les flocons de piment, et faites-les griller brièvement en remuant. Ajoutez les tomates, salez et poivrez. Laissez cuire de 10 à 12 min, jusqu'à ce que les tomates aient presque toutes éclaté et qu'elles se soient délitées en une sauce sirupeuse ; écrasez-les délicatement en cours de cuisson à l'aide d'une cuillère en bois ou d'une spatule.

NOTE *L'usage des pistaches m'a été inspiré par une pratique que j'ai observée en Sicile, où la plupart des restaurants emploient des pistaches à la place du fromage sur leurs pâtes aux fruits de mer. Soyons honnêtes, je ne suis pas de ceux qui considèrent le fromage sur les pâtes aux fruits de mer comme une hérésie (je trouve ça très bon, en fait), mais je suis assez convaincue par cette recette aux pistaches — et dans ce cas précis, je trouve qu'elle fonctionne encore mieux que le fromage !*

À DÉGUSTER AVEC

Anchois marinés au piment
et chips de pommes de terre (p. 30)
+
Spectaculaire spritz (p. 33)
+
Écrasé de petits pois à la burrata
et aux olives noires (p. 104)

4 Pendant ce temps, l'eau pour les pâtes aura sûrement atteint l'ébullition. Déposez les pâtes dans la marmite et faites-les cuire jusqu'à ce qu'elles soient al dente en suivant les instructions sur le paquet. Égouttez les pâtes, en réservant environ 12,5 cl de leur eau de cuisson.

5 Versez le vin dans la poêle contenant les tomates et prolongez la cuisson de 4 à 5 min, jusqu'à ce que la sauce ait réduit de moitié. Ajoutez les palourdes. Si vous avez un couvercle assez grand, posez-le sur la poêle ; sinon, les coquillages vont tout de même s'ouvrir, mais cela prendra quelques minutes de plus. Laissez cuire les palourdes de 2 à 5 min selon leur taille, jusqu'à ce qu'elles commencent tout juste à s'ouvrir. Ajoutez les crevettes, salez, poivrez et remuez, et poursuivez la cuisson de 3 à 5 min, jusqu'à ce que toutes les palourdes soient ouvertes, et que les crevettes soient opaques et cuites.

6 La poêle étant à ce stade bien pleine, j'ai pour habitude de mélanger les pâtes avec la préparation aux fruits de mer dans le plus grand saladier dont je dispose, en ajoutant un peu de l'eau de cuisson des pâtes pour délayer la sauce. Salez, poivrez et parsemez de quelques flocons de piment supplémentaires, si vous le souhaitez.

7 Transférez les pâtes aux fruits de mer dans un grand saladier de service, ou servez-les directement dans le saladier ayant servi à les mélanger. Parsemez le tout de pistaches, de fleur de sel, de feuilles de fenouil et, si vous le souhaitez, de graines de fenouil et de flocons de piment supplémentaires. Arrosez d'un trait d'huile d'olive, si vous le souhaitez, et proposez les demi-citrons à part pour en presser le jus sur les pâtes.

Pâtes au brocoli-rave, au chorizo et à la chapelure

pour 6 à 8 personnes

450 g de chorizo frais ou de saucisse piquante italienne (4 saucisses), sorti(e) des boyaux
6 cuil. à soupe d'huile d'olive
125 g de chapelure à grosses miettes fraîche (voir p. 14) ou panko
450 g de pâtes sèches cylindriques, comme des rigatonis ou des zitis
6 gousses d'ail, épluchées et émincées
60 g de concentré de tomates
1 grosse botte de brocoli-rave, débarrassé des tiges, les feuilles grossièrement hachées
1 morceau de pecorino, de parmesan ou de ricotta séchée, pour le râper
sel et poivre du moulin

À DÉGUSTER AVEC
Brocolis vapeur (p. 139)
\+
Côtelettes d'agneau pour toute la table (p. 229)

D'après mon expérience, un plat géant de pâtes savamment élaboré est toujours accueilli avec un enthousiasme délirant, sauf si vos amis n'aiment pas les pâtes, auquel cas, je compatis. Ces pâtes, idéales si vous n'avez pas la moindre idée de quoi préparer, requièrent très peu de technique — il vous faut juste quelques ingrédients au parfum puissant cuits ensemble, pour former un tout relevé, riche et onctueux.

1 Faites cuire le chorizo dans une grande casserole sur feu moyen à vif, de 5 à 8 min, en brisant les morceaux avec le dos d'une cuillère, jusqu'à ce qu'ils soient brun doré. Retirez-les à l'aide d'une écumoire, en laissant la graisse rendue dans la casserole.

2 Mettez la moitié de l'huile et la chapelure dans la casserole ; salez et poivrez. Laissez cuire de 2 à 3 min, en remuant souvent, jusqu'à ce que la chapelure soit dorée. Transférez-la dans un bol.

3 Faites cuire les pâtes dans une grande casserole d'eau bouillante salée jusqu'à ce qu'elles soient al dente. Égouttez-les en réservant au moins 25 cl de leur eau de cuisson.

4 Pendant ce temps, faites chauffer le reste d'huile dans la casserole ayant servi à faire cuire le chorizo. Ajoutez l'ail et faites-le revenir de 2 à 3 min, en remuant de temps à autre, jusqu'à ce qu'il soit brun doré. Ajoutez le concentré de tomates et laissez-le cuire de 2 à 3 min, en remuant sans cesse, jusqu'à ce qu'il prenne une couleur brique et commence à accrocher au fond de la casserole.

5 Passez sur feu doux à moyen et ajoutez le brocoli-rave. Salez et poivrez. Laissez-le cuire de 3 à 5 min, en remuant de temps à autre, jusqu'à ce que les feuilles soient flétries et vert vif.

6 Ajoutez le chorizo et les pâtes avec leur eau de cuisson réservée dans la casserole. Laissez cuire, en remuant sans cesse, jusqu'à ce que les pâtes soient uniformément enrobées de sauce. Parsemez-les de chapelure et servez avec le pecorino à part.

De très *très* bonnes lasagnes

pour 6 à 10 personnes

POUR LA SAUCE
2 cuil. à soupe d'huile d'olive
1 gros oignon jaune, épluché et finement haché
4 gousses d'ail, épluchées et finement hachées
6 filets d'anchois (facultatif)
2 cuil. à soupe de concentré de tomates
800 g de tomates entières pelées en boîte
800 g de tomates concassées en boîte
sel et poivre du moulin

POUR L'ASSEMBLAGE
750 g de mozzarella, râpée ou hachée
500 g de ricotta au lait entier
100 g de parmesan grossièrement râpé + un peu si nécessaire
6 cl de crème fraîche entière
450 g de pâtes à lasagnes sèches (pas la variété sans cuisson ; je n'ai pas confiance)
huile d'olive, pour arroser
sel et poivre du moulin

Dans ma quête des lasagnes parfaites, j'ai fait plusieurs essais, ajoutant ceci, remplaçant cela. Mais pour être honnête, après quelques tentatives infructueuses, j'ai compris que je voulais des lasagnes uniquement composées de bords. Il faut croire que la conception de produits n'est pas mon fort.

Pour moi, de très bonnes lasagnes ne doivent contenir ni trop de fromage, ni trop de sauce, ni être trop riches — le ratio entre pâtes, sauce et fromage doit être satisfaisant et équilibré. Si j'adore les lasagnes crémeuses, je trouve la béchamel inutile et je préfère utiliser un mélange de crème, de ricotta et de mozzarella. Voici donc une recette pour de très *très* bonnes lasagnes. Rien d'extravagant, pas d'anchois furtifs — je plaisante, bien sûr qu'il y a des anchois ! — ou de fromages coûteux et difficiles à trouver. Juste de bons produits superposés et cuits à la perfection.

J'ai deux conseils à vous donner. Tout d'abord, ne tentez pas d'esquiver la cuisson en deux étapes : la première (avec papier d'aluminium !) est la plus courte des deux et a pour unique but de faire fondre le fromage et de réchauffer la sauce ; la deuxième (sans papier d'aluminium !) transcende le tout en faisant dorer la surface et durcir les bords, pour un résultat succulent. Pendant cette étape, les pâtes vont continuer de cuire dans la sauce et se gorger de saveurs, tout en éliminant l'excédent d'eau, ce qui évitera d'avoir des lasagnes détrempées et coulantes. Deuxième conseil : quand vous pensez avoir fait cuire vos lasagnes au maximum, prolongez la cuisson encore un peu.

1 Pour la sauce, faites chauffer l'huile d'olive à feu moyen dans une grande casserole à fond épais. Ajoutez l'oignon, l'ail et les anchois, salez et poivrez. Laissez cuire de 8 à 10 min, en remuant de temps à autre, jusqu'à ce que l'oignon soit tendre et translucide, mais ne le laissez pas se colorer. Ajoutez le concentré de tomates et poursuivez la cuisson pendant 2 min, en remuant jusqu'à ce qu'il ait pris une couleur brique profond.

2 Avec les mains, brisez les tomates entières en plus petits morceaux, mettez-les dans la casserole avec les tomates concassées et remuez en grattant bien le fond de la casserole.

Remplissez une boîte de tomates vide d'eau jusqu'à la moitié et versez-la dans la casserole. Salez et poivrez. Portez à frémissements et laissez cuire de 35 à 45 min, en remuant de temps à autre, jusqu'à ce que les saveurs se soient mêlées et que la sauce tomate ait épaissi : elle doit être aussi épaisse qu'une sauce en bocal — si elle est plus liquide, il ne sera pas possible de couper les lasagnes en parts bien nettes.

3 Préchauffez le four à 210 °C (th. 7) et portez une grande casserole d'eau salée à ébullition.

4 Pour l'assemblage des lasagnes, réservez 150 g de mozzarella. Mélangez le reste avec la ricotta, le parmesan et la crème dans un saladier de taille moyenne ; salez et poivrez.

5 Faites cuire les pâtes à lasagnes dans l'eau bouillante de 4 à 5 min, juste pour les attendrir (pas tout à fait al dente). Égouttez-les, séparez celles qui menacent de se coller et arrosez-les d'un filet d'huile d'olive pour éviter qu'elles ne se collent davantage.

6 Étalez un peu de sauce au fond d'un grand plat allant au four et surmontez-la d'une couche de pâtes, en évitant de trop les superposer (un peu, c'est O.K. et inévitable). Nappez de 30 cl de sauce, puis d'un quart du mélange au fromage. Placez une couche de pâtes par-dessus et renouvelez toute l'opération 3 fois, en terminant par une couche de pâtes (il vous en restera peut-être) et le reste de sauce. Parsemez de la mozzarella réservée et d'un peu de parmesan, si vous le souhaitez.

7 Couvrez d'une feuille de papier d'aluminium lâche et posez le plat sur une plaque à pâtisserie tapissée de papier d'aluminium (si vos lasagnes débordent, le surplus ne brûlera pas au fond de votre four). Enfournez pour 25 à 30 min, jusqu'à ce que les pâtes soient bien cuites et que la sauce bouillonne sur les bords. Retirez l'aluminium et prolongez la cuisson jusqu'à ce que les lasagnes soient brun doré en surface, avec des bords ondulés et croustillants. Laissez refroidir légèrement avant de servir.

À L'AVANCE Vous pouvez réaliser la sauce jusqu'à 1 semaine à l'avance. Conservez-la au réfrigérateur, dans un récipient hermétique. Vous pouvez faire cuire les lasagnes jusqu'à 3 jours à l'avance. Réservez-les au frais, à couvert, ou au congélateur jusqu'à 1 mois. Avant de servir, couvrez-les de papier d'aluminium et faites-les réchauffer au four préchauffé à 190 °C de 25 à 45 min.

Coquillages farcis à la ricotta, avec burrata, champignons et herbes

pour 6 à 10 personnes

1 kg de champignons mélangés — maitakés, pleurotes, trompettes-de-la-mort, chanterelles et/ou shiitakés —, coupés en morceaux à la main ou au couteau
4 gousses d'ail, épluchées et pressées
3 cuil. à soupe d'huile d'olive + un peu pour arroser
500 g de ricotta
50 g de pecorino ou de parmesan râpé + un peu si vous le souhaitez
30 cl de crème fleurette
350 g de grosses pâtes en forme de coquillages
225 g de burrata ou de mozzarella, coupée en morceaux
1 grosse poignée de feuilles et tiges tendres de persil grossièrement hachées
1 poignée de ciboulette finement hachée
3 cuil. à soupe de feuilles d'estragon
1 cuil. à soupe de zeste de citron
sel et poivre du moulin

À DÉGUSTER AVEC
Pommes et kakis au vinaigre et cheddar blanc (p. 103)
+
Broccolinis et kale aillés aux noisettes et à la coriandre (p. 160)

Ma grand-mère adore utiliser l'expression « c'est marrant » pour des choses qui ne sont clairement pas marrantes façon « ha ha ha ! », mais qui sont plutôt charmantes ou vaguement effrontées. Par exemple, pour ses crudités, elle pique des grains de poivre sur les courges à cou tors pour figurer des yeux afin qu'elles ressemblent à des oies ou à des canards, parce que « c'est marrant ». Certes. Quand elle achète un chapeau de paille, elle le vaporise de peinture argent métallisée, car, selon elle, « c'est marrant ». Vous voyez l'idée. Tout ça pour dire que j'ai intégré ces pâtes farcies dans le livre, parce que je trouve que « c'est marrant ». Il faut croire que je ressemble chaque jour un peu plus à ma grand-mère.

Je ne vais pas vous mentir en vous faisant croire que c'est le genre de recette qu'on réalise en un rien de temps juste avant que les invités n'arrivent. Mais je dirais que c'est un excellent plat *à faire à l'avance* (vous pouvez l'assembler et le réfrigérer la veille). Et je dirais aussi que c'est le genre de plat sans tambour ni trompette qui provoque des « Oh ! », des « Ah ! » et des « Oh, mon Dieu, que c'est bon ! ». Vous pouvez aussi, bien entendu, utiliser des pâtes cylindriques, comme des cannellonis, ou faire des lasagnes constituées de rigatonis ou de zitis farcis superposés.

1 Préchauffez le four à 210 °C (th. 7).

2 Sur une plaque à pâtisserie, mélangez les champignons et l'ail avec l'huile d'olive ; salez et poivrez. Enfournez pour 15 à 20 min, en remuant de temps à autre, jusqu'à ce que les champignons commencent à brunir et à durcir.

3 Pendant ce temps, mélangez la ricotta, le pecorino et 20 cl de crème dans un saladier de taille moyenne. Salez et poivrez.

4 Faites cuire les pâtes al dente dans une grande casserole d'eau bouillante salée. Égouttez-les et posez-les sur une plaque à pâtisserie huilée. Arrosez-les d'un peu d'huile, pour éviter qu'elles ne collent entre elles pendant que vous les farcissez.

NOTE *Vous gagnerez beaucoup de temps si vous demandez à vos amis de farcir les coquillages. Et cela leur donnera quelque chose à faire plutôt que de dévorer tout votre apéritif.*

5 À l'aide d'une cuillère, garnissez chaque coquillage de mélange à la ricotta — ils doivent être bien remplis, mais restez raisonnable, O.K. ? Vous avez beaucoup de pâtes à farcir !

6 Versez un peu d'huile d'olive au fond d'un plat allant au four d'une contenance de 2 l ou d'une grande poêle en fonte ; un plat à four de 23 × 32 cm fera aussi l'affaire, mais la présentation sera moins spectaculaire. Placez les coquillages dans le plat, en les superposant légèrement, de sorte qu'ils soient bien serrés confortablement les uns contre les autres et se sentent comme des coqs en pâte. Ou des coquillages en plat. Bon, peu importe. Répartissez la burrata dans les petits creux entre les pâtes et parsemez-les de champignons. Nappez le tout des 10 cl de crème restante.

7 Recouvrez le plat de papier d'aluminium et enfournez pour 8 à 10 min, jusqu'à ce que le fromage soit fondu et que les éléments soient bien chauds. Retirez le papier d'aluminium et poursuivez la cuisson de 15 à 20 min, jusqu'à ce que les coquillages commencent à griller sur les bords, et que les champignons soient miraculeusement devenus plus sombres et aient l'air caramélisés.

8 Pendant ce temps, mélangez le persil, la ciboulette, l'estragon et le zeste de citron dans un bol. Salez et poivrez, puis arrosez le tout d'un peu d'huile d'olive.

9 Surmontez les pâtes du mélange aux herbes, parsemez-les de pecorino râpé supplémentaire, si vous le souhaitez, puis servez.

À L'AVANCE Le mélange au fromage peut être préparé la veille. Vous pouvez aussi assembler le plat la veille. Réservez-le au réfrigérateur, à couvert. Je vous déconseille de le faire cuire à l'avance et de le réchauffer, en revanche, car le fromage a tendance à s'assécher.

mes soirées préférées sont les soirées pizza

Ceux qui me connaissent savent à quel point la pizza est essentielle à mon âme, ma personnalité, mon corps, mon cœur, mon cerveau. La pizza, c'est moi, je suis pizza. Puisque je vis à New York, pourquoi est-ce que je prends la peine de faire les miennes alors qu'on en trouve d'excellentes partout ? C'est une très bonne question et je vous remercie de me l'avoir posée. Tout d'abord, ce livre est pour vous, pas pour moi. Et vous n'habitez certainement pas tous à New York. Or il est possible que vous ayez tout de même envie d'une délicieuse pizza.

Ensuite, même si le choix de pizzas est pléthorique autour de chez vous, sachez qu'il est très satisfaisant de réaliser les siennes. Vous vous en doutez, je suis assez susceptible sur le sujet et j'ai des opinions tranchées et *nombreuses* (ratio sauce/garniture, texture, cuisson de croûte, etc.), alors l'idée de pouvoir créer le Graal de la pizza est exaltante ! Oui, j'ai besoin de tout gérer, et en faisant ma propre pizza, la *control freak* qui vit en moi s'exprime haut et fort !

Cela dit, je ne suis pas pizzaiolo (surprenant, je sais). Je n'ai pas de four à bois et le mien peut à peine accueillir une grande plaque. Mais sont-ce des raisons suffisantes pour m'empêcher de préparer à mes amis ce que je considère comme une succulente pizza dans l'intimité de ma maison ? Non. La recette pour cette même pizza, que je qualifierais de pizza à l'ancienne, commence avec une pâte aérée, moelleuse et huileuse (celle-la même avec laquelle on fait la focaccia, p. 70), se pare d'une croûte croustillante et accueille diverses garnitures. Je suis très traditionaliste en la matière et je ne jure que par le fromage et le pepperoni, mais si vous avez des préférences plus avant-gardistes, laissez parler vos envies.

Si vous organisez une soirée pizza, tous vos amis risquent de rappliquer en même temps. Voici quelques astuces pour ne pas vous laisser déborder.

Réalisez la pâte et la sauce à l'avance. Préparez la pâte la veille, si vous le pouvez. Conservez-la au réfrigérateur et, à l'heure dite, répartissez-la sur des plaques, laissez-la lever de 30 à 40 min, ajoutez les garnitures, puis enfournez. La sauce se réalise en 20 min. Vous pouvez la préparer quand bon vous semble et la surgeler. Elle se garde jusqu'à 1 mois au congélateur.

DIT (*Do It Themselves*). Râpez ou tranchez la mozzarella, hachez le kale, émincez les oignons, détachez les feuilles des herbes, taillez le jambon, etc., et présentez tous les ingrédients sur un bar improvisé, à côté d'une boîte d'anchois ouverte, d'un bocal de piments, et autre. Vos amis pourront s'en donner à cœur joie pour concevoir leur pizza.

Célébrez le semi-fait maison. Puisque vous mettez tout votre amour dans la pâte et la sauce, vous pouvez (et devriez) acheter tout le reste.

Soirée pizza

pour 8 à 12 personnes/pour 2 pizzas

4 gousses d'ail, épluchées et pressées
3 cuil. à soupe d'huile d'olive + un peu pour arroser
800 g de tomates entières en boîte, pressées à la main
flocons de piment, selon votre goût
pâte à Focaccia de la veille (p. 70), réalisée jusqu'à l'étape 3
sel et poivre du moulin

POUR UNE PIZZA AU PEPPERONI
Sauce tomate de base (voir ci-dessus)
225 g de mozzarella râpée ou taillée en fines rondelles
115 g de pepperoni, de soppressata, ou de coppa, taillé(e) en fines rondelles
½ petit oignon, épluché et taillé en fins anneaux (facultatif)
huile d'olive, pour arroser
fleur de sel

POUR UNE PIZZA AU KALE
250 g de ricotta au lait entier
1 chou kale, débarrassé des tiges, les feuilles taillées en morceaux de 5 cm
huile d'olive, pour arroser
½ petit oignon, épluché et taillé en fins anneaux (facultatif)
parmesan ou pecorino finement râpé, pour saupoudrer
fleur de sel
1 grosse poignée de feuilles d'herbes fraîches mélangées (persil, basilic, menthe et/ou ciboulette)
1 citron
sel et poivre du moulin

Voici une sauce pour pizza de base, plus simple et rapide qu'une sauce, disons, pour lasagnes (p. 256) — ainsi que des propositions de garnitures. Ce ne sont que des suggestions et, comme pour les Indépassables pommes de terre au four (p. 147), une soirée pizza repose sur les garnitures, alors je vous encourage à les twister à l'envi. Quoi qu'il en soit, je vous invite à utiliser moins de sauce, de fromage et de garnitures que vous ne le feriez naturellement. Si vous en mettez trop, vous aurez une croûte lourde, pâteuse et détrempée ! Il faut souvent laisser cuire la pizza plus qu'on ne le croit, pour avoir une croûte, des bords et un cœur croustillants.

1 Faites chauffer l'ail, l'huile d'olive et les tomates à feu moyen dans une casserole. Salez, poivrez et parsemez de flocons de piment. Portez à frémissements et laissez cuire de 15 à 20 min, jusqu'à ce que le mélange soit légèrement moins liquide qu'au début. Salez, poivrez et pimentez de nouveau.

2 Divisez la pâte levée en deux. Huilez 2 plaques à pâtisserie, en répartissant bien l'huile partout avec les mains. Déposez une moitié de pâte sur chaque plaque et, avec les mains, aplatissez chacune en une épaisseur uniforme. (Elle ne doit pas forcément avoir les dimensions exactes de la plaque ; elle va gonfler et s'étaler pendant le repos et la cuisson.)

3 Arrosez généreusement la surface d'huile d'olive, puis couvrez la pâte de film alimentaire, sans serrer, et laissez-la reposer de 30 à 45 min dans un endroit chaud.

4 Préchauffez le four à 230 °C (th. 7-8).

5 Au moment de la cuisson, la pâte doit être légère et élastique. Pour vérifier, pressez doucement la pâte avec le bout des doigts. Elle doit retrouver sa forme. (Si elle s'effondre et se dégonfle, cela signifie qu'elle a trop levé et elle ne s'en remettra pas.) Formez de légers creux sur la pâte du bout des doigts, un peu comme si vous jouiez du piano.

GARNITURES SUPPLÉMENTAIRES, FACULTATIVES

parmesan ou pecorino finement râpé

gousses d'ail prodigieusement tendres baignées dans une mer d'huile d'olive

piments calabrais à l'huile, entiers ou grossièrement hachés

flocons de piment

origan frais ou séché

levure alimentaire

filets d'anchois

6 Garnissez la pâte à votre guise, en vous inspirant des suggestions.

À L'AVANCE Vous pouvez réaliser la sauce jusqu'à 5 jours à l'avance et la garder au frais, ou la conserver au congélateur pendant 2 mois (mais il faudra alors plus de temps pour la décongeler que pour la faire).

POUR LA PIZZA AU PEPPERONI

1 Étalez juste assez de sauce tomate sur la pâte pour la napper légèrement, en n'ayant pas la main trop lourde (vous auriez une pizza détrempée, sinon !). Répartissez par-dessus la mozzarella, les rondelles de pepperoni et un peu d'oignon, si vous le souhaitez. Arrosez d'huile d'olive, surtout sur les bords, et saupoudrez de fleur de sel.

2 Enfournez pour 30 à 35 min, en tournant la plaque à mi-cuisson, jusqu'à ce que la croûte forme des bulles et soit dorée et gonflée, que le fromage soit fondu et coloré, et que le pepperoni exsude sa graisse orange vif (le meilleur !).

3 Une fois la pizza hors du four, parsemez-la, si vous le souhaitez, de parmesan ou de levure alimentaire, de piments hachés ou de flocons de piment et, éventuellement, de quelques herbes fraîches, si vous en raffolez (comme moi). Laissez refroidir légèrement avant de découper et de servir.

POUR LA PIZZA AU KALE

1 Salez et poivrez la ricotta. Arrosez le kale d'un filet d'huile d'olive et massez-le avec les doigts. Salez et poivrez.

2 Nappez la pâte de ricotta et répartissez par-dessus le kale et un peu d'oignon, si vous le souhaitez. Parsemez de parmesan ou de pecorino râpé, salez et poivrez. Arrosez d'huile d'olive, surtout sur les bords, et saupoudrez de fleur de sel.

3 Enfournez pour 30 à 35 min, en tournant la plaque à mi-cuisson, jusqu'à ce que la croûte forme des bulles et soit dorée et gonflée, que le kale soit flétri, et l'oignon tendre.

4 Une fois la pizza hors du four, parsemez-la d'herbes fraîches, de zeste de citron et, éventuellement, de quelques anchois. Arrosez de jus de citron et laissez refroidir légèrement avant de découper et de servir.

après dîner

Je sais ce que certains d'entre vous pensent.

Suis-je *obligé* de servir un dessert ? Et la réponse est « non, absolument pas ». Vous avez sûrement passé l'aspirateur avant l'arrivée de vos invités et c'est déjà pas mal. Toutefois, je suis une adepte des rituels, et il n'y a pas de rituel plus agréable que la note sucrée à la fin du repas, le point qui marque la fin d'une belle soirée — la proverbiale (et parfois littérale) cerise sur le gâteau.

Comme dans le chapitre sur l'apéritif, les recettes présentées ici ont été conçues avec l'idée de faisabilité en tête, sachant tout ce que vous avez à faire par ailleurs. Il s'agit d'une combinaison de plats « que vous — oui, même vous, pouvez réaliser », de recettes façon assemblage rapide et d'idées simples qu'on ne peut même pas qualifier de recettes. Ces desserts, en tout cas, sont de ceux que tout le monde aime — des classiques revisités à ma sauce. Pour les procrastinateurs (levez la main !), la plupart des plats peuvent être réalisés le jour même et servis le soir. Ceux qui préfèrent s'avancer ne seront pas en reste, puisqu'ils pourront le faire pour la majorité des desserts.

Si vous n'êtes pas trop porté sur les desserts au sens strict du terme, de nombreux arguments penchent en faveur d'une petite liqueur amaro en guise de douceur du soir, puisque, après tout, c'est votre soirée et vous pouvez boire si vous en avez envie. Il y en aura pour tous les goûts.

Gâteau au maïs et aux mûres

pour 8 à 10 personnes

125 g de beurre doux, fondu + beurre ramolli pour le moule et le service
600 g de mûres, de framboises ou de myrtilles
75 g de sucre en poudre + 2 cuil. à soupe
150 g de farine
110 g de farine de maïs
2 cuil. à café de levure chimique
45 g de sucre roux en poudre
1 cuil. à café de sel
2 gros œufs
12,5 cl de lait ribot (voir p. 14)
6 cl d'huile de colza
miel de bonne qualité (facultatif)

Pour moi, il s'agit plus d'un gâteau à grignoter qu'un dessert à proprement parler ; une bricole sucrée qu'on picore en buvant le café et en palabrant sur la gratitude ou sur la possibilité de tout plaquer pour aller vivre dans les bois. Si vous aimez le pain au maïs, mais souhaitez une version plus sucrée qui s'effrite moins et rehaussée de fruits rouges acides, vous allez adorer ce gâteau. En fait, vous allez l'adorer dans tous les cas, c'est sûr.

1 Préchauffez le four à 180 °C (th. 6). Beurrez légèrement un moule à gâteau rond de 23 cm de diamètre.

2 Mettez les mûres et les 2 cuil. à soupe de sucre en plus dans un saladier de taille moyenne. Avec les doigts ou à l'aide d'une fourchette, écrasez les fruits rouges pour les déstructurer légèrement et leur permettre de libérer leur jus.

3 Mettez la farine, la farine de maïs, la levure chimique, le sucre roux en poudre, le sel et les 75 g de sucre en poudre dans un saladier de taille moyenne. Mélangez au fouet.

4 Battez les œufs et le lait ribot au fouet dans un autre saladier de taille moyenne ou dans un verre doseur. Incorporez-les aux ingrédients secs, sans trop remuer, puis ajoutez le beurre fondu et l'huile, en battant au fouet jusqu'à ce que le mélange soit parfaitement lisse et homogène. Ajoutez la moitié des fruits rouges, en pressant pour en extraire le jus.

5 Versez la pâte dans le moule, et répartissez les fruits rouges restants et leur jus par-dessus. Enfournez pour 45 à 50 min, jusqu'à ce que les bords du gâteau commencent à se décoller des bords du moule et que la surface soit brun doré profond. Laissez le gâteau refroidir légèrement avant de le manger avec un peu de miel et de beurre ramolli, si vous le souhaitez.

À L'AVANCE Il vaut mieux manger ce gâteau dans les 48 h suivant sa préparation. Conservez-le, recouvert de papier d'aluminium, à température ambiante.

ESCUBAC

Pudding à la noix de coco et à la banane

pour 8 à 12 personnes

POUR LE PUDDING
8 gros jaunes d'œufs
40 g de fécule de maïs
170 g de sucre blanc en poudre
50 cl de crème fleurette
2 boîtes de 40 cl de lait de coco
1 pincée de sel
1 pincée de curcuma en poudre (facultatif)
1 cuil. à café d'extrait de vanille (facultatif)
45 g de sucre roux en poudre
60 g de beurre doux, ramolli, coupé en cubes de 2,5 cm de côté

POUR L'ASSEMBLAGE
50 cl de crème fleurette
60 g de sucre glace
1 pincée de sel
250 g de yaourt à la grecque au lait entier
6 bananes bien fermes, pelées et taillées en fines rondelles
2 cuil. à soupe de jus de citron vert
1 paquet de 315 g de gaufrettes ou de biscuits de type Graham crackers®
cerises au marasquin (facultatif)
copeaux de noix de coco grillés ou chocolat, pour en faire des copeaux (facultatif)

Un pudding, c'est comme un sweat très doux et confortable qu'on met pour traîner à la maison, mais qu'on ne porterait pas forcément en soirée. En d'autres termes, il n'a rien de sexy, mais si vous le rehaussez de bananes, de yaourt fouetté et d'une cerise festive au marasquin, il devient cette fille un peu coincée qui, quand elle enlève ses lunettes et détache ses cheveux, se révèle une véritable bombe.

Le plus ennuyeux avec cette recette, c'est qu'il faut utiliser de nombreux récipients. Alors, avant tout, merci de vous prêter au jeu ; vous allez peut-être passer la journée à laver vos saladiers, mais vous ne le regretterez pas au bout du compte, parce que vous aurez un délicieux pudding à la noix de coco et à la banane ! Et ce qu'il y a de bien, c'est que l'assemblage est d'une grande simplicité. Pas de mesures ou de ratios, pas d'équipement spécifique si ce n'est une cuillère. En plus, vous pouvez utiliser n'importe quel plat pour présenter le pudding — un saladier fantaisie, un plat à trifle, un moule à bords amovibles, un seau… N'importe quoi fera l'affaire !

1 Préparez le pudding. Battez les jaunes d'œufs, la fécule de maïs et la moitié du sucre blanc au fouet dans un saladier de taille moyenne, jusqu'à l'obtention d'un mélange pâle et soyeux.

2 Mettez la crème, le lait de coco, le reste de sucre blanc, le sel, le curcuma, et la vanille, si vous l'utilisez, dans une casserole de taille moyenne. Faites chauffer à feu moyen, en remuant, jusqu'à l'apparition des premiers frémissements.

3 Incorporez lentement et graduellement la moitié du mélange à base de crème au mélange aux jaunes d'œufs (pour stopper la cuisson des œufs). Puis versez ce mélange dans la casserole et, en battant sans cesse au fouet, laissez cuire de 3 à 5 min, jusqu'à ce que la préparation épaississe, commence à bouillonner et paraisse vraiment brûlante (attention, elle l'est !).

(la suite page suivante)

4 Retirez la casserole du feu et incorporez-y le sucre roux et le beurre, en fouettant, fouettant, fouettant, jusqu'à ce que le sucre soit dissous et le beurre fondu.

5 Transférez le pudding dans un moule à gâteau. (Vous pouvez utiliser un saladier, mais l'idée est que le pudding refroidisse le plus vite possible, alors il vous faut un récipient plus large que haut.) Filmez le pudding directement au contact pour éviter cette horrible « peau de pudding » et laissez-le refroidir complètement au réfrigérateur, pendant au moins 1 h.

6 Assemblez le dessert. À l'aide d'un batteur électrique ou d'un fouet et d'un peu d'huile de coude, battez la crème, le sucre glace et le sel en chantilly dans un saladier de taille moyenne. Incorporez délicatement le yaourt.

7 Mélangez les bananes et le jus de citron vert dans un saladier de taille moyenne. Elles auront un goût exquis et ne noirciront pas.

8 Sortez le plat le plus original que vous ayez pour l'assemblage et nappez le fond d'un peu de pudding à la noix de coco, ajoutez une couche de gaufrettes, suivie d'une couche de bananes, puis d'une couche de crème fouettée. Renouvelez l'opération jusqu'à ce que le plat soit plein, en terminant par une couche de crème fouettée. Ne cherchez pas à obtenir des couches bien uniformes ; assurez-vous juste à vue de nez que vous n'allez pas manquer d'un élément ou d'un autre avant la fin de l'assemblage (et si ça vous arrive, ce n'est pas la fin du monde).

9 Réservez le tout au réfrigérateur pendant au moins 2 h, jusqu'à ce que le pudding ait pris et que les éléments soient soudés les uns aux autres.

10 Au moment de servir, décorez le pudding de ce qui vous plaît — disons une cerise au marasquin, des copeaux de noix de coco ou de chocolat… Répartissez le pudding dans des ramequins ou plantez plusieurs cuillères dans le mélange et mangez à même le plat. Nous sommes entre amis !

À L'AVANCE Vous pouvez réaliser la base du pudding jusqu'à 3 jours à l'avance et la conserver au frais, bien filmée. Vous pouvez assembler le pudding la veille — pas avant, car les gaufrettes seraient sans doute un peu trop molles.

Galette aux griottes et au sésame

pour 6 à 8 personnes

farine tout usage, pour saupoudrer
1 dose (2 disques) de La seule et unique pâte à tarte (p. 311)
1,25 kg de griottes fraîches, dénoyautées
170 g de sucre en poudre + 3 cuil. à soupe
1 cuil. à soupe de zeste de citron ou de citron vert
2 cuil. à soupe de jus de citron ou de citron vert
90 g de tahin
1 gros œuf, légèrement battu avec 1 cuil. à café d'eau
3 cuil. à soupe de graines de sésame blanc
fleur de sel

NOTE *Dénoyauter des cerises est une tâche relativement infernale… qu'on sous-traite volontiers. Notez que vous pouvez les remplacer par à peu près tous les fruits ; coupez-les simplement en morceaux de la taille de cerises avant de poursuivre.*

Habituellement, je ne cautionne pas les galettes à double pâte (parce que, dans ce cas, c'est juste une tourte, non ?), mais j'ai eu l'idée de cette recette après avoir mangé une galette aux cerises juteuses… qui me sont toutes tombées dessus, tachant mes vêtements. « Et si, plutôt qu'une galette, je faisais une *pop tart* — ces pâtisseries à passer au grille-pain qui n'existent que dans le nord de l'Amérique — géante ? », ai-je pensé. Ce dessert est donc, dans l'esprit, une galette à l'américaine ; en théorie, une *pop tart* ; et par l'aspect, une pizza au pepperoni (c'était un accident, mais maintenant que je vous l'ai dit, vous ne pouvez pas ne pas le voir).

Comme cela reste une galette dans l'esprit, elle doit présenter suffisamment de trous en surface pour que la garniture puisse bouillonner et respirer, et observer le ratio entre garniture et croûte qui fait qu'une galette est bonne. Si vous n'avez pas de petits emporte-pièces, vous obtiendrez d'aussi bons résultats avec un bouchon de bouteille d'eau en plastique. Vous pouvez aussi pratiquer de grosses entailles au couteau.

1 Préchauffez le four à 200 °C (th. 6-7). Tapissez une plaque à pâtisserie de papier sulfurisé.

2 Farinez légèrement le plan de travail. Prenez 1 disque de pâte et étalez-le en un cercle de 40 cm de diamètre, à quelques centimètres près. Déposez-le sur la plaque. Faites de même avec l'autre disque de pâte et placez-le sur le plan de travail.

3 Prenez un petit emporte-pièce d'environ 2,5 cm de diamètre/largeur, de la forme de votre choix (cercle/carré/rectangle/triangle/cœur/étoile), ou le bouchon d'une bouteille d'eau en plastique, ou n'importe quel objet à bords tranchants de 2,5 cm de diamètre, et découpez des formes dans la pâte posée sur le plan de travail, en veillant à arrêter les découpes à 2,5 cm du bord de la pâte tout autour. Vous pouvez conserver

(la suite page suivante)

ces bouts de pâte pour les cuisiner plus tard. (Ou les manger crus, chose que je fais et que je ne suis pas censée vous recommander — c'est juste pour vous dire que c'est délicieux.)

4 Mettez les griottes, les 170 g de sucre ainsi que le zeste et le jus de citron dans un grand saladier, puis remuez.

5 Étalez le tahin sur la pâte placée sur la plaque, en laissant une bordure de 2,5 cm tout autour, comme si vous nappiez une pizza de sauce tomate ! Répartissez les griottes par-dessus, en veillant à ne pas empiéter sur la marge à 2,5 du bord.

6 Badigeonnez les bords de la pâte avec l'œuf battu, puis placez l'autre pâte (avec les trous) sur les fruits, en pressant pour bien coller les bords l'un contre l'autre. Rabattez les bords sur eux-mêmes, en pressant chaque pli pour bien les sceller. Badigeonnez toute la surface d'œuf battu, puis parsemez-la de graines de sésame, des 3 cuil. à soupe de sucre supplémentaires et d'un peu de fleur de sel.

7 Enfournez la galette pour 20 à 25 min, en la faisant tourner en cours de cuisson si certaines parties de votre four sont plus froides, jusqu'à ce que la croûte prenne une jolie teinte dorée et que la garniture commence à bouillonner légèrement. Baissez la température du four à 190 °C et poursuivez la cuisson de 20 à 25 min, jusqu'à ce que la croûte soit bien cuite et brun doré profond — tel un croissant bien cuit.

8 Laissez refroidir légèrement la galette avant de la découper en morceaux, qui ressembleront à des parts de pizza au pepperoni. Vous n'avez pas à vous excuser pour ça !

À L'AVANCE Vous pouvez faire cuire la galette jusqu'à 2 jours à l'avance et la conserver à température ambiante, enveloppée bien serré de papier d'aluminium.

Tarte renversée à l'abricot

pour 6 à 8 personnes

90 g de miel
55 g de sucre en poudre
2 cuil. à soupe d'eau
2 cuil. à soupe de beurre doux
1 cuil. à soupe de vinaigre de cidre
fleur de sel
450 g d'abricots frais ou de prunes (soit à peu près 6 abricots ou 4 prunes), coupé(e)s en deux dans la longueur et dénoyauté(e)s
1 rouleau de pâte feuilletée surgelée
farine, pour saupoudrer
30 g de pistaches, très finement concassées (facultatif)
glace ou crème fouettée, pour accompagner (facultatif)

La pâte feuilletée fait partie de ces ingrédients du commerce qui vous font passer pour meilleur pâtissier que vous ne l'êtes. La qualité varie selon les marque, mais la plupart font le job et donnent une tarte gonflée et croustillante à souhait. Si *l'idée* de préparer la mienne m'a souvent traversé l'esprit, je, hum… ne le ferai jamais. Ce que je vais faire, plutôt, c'est ouvrir le sachet, en sortir la pâte, la dérouler sur le plan de travail, la déposer sur des fruits caramélisés, et la faire cuire jusqu'à ce qu'elle soit gonflée, dorée et délicieusement croustillante.

Bien sûr, vous pourriez utiliser des pommes, mais elles n'offriront jamais le même résultat que des abricots, qui donnent une garniture formidablement acide, une texture proche de la confiture et un jus sirupeux à se damner. Et il n'est même pas nécessaire de les faire précuire.

Pour ceux que cela perturbe, oui, on pourrait dire que c'est une tarte Tatin, mais je la nomme tarte renversée à l'abricot, car, selon moi, la tarte Tatin est un plat spécifique à base de pommes. Comme ce n'est pas le cas de ma tarte, je l'ai rebaptisée par respect pour son illustre cousine.

Quoi qu'il en soit, c'est le dessert idéal pour les adeptes de la pâtisserie comme pour les réfractaires, car l'alliance abricots + beurre + sucre en poudre + pâte feuilletée fonctionne toujours — et est délicieuse. (Note : vous pouvez aussi utiliser des prunes ! Génial, non ?)

1 Préchauffez le four à 210 °C (th. 7).

2 Faites chauffer le miel, le sucre et l'eau dans une petite casserole, sur feu moyen à vif. Laissez cuire, en remuant de temps à autre, jusqu'à ce que le mélange passe d'un sirop brun doré pâle aqueux à un caramel ambré. (Du fait de l'usage de miel, il est parfois difficile de voir quand la couleur change ; mais pensez à la couleur d'un sirop d'érable de qualité.)

3 Ôtez la casserole du feu. À l'aide d'une cuillère en bois ou d'une spatule, incorporez le beurre, le vinaigre et 1 pincée de fleur de sel, en remuant pour bien les incorporer. Versez ce caramel, désormais opaque, au fond d'un moule à manqué de 23 à 25 cm de diamètre, d'un moule à tarte ou d'une poêle allant au four (les possibilités sont infinies !), en penchant le contenant d'un côté à l'autre pour bien répartir le caramel.

4 Disposez les abricots dans le moule, en les superposant légèrement si nécessaire. Si tous les abricots n'entrent pas dans le moule, vous pouvez les manger sans honte.

5 Sortez la pâte feuilletée du sachet et posez-la sur le plan de travail légèrement fariné. Selon la marque, ce sera un disque ou un carré/rectangle. Dans ce second cas, enroulez les bords de façon à obtenir une forme circulaire. Lissez ensuite les plis pour que la pâte cuise uniformément. À l'aide de ciseaux ou d'un couteau, taillez la pâte de sorte qu'elle soit 2,5 cm plus large que le moule tout autour ; il n'est pas nécessaire d'avoir un cercle parfait. Placez la pâte sur les abricots, en la laissant s'affaisser le long des bords, mais sans la laisser dépasser et pendre hors du moule (elle va réduire à la cuisson, il vous en faut donc un peu plus pour compenser).

6 Enfournez pour 15 à 20 min, jusqu'à ce que la pâte soit gonflée et brun doré clair (de la couleur des shortbreads). Baissez la température du four à 190 °C et poursuivez la cuisson de 25 à 30 min, jusqu'à ce que la pâte ait l'aspect d'un croissant bien cuit, et que les fruits en dessous bouillonnent furieusement.

7 Sortez la tarte du four et laissez-la reposer de 10 à 15 min, afin que le caramel refroidisse un peu. Pour retourner la tarte, posez une assiette (au moins de la même taille que le moule, mais de préférence plus grande) par-dessus la pâte feuilletée. En protégeant vos mains avec des torchons ou des maniques, retournez la tarte, de sorte que le dessous soit maintenant le dessus. Soulevez délicatement le moule, et laissez la sauce sirupeuse se répandre sur la pâte et les fruits.

8 Servez la tarte parsemée de pistaches concassées et de fleur de sel et accompagnez-la de glace ou de crème fouettée, si vous le souhaitez, ou bien dans son plus simple (et divin) appareil.

À L'AVANCE Vous pouvez faire cuire cette tarte plusieurs heures à l'avance, retournez-la uniquement au moment de servir. Si le caramel a pris trop fermement pour se détacher du moule, remettez la tarte au four à 190 °C pour environ 5 min afin qu'il se délie.

Tarte aux pommes décontractée au lait ribot caramélisé

pour 4 à 6 personnes

90 g de beurre doux
½ cuil. à café de cannelle, de cardamome et/ou de gingembre en poudre (facultatif)
farine, pour saupoudrer
½ dose (1 disque) de La seule et unique pâte à tarte (p. 311)
1 kg de pommes fermes (de type Pink lady, Honeycrisp ou Goldrush), non pelée, mais débarrassées du trognon et taillées en lamelles de 5 mm d'épaisseur
50 g de sucre en poudre + 2 cuil. à soupe
8 cl de lait ribot (voir p. 14)
sel et poivre du moulin

NOTE *L'ingrédient secret qui change tout, ici, c'est le lait ribot, que j'utilise à la place de l'œuf battu pour badigeonner la pâte (même s'il conviendrait aussi, bien sûr). Pendant la cuisson de la tarte, les sucres contenus dans le lait ribot caramélisent, ce qui donne une texture cristallisée et une saveur légèrement aigre, mais profondément lactée — parfait avec des pommes tendres au goût discret de cannelle : cela me donne chaque fois l'impression de manger des céréales à la cannelle* Cinnamon Toast Crunch. *Le plus beau des compliments.*

On peut faire beaucoup de choses avec des pommes, mais ce que je préfère, c'est les répartir sur de la pâte et les faire cuire au four jusqu'à ce qu'elles soient tendres. Je parle de tarte décontractée, parce que je veux que vous vous sentiez libre de couper les pommes à votre guise, de donner la forme de votre choix à la pâte, afin de créer votre propre version d'une tarte aussi décontractée que délicieuse.

1 Préchauffez le four à 200 °C (th. 6-7).

2 Faites fondre le beurre à feu moyen dans une casserole, en remuant de temps à autre, de 3 à 4 min, jusqu'à ce qu'il mousse et brunisse ; remuez régulièrement pour éviter que les particules solides n'accrochent au fond. Ôtez la casserole du feu, ajoutez les épices, si vous les utilisez, et réservez.

3 Sur une feuille de papier sulfurisé légèrement farinée, étalez la pâte en un disque/rectangle/carré (ce que vous voulez) d'environ 2 mm d'épaisseur.

4 En laissant une bordure de 5 cm tout autour, disposez les lamelles de pommes sur la pâte, soit bien proprement, soit au petit bonheur la chance. Badigeonnez-les de beurre fondu et parsemez-les des 50 g de sucre en poudre.

5 Rabattez les bords de la pâte sur les fruits, puis badigeonnez la pâte de lait ribot. Saupoudrez le tout des 2 cuil. à soupe de sucre supplémentaires, puis ajoutez la fleur de sel et le poivre.

6 Transférez la tarte, avec le papier sulfurisé, sur une plaque à pâtisserie. Enfournez pour 45 à 50 min, jusqu'à ce que la croûte soit brun doré et les fruits, tendres. Laissez la tarte refroidir avant de la découper et de la servir avec une totale décontraction.

À L'AVANCE Vous pouvez faire cuire la tarte 2 jours à l'avance, puis la conserver à température ambiante, recouverte de papier d'aluminium ou de film alimentaire bien serré.

fruits sur glace

À moins d'être Chez Panisse — le restaurant le plus hype de Berkeley, en Californie —, le concept consistant à servir un simple fruit pour le dessert pourrait s'apparenter au comble de la flemme. Servir des fruits *sur glace*, en revanche, est un peu plus magique, un peu plus spectaculaire (comme tout ce qui est *on ice*. La glace a de plus l'avantage de faire office de décor (tellement étincelant !) et de maintenir au frais (tellement froid !). Cette pratique est à l'évidence très simple, puisque, comme le titre l'indique, il ne vous faut rien d'autre que des fruits et des glaçons.

Les fruits doivent être mûrs et juteux, servis crus et au naturel. S'ils ont déjà la taille d'une bouchée, comme de jolies petites griottes ou d'adorables mirabelles, vous pouvez les servir entiers. S'ils sont gros, comme un ananas ou une pastèque, alors il faut les couper en quartiers individuels ou en longues lamelles. S'il s'agit de variétés qui ont tendance à s'oxyder et à noircir (poires, pommes), n'hésitez pas à les arroser d'un trait de jus de citron ou de citron vert pour qu'ils conservent un bel aspect. Évitez les fruits trop petits, comme les myrtilles, car vous passeriez votre temps à les chercher entre les glaçons, ce qui est à peu près aussi drôle que ça en a l'air. Les fruits ayant tendance à s'écraser, comme les bananes, ne sont pas admis non plus.

La glace en tant que telle ne doit pas être trop fine, car elle fondrait trop vite (ce n'est pas un granité, ce sont des fruits sur glace). Elle ne doit pas non plus être trop grosse, car les fruits ne s'y nicheraient pas correctement (gardez les gros glaçons pour vos cocktails).

En dehors de cela, il ne vous faut rien de plus qu'un saladier (de préférence large et peu profond) suffisamment grand pour accueillir tous les fruits sur glace de vos rêves. La glace ayant tendance à fondre (si, si), pensez à en remettre régulièrement et à vider l'eau afin que les fruits ne finissent pas dans une mare d'eau.

Gâteau au chocolat craquelé à la noisette et à la crème aigre

pour 8 à 10 personnes

POUR LE GÂTEAU

125 g de beurre doux + un peu pour le moule

170 g de sucre en poudre + 2 cuil. à soupe pour saupoudrer

225 g de chocolat noir (au moins 67 % de cacao), finement haché

150 g de Nutella, de pâte à tartiner à la noisette, de purée d'amande ou de tahin (voir Note)

6 gros œufs

55 g de farine de noisette ou d'amande

2 cuil. à soupe de cacao amer en poudre

1 cuil. à café de sel

POUR LE NAPPAGE/ L'ACCOMPAGNEMENT

250 g de crème fleurette

30 g de sucre glace

1 pincée de sel

250 g de crème aigre

80 g de Nutella ou de pâte à tartiner à la noisette

cerises à l'eau-de-vie, au marasquin (facultatif)

NOTE *Si vous utilisez une tartinade non sucrée, comme de la purée d'amande ou du tahin, vous obtiendrez une version légèrement moins sucrée de ce gâteau, qui, à mon goût, sera encore bien assez sucré.*

J'ai publié cette recette pour la première fois dans le magazine *Bon Appétit* en 2013 (il y a un siècle !), mais depuis, je l'ai encore améliorée. L'extérieur est craquelé et croquant, et l'intérieur furieusement chocolaté et à la fois dense et léger. Le gâteau est de plus facile à faire et presque inratable.

Oui, la version originale (inspirée du *Cloud Cake* de Richard Sax) était excellente, mais celle-ci l'est encore plus. Déjà, elle contient du Nutella ; ensuite, au cas où vous n'auriez pas suivi, j'y ai mis du Nutella ; enfin, j'ai aussi ajouté du Nutella dans le nappage à la crème fouettée. D'aucuns pourraient juger que c'est trop, mais ils ont tort ! Plus prosaïquement, la farine de noisette donne du corps et une texture plus dense, au bon sens du terme.

Oui, ce gâteau est sans gluten, mais c'était involontaire. Je ne l'appelle donc pas « gâteau sans gluten », de peur que les adeptes du gluten ne craignent de passer à côté de quelque chose potentiellement meilleur. C'est impossible !

1 Préchauffez le four à 180 °C (th. 6). Beurrez légèrement un moule à bords amovibles de 23 cm de diamètre. (Si vous n'en avez pas, tapissez un moule à gâteau de même diamètre de papier sulfurisé, en le laissant dépasser pour pouvoir retirer facilement le gâteau terminé.) Parsemez l'intérieur du moule de sucre, et penchez-le d'un côté à l'autre de façon à recouvrir uniformément le fond et les bords ; tapotez pour ôter l'excédent.

2 Préparez le gâteau. Mélangez le beurre, le chocolat et le Nutella dans un saladier supportant la chaleur. Placez-le au-dessus d'une casserole d'eau frémissante et faites chauffer, en remuant souvent, jusqu'à ce que le chocolat et le beurre soient fondus, et que le mélange soit lisse et onctueux. Retirez du feu et réservez. (Vous pouvez aussi faire chauffer le tout au four à micro-ondes, par sessions de 30 s.)

3 Séparez les blancs des jaunes de 4 œufs et mettez les blancs dans un saladier (soit le bol d'un robot pâtissier, soit un saladier où vous pouvez utiliser un batteur électrique). Placez les jaunes dans un autre grand saladier avec les 2 œufs entiers ; ajoutez la farine de noisette, le cacao en poudre, puis remuez. À l'aide d'une spatule, incorporez délicatement et graduellement le mélange aux jaunes d'œufs à celui au chocolat. (N'utilisez pas de fouet ; la préparation, épaisse, se coincerait dans les pales.)

4 Battez les blancs d'œufs à puissance maximale. Une fois qu'ils sont légers et mousseux, incorporez petit à petit les 170 g de sucre, 1 ou 2 cuillerées après l'autre, et continuez de fouetter jusqu'à ce que les blancs d'œufs aient triplé de volume et soient montés en neige pâle, aérienne, opaque et rigide. Ils doivent ressembler à une meringue (même si ce n'est pas ce qu'on cherche).

5 À l'aide d'une spatule, incorporez délicatement les blancs d'œufs au mélange au chocolat jusqu'à ce qu'il n'y ait plus aucune traînée blanche ; ne remuez pas trop, car le mélange s'affaisserait.

6 Versez la préparation dans le moule et lissez la surface. Saupoudrez-la des 2 cuil. à soupe de sucre supplémentaires et enfournez pour 35 à 40 min, jusqu'à ce que les bords du gâteau commencent à se détacher du moule et que la surface soit gonflée et légèrement craquelée, tel un soufflé ; le gâteau doit toutefois rester un peu tremblotant.

7 Laissez le gâteau refroidir complètement avant de le démouler (si vous disposez d'une grille, utilisez-la). Pendant ce temps, quelque chose va se produire : le centre du gâteau va s'effondrer, formant de nouvelles craquelures en surface. C'est l'effet escompté, donc ne vous inquiétez pas — c'est de là que viennent les bords croquants : la raison pour laquelle nous sommes là.

8 Préparez le nappage/accompagnement. À l'aide d'un robot mixeur (ou d'un bon vieux fouet et d'un peu d'huile de coude), battez la crème, le sucre glace et le sel dans un saladier de taille moyenne, jusqu'à l'obtention d'une chantilly, puis incorporez la crème aigre. Pour un effet marbré, incorporez le Nutella à l'aide d'une spatule — ou si tout le monde s'en moque, incorporez-le au fouet. Vous pouvez napper le gâteau de ce mélange, mais je préfère le déguster à part (pour ne pas gâcher la texture croquante du gâteau), en grignotant des cerises à l'eau-de-vie entre deux bouchées.

À L'AVANCE Vous pouvez préparer et cuire le gâteau jusqu'à 2 jours à l'avance. Conservez-le à température ambiante, couvert de papier d'aluminium ou de film alimentaire bien serré.

Tarte au fromage frais et aux agrumes

pour 8 à 10 personnes

POUR LA BASE

150 g de crackers Ritz ou de bicuits Nilla wafers (voir Note)
2 cuil. à soupe de sucre roux en poudre
60 g de beurre doux, fondu
1 pincée de sel

POUR LA GARNITURE

450 g de fromage frais à tartiner au lait entier, de préférence à température ambiante, ou 500 g de labné
250 g de crème aigre ou de yaourt à la grecque au lait entier
110 g de sucre en poudre
2 gros œufs
3 cuil. à soupe de jus de citron, de citron vert, de pamplemousse ou d'orange
fleur de sel
agrumes frais, coupés en deux ou taillés en lamelles, pour décorer (facultatif)

Demandez-moi quel est le dessert de mes rêves et je dirais : du fromage. Juste du fromage (mon premier amour), ou n'importe quel dessert en contenant de façon presque indécente, comme un cheesecake. Toutefois — ne fuyez pas —, je trouve qu'un cheesecake classique contient Trop. De. Fromage. Ma version idéale possède une base plus épaisse (avec des crackers Ritz ou des biscuits Nilla Wafers à la texture sableuse, beurrée et salée) et à peu près deux fois moins de garniture que dans la recette traditionnelle, ce qui, à mon sens, offre un bien meilleur ratio base/garniture. (Vous pouvez ainsi manger beaucoup plus de parts !)

J'utilise ici du fromage frais à tartiner parce qu'on en trouve partout, mais la version au labné est à tomber par terre, donc si vous mettez la main dessus, n'hésitez pas à l'employer. La tarte sera un peu plus salée, un poil plus soyeuse, et franchement plus acide. Oh, et vous devez absolument faire cuire cette tarte au bain-marie. Vous savez, cette technique classée dans la catégorie : « et puis quoi, encore ? ».

1 Préchauffez le four à 160 °C (th. 5-6).

2 Préparez la base. Mettez les crackers dans le bol d'un robot mixeur et mixez par brèves pressions successives jusqu'à l'obtention de fines miettes (j'ai dit miettes, pas poudre !) ; vous pouvez également le faire à la main en plaçant les crackers dans un sachet muni d'un Zip, puis en les écrasant à l'aide d'une poêle ou d'un rouleau à pâtisserie. Transférez les miettes dans un saladier de taille moyenne, ajoutez le sucre et le beurre, puis le sel. Mélangez l'ensemble avec les doigts, jusqu'à ce que les miettes soient uniformément enrobées et que vous ayez une texture humide et sableuse.

3 Disposez la base au fond d'un plat à tarte ou d'un moule à bords amovibles de 23 cm de diamètre, non tapissé de papier sulfurisé, ou d'un moule à gâteau tapissé de papier sulfurisé.

NOTE Je suis habituellement souple et indulgente en matière d'ingrédients. Toutefois, les imitations de mes produits préférés sont nombreuses et toutes ne se valent pas. Pour cette recette, je n'ai testé que crackers et biscuits d'une marque spécifique (Nabisco, pour ne pas la citer). Je ne peux pas vous affirmer que vous obtiendrez le même résultat avec des marques génériques, alors faites ce que vous voulez, mais c'est à vos risques et périls.

Vous pouvez également utiliser un plat carré allant au four, de 20 cm de diamètre, tapissé de papier sulfurisé, mais vous aurez alors un résultat plus épais (peut-être est-ce ce que vous souhaitez). Utilisez le fond d'un verre doseur ou d'un bol pour presser fermement la base — sinon, vous risquez d'avoir du mal à la découper par la suite.

4 Enfournez la base pour 10 à 15 min, jusqu'à ce qu'elle soit légèrement brun doré sur les bords ; la cuisson va se poursuivre plus tard, donc ne la faites pas trop cuire à cette étape.

5 Préparez la garniture. Mettez le fromage frais, la crème aigre et le sucre en poudre dans le bol d'un robot mixeur, et mixez jusqu'à l'obtention d'une crème parfaitement lisse et soyeuse, en grattant les bords 2 ou 3 fois pour incorporer les morceaux de fromage frais récalcitrants. Ajoutez les œufs, le jus de pamplemousse et 1 pincée de fleur de sel, et continuez de mixer jusqu'à ce que le mélange soit encore plus lisse et crémeux qu'auparavant (un miracle !).

6 Versez la garniture sur la base et enfournez pour 25 à 35 min, jusqu'à ce qu'elle ait pris et ne soit plus tremblotante quand vous la tapotez ; elle ne doit pas brunir du tout.

7 Éteignez le four et entrouvrez-en la porte. Laissez la tarte reposer dans le four pendant environ 15 min, avant de la transférer sur une grille pour la laisser refroidir complètement.

8 Laissez refroidir la tarte au réfrigérateur pendant au moins 1 h. Ce refroidissement progressif évite que des craquelures malvenues n'apparaissent en surface, chose qui peut se produire quand elle subit un changement brutal de température.

9 Au moment de servir, saupoudrez la tarte d'un peu de fleur de sel. Servez-la avec des agrumes frais de votre choix, si vous le souhaitez.

À L'AVANCE Vous pouvez faire cuire la tarte jusqu'à 3 jours à l'avance. Réservez-la au réfrigérateur, bien recouverte. Le fromage frais à tartiner a tendance à absorber ce que j'appelle avec affection les « odeurs du frigo », alors veillez à l'envelopper soigneusement de film alimentaire.

Angel cake au mascarpone et au café

pour 6 à 10 personnes

POUR LA CRÈME

4 gros jaunes d'œufs
110 g de sucre en poudre
12,5 cl de crème fleurette
1 gousse de vanille, incisée sur toute la longueur, les graines grattées
450 g de mascarpone
sel

POUR L'ASSEMBLAGE

45 cl de bon expresso ou de café très fort (voir Note)
2 cuil. à soupe de rhum, de whisky ou de cognac
2 cuil. à soupe de cacao amer en poudre
Presque angel food cake (p. 310), ou 200 g de boudoirs

NOTE *Je prends mon café au café du coin, parce que je suis de toute évidence incapable de faire un café assez fort moi-même.*

Si vous pensez que c'est une ruse pour vous amener à faire un tiramisu, vous avez raison. Beaucoup de gens n'aiment pas le tiramisu, souvent parce qu'il est mauvais : trop sec ou trop spongieux, trop sucré ou trop alcoolisé — un raté est vite arrivé. Mais si vous le voyez comme un très bon angel food cake délicatement imbibé d'expresso amer et recouvert d'un mascarpone moelleux à peine sucré, alors peut-être pourrez-vous envisager l'idée que, oui, vous aimez le tiramisu.

Je me suis inspirée de la technique « plutôt que de faire des gâteaux individuels, faisons-en un gros » du chef Brooks Headley, de Superiority Burger. Non seulement il est plus simple d'imbiber un seul gros élément plutôt que plein de petits, mais cela offre aussi un meilleur ratio gâteau/crème, pour une dégustation optimale.

1 Préparez la crème. À l'aide d'un robot pâtissier ou d'un batteur électrique, battez les jaunes d'œufs et la moitié du sucre dans un saladier, jusqu'à ce que le mélange soit jaune très pâle, qu'il ait triplé de volume et qu'un mince filet reste accroché aux pales quand vous les soulevez. Transférez le mélange dans un grand saladier.

2 À l'aide du robot ou du batteur électrique, battez la crème et le reste de sucre avec 1 pincée de sel et les graines de vanille jusqu'à l'obtention d'une chantilly lâche. Ajoutez le mascarpone et continuez de fouetter jusqu'à l'obtention d'une chantilly ferme et souple.

3 Faites l'assemblage. Mélangez l'expresso et le rhum dans un bol. Tamisez le cacao et saupoudrez-en le fond d'un plat d'une contenance de 2 l.

4 Placez la moitié du gâteau (ou une couche de boudoirs) au fond du plat. Imbibez le gâteau de la moitié du mélange au café. Nappez-le de la moitié du mélange au mascarpone et lissez la surface. Recommencez avec le reste de gâteau, de mélange au café et de mélange au mascarpone.

5 Saupoudrez la surface du reste de cacao en poudre. Réservez au frais pendant au moins 4 h avant de servir.

À L'AVANCE Vous pouvez faire le tout 1 ou 2 jours à l'avance.

X
III
XVII

Panna cotta au miel salé et framboises écrasées

pour 6 à 10 personnes

1 sachet de 7 g de gélatine en poudre neutre
6 cl d'eau
75 cl de crème fleurette
175 g de miel + 2 cuil. à soupe supplémentaires
25 cl de lait ribot (voir p. 14)
250 g de crème aigre
1 pincée de sel
½ gousse de vanille, incisée sur toute la longueur, les graines grattées (facultatif)
175 g de framboises fraîches
1 cuil. à soupe de vinaigre de cidre, ou de jus de citron ou de citron vert

NOTE *Panna cotta signifie littéralement « crème cuite », mais ce qui est drôle, c'est que la crème de la panna cotta ne devrait jamais cuire, sous peine de perdre sa saveur caractéristique. Amusant, n'est-ce pas ? Enfin, ce n'est pas hilarant non plus, hein, mais bon, vous voyez.*

Il n'y a pas dessert plus facile et plus gratifiant qu'une panna cotta. À l'image d'une part de pizza, même médiocre, elle est correcte, mais quand elle est bonne, elle est transcendante. Pour mériter ce qualificatif, elle doit être juste assez sucrée et à peine prise. Il va sans dire que la qualité des produits laitiers est essentielle, donc choisissez-les avec précaution.

Si on peut réaliser les panna cottas dans n'importe quel ramequin ou verrine, je vous conseille des récipients bas et larges plutôt que hauts et fins, afin que le contenu refroidisse vite et que l'expérience gustative soit parfaite.

1 Versez la gélatine en pluie sur l'eau. Laissez reposer de 2 à 3 min afin qu'elle s'hydrate (pour ne pas former de grumeaux). Mettez la gélatine dans une petite casserole, et ajoutez 12,5 cl de crème fleurette et les 175 g de miel. Faites chauffer à feu doux, en penchant la casserole d'un côté à l'autre, jusqu'à ce que la gélatine soit bien dissoute, en veillant à ne pas la laisser frémir.

2 Dans un grand saladier, battez doucement la crème fleurette restante avec le lait ribot, la crème aigre, 1 pincée de sel et les graines de vanille, si vous les utilisez.

3 Incorporez lentement le mélange chaud à la gélatine à la préparation au lait ribot, en veillant à ne pas fouetter trop fort, car des bulles d'air se formeraient (et il ne faut pas). Répartissez le mélange dans des verrines. Réservez au réfrigérateur pendant au moins 1 h, le temps que les panna cottas aient pris.

4 Placez les framboises, le vinaigre et les 2 cuil. à soupe de miel supplémentaires dans un saladier de taille moyenne. À l'aide d'une fourchette, écrasez les fruits pour qu'ils libèrent leur jus. Servez les panna cottas recouvertes du mélange aux framboises et arrosées d'un peu plus de miel, si vous le souhaitez.

À L'AVANCE Vous pouvez faire la préparation de base 5 jours à l'avance et la garder dans un récipient en plastique, au frais. Réchauffez la, versez-la dans des verrines et faites-la prendre au frais.

Gâteau aux prunes et au beurre noisette

pour 6 à 8 personnes

185 g de beurre doux
75 g de farine d'amande
75 g de farine de blé
½ cuil. à café de sel
155 g de sucre glace + un peu pour saupoudrer
5 gros blancs d'œufs
90 g de miel
750 g de prunes, dénoyautées et coupées en morceaux (voir Note)
55 g de sucre complet en poudre

NOTE *J'ai une affection particulière pour les prunes, car je trouve leur couleur sublime, surtout une fois cuites, quand elles se délitent et prennent des nuances de tie-and-dye. Mais vous pouvez utiliser des fruits à noyau extrêmement mûrs, des fruits rouges ou des poires.*

Si vous aimez les desserts d'été, peut-être connaissez-vous la célèbre *plum torte* (gâteau aux prunes) de Marian Burros, publiée pour la première fois en 1983 dans le *New York Times*. Son dessert et le mien contiennent tous deux des prunes plongées dans une pâte avant cuisson, mais ils sont très différents. Pour ceux qui suivent, la pâte présentée ici, contenant des blancs d'œufs, du beurre noisette et de la farine d'amande, est plus celle d'un financier (dense, molle, beurrée, avec un goût d'amande) que d'une *torte* (qui a plus la texture d'un quatre-quarts). Les deux sont délicieux et peuvent cohabiter dans votre répertoire estival.

1 Préchauffez le four à 190 °C (th. 6-7). Vaporisez d'huile un plat allant au four d'une contenance de 2 l ou un moule à gâteau de 20 à 23 cm de diamètre. Tapissez-le de papier sulfurisé, si vous le souhaitez.

2 Faites fondre le beurre à feu moyen dans une petite casserole, en remuant de temps à autre, de 3 à 4 min, jusqu'à ce qu'il commence à mousser et à brunir ; battez au fouet de temps à autre afin d'éviter que les particules solides du beurre n'accrochent au fond de la casserole. Laissez refroidir.

3 Mélangez les farines, le sel et le sucre glace au fouet dans un grand saladier. Ajoutez les blancs d'œufs et le miel, et fouettez jusqu'à ce qu'il n'y ait plus aucun grumeau.

4 À l'aide d'une spatule, incorporez délicatement le beurre noisette.

5 Versez la pâte dans le plat. Disposez les prunes par-dessus, en veillant à bien les répartir (partie coupée vers le haut ou vers le bas, peu importe). Saupoudrez de sucre.

6 Enfournez pour 35 à 40 min, en tournant le moule dans le four une fois que les bords sont bien bruns. Sortez le gâteau du four et laissez-le refroidir légèrement avant de le découper.

À L'AVANCE Vous pouvez faire cuire le gâteau jusqu'à 3 jours à l'avance et le réserver à température ambiante, recouvert de papier d'aluminium ou de film alimentaire bien serré.

Pêches rôties à l'hibiscus et chapelure à la cassonade

pour 4 à 8 personnes

POUR LA CHAPELURE

60 g de beurre doux
125 g de chapelure à miettes grossières fraîche (voir p. 14) ou panko
45 g de cassonade
fleur de sel

POUR LES PÊCHES ET L'ASSEMBLAGE

1 kg de pêches ou de nectarines mûres, coupées en deux et dénoyautées
110 g de sucre en poudre + un peu (voir Note)
3 ou 4 cuil. à soupe de fleurs d'hibiscus séchées (voir Note)
2 cuil. à soupe de jus de citron
2 cuil. à soupe d'eau
glace à la vanille, pour accompagner

NOTE *Si vos pêches sont particulièrement acides, dures ou hors saison, peut-être aurez-vous intérêt à ajouter 1 ou 2 cuil. à soupe de sucre pour les adoucir.*

Vous trouverez les fleurs d'hibiscus séchées dans les boutiques bio ou les épiceries orientales.

Pour quelqu'un qui prétend apprécier moyennement le sucré, j'ai une quantité alarmante de céréales « sûrement pour les enfants » dans mes placards. Comme il s'agit de plaisirs coupables, je prépare cette chapelure beurrée et peu sucrée pour la manger en public. Elle se déguste de mille manières (parfois incontrôlables), mais je préfère la savourer comme des céréales : nageant dans du lait ou du yaourt.

Les pêches ne sont pas plus sophistiquées : réalisées en un rien de temps, elles ont toutefois une belle allure et un goût exquis. Servies chaudes, à température ambiante ou très froides, elles rôtissent juste assez pour que leur jus se libère, créant une sauce fuchsia très acide — parfaite pour en arroser de la glace, que vous parsèmerez aussi de cette chapelure dont je pourrais parler pendant des heures.

1 Préparez la chapelure. Faites fondre le beurre à feu moyen dans une grande poêle. Ajoutez la chapelure et remuez. Laissez cuire de 3 à 4 min, en remuant de temps à autre, jusqu'à ce que la chapelure commence à brunir. Ajoutez la cassonade, et poursuivez la cuisson de 2 à 3 min jusqu'à ce qu'elle commence à caraméliser et que la chapelure prenne une couleur brun doré profond. Retirez du feu et salez à la fleur de sel.

2 Préchauffez le four à 200 °C (th. 6-7).

3 Pour les pêches et l'assemblage. Placez les pêches, côté coupé vers le bas, dans un grand plat à four. Saupoudrez de sucre, puis ajoutez les fleurs d'hibiscus, le jus de citron et l'eau.

4 Faites rôtir les pêches de 15 à 20 min, sans les retourner, jusqu'à ce qu'une sauce sirupeuse et bouillonnante se soit formée dans le plat. Sortez le plat du four et laissez refroidir. Servez les pêches avec de la glace, parsemées de chapelure.

À L'AVANCE Vous pouvez réaliser la chapelure 4 jours à l'avance et la conserver à température ambiante, dans un récipient fermé. Vous pouvez faire cuire les pêches 2 jours à l'avance. Conservez-les au réfrigérateur, dans un récipient hermétique.

un petit digestif ?

Il n'est pas rare qu'à la place d'un gâteau, je propose une boisson alcoolisée chic en guise de dessert et, plus spécifiquement, une liqueur amaro sirupeuse aux accents herbacés ou un mezcal punchy à la saveur un brin fumée. Cependant, comme les gâteaux, cette boisson de fin de soirée obéit à quelques rituels (et j'adore les rituels) ; de plus, certaines liqueurs à base d'herbes facilitent la digestion (c'est scientifique !). Et puis, une femme ne peut se nourrir uniquement de vin naturel (j'ai essayé, ça ne s'est pas très bien passé). Si vous avez quelques bouteilles d'exception en votre possession, vous aurez toujours un petit quelque chose sucré à offrir, même si vous n'avez rien préparé pour le dessert — sans parler du fait que les bouteilles, qui durent une éternité, seront du plus bel effet sur vos étagères.

Outre les bouteilles d'amaro, de mezcal, de scotch ou de whisky, je sors quelques petits verres, un bol de glaçons et, en fonction de la manière dont les choses se sont déroulées jusque-là, peut-être une petite assiette de suprêmes d'oranges ou d'écorces de citron.

Tant que vous sirotez votre boisson (ne l'aspirez jamais bruyamment !), il n'y a pas de bonne ou de mauvaise manière de la boire (pure, avec des glaçons, rehaussée d'agrumes ou non). Chacun peut personnaliser son expérience en fonction de ses préférences. Pour ceux qui ne boivent pas d'alcool ou qui ont besoin d'une pause en fin de soirée, je propose des bitters sans alcool coupés avec de l'eau pétillante et servis avec des glaçons.

Dans la mesure où le profil aromatique et l'amertume de ces spiritueux varient énormément de l'un à l'autre, je vous invite à demander conseil à votre caviste en lui indiquant votre envie générale (une boisson épicée ? Des notes d'agrumes ? Une forte teneur en alcool ? Une saveur de réglisse ?) — afin qu'il puisse vous guider vers quelque chose qui vous plaira.

Cookies au chocolat avec une pointe de sel

pour 24 cookies

90 g de beurre doux
310 g de sucre glace
90 g de cacao amer en poudre (voir Note)
1 cuil. à café de sel
2 gros blancs d'œufs
1 gros œuf
225 g de chocolat noir (au moins 67 % de cacao), haché
60 g de noisettes, d'amandes, de pistaches, de noix de pécan ou de noix finement concassées (facultatif)
fleur de sel

NOTE *C'est l'occasion ou jamais d'investir dans un cacao amer non sucré de bonne qualité, puisque c'est son goût qui ressort le plus ici (ça et le beurre noisette).*

Je ne suis pas très chocolat, mais il m'arrive d'avoir envie d'un petit quelque chose légèrement sucré et chocolaté, mais aussi salé. Dans ces cas-là, c'est ce quelque chose à la texture de brownie et en forme de cookie que je fais.

Ustensile particulier, technique complexe ou réfrigération : rien de tout cela n'est nécessaire, ce qui signifie que même si vous ne faites des cookies qu'une fois par an, vous ne pourrez pas rater ceux-là. Ils sont parfaits pour ces fins de repas où on a vraiment besoin de chocolat.

1 Préchauffez le four à 180 °C (th. 6). Tapissez 2 plaques à pâtisserie de papier sulfurisé.

2 Faites fondre le beurre à feu moyen dans une petite casserole, de 3 à 4 min, en remuant souvent, jusqu'à ce qu'il commence à mousser et à brunir ; fouettez de temps en temps pour éviter qu'il n'accroche au fond de la casserole. Laissez refroidir.

3 Battez le sucre glace, le cacao en poudre et le sel au fouet dans un saladier de taille moyenne, pour ôter tout amas. (Vous pouvez les tamiser au préalable si vous le souhaitez.)

4 À l'aide d'une spatule, mélangez les blancs d'œufs, l'œuf entier et le beurre noisette, jusqu'à l'obtention d'une texture lisse et homogène, puis ajoutez le chocolat et les fruits à coque de votre choix.

5 À l'aide d'une cuillère, formez des tas de pâte d'environ 2,5 cm de diamètre sur les plaques, en les espaçant de 5 cm (les cookies vont prendre leurs aises !). Saupoudrez-les de fleur de sel. Enfournez pour 6 à 8 min, jusqu'à ce que les cookies se soient considérablement aplatis et aient l'air cuits et striés de ridules. Laissez-les refroidir avant de déguster, afin qu'ils aient le temps de se raffermir.

À L'AVANCE Vous pouvez réaliser les cookies 2 jours à l'avance et les garder dans une boîte hermétique à température ambiante.

Cake au citron et au curcuma

pour 1 gâteau

225 g de farine
2 cuil. à café de levure chimique
1 cuil. à café de sel
¾ de cuil. à café de curcuma en poudre
220 g de sucre en poudre + 2 cuil. à soupe
2 cuil. à soupe de zeste de citron finement râpé + 2 cuil. à soupe de jus de citron + ½ citron, taillé en fines rondelles, épépiné
180 g de crème aigre ou de yaourt à la grecque au lait entier + un peu pour accompagner (facultatif)
2 gros œufs
125 g de beurre doux, fondu
crème fouettée, pour accompagner (facultatif)

NOTE *Pour quelque raison étrange, il est quasiment impossible de trouver un moule à cake de taille standard, alors prenez-en de dimensions approchantes. Privilégiez si possible un moule en métal plutôt qu'en verre, car il conduit la chaleur plus uniformément.*

Sans vouloir me vanter, c'est l'un des meilleurs gâteaux que j'aie jamais faits. Et quand je dis que c'est un cake maison, cela signifie que vous devriez toujours en avoir chez vous. Il suffit d'en couper une tranche pour égayer sa journée ; c'est un peu comme si vous faisiez brûler de la sauge ou du palo santo pour nettoyer les énergies… mais en version culinaire. Vous pouvez l'emporter partout et en toute occasion — mais la plupart du temps, il ne dépasse pas la porte de ma cuisine.

1 Préchauffez le four à 180 °C (th. 6). Vaporisez d'huile un moule à cake de 10 × 23 cm (voir Note) ou beurrez-le. Tapissez-le de papier sulfurisé, en laissant celui-ci dépasser pour démouler facilement le cake après cuisson.

2 Battez la farine, la levure chimique, le sel et le curcuma au fouet dans un saladier de taille moyenne.

3 Dans un saladier, mélangez les 220 g de sucre avec le zeste de citron du bout des doigts, afin que le sucre prenne une teinte jaune et sente, eh bien, le citron. Incorporez soigneusement la crème aigre, les œufs et le jus de citron au fouet.

4 À l'aide d'une spatule, réunissez les préparations et mélangez bien. Incorporez le beurre fondu. Transférez le mélange dans le moule et lissez la surface. Répartissez les rondelles de citron et les 2 cuil. à soupe de sucre supplémentaires par-dessus.

5 Enfournez pour 50 à 60 min, jusqu'à ce que la surface du cake soit brun doré, qu'il se détache des bords du moule. Pour vérifier la cuisson, piquez la pointe d'un couteau au centre du gâteau : elle doit ressortir sèche (J'adore le citron bien caramélisé, mais si les rondelles brunissent trop, placez une feuille de papier d'aluminium par-dessus pour éviter qu'elles ne brûlent.) Laissez le gâteau refroidir avant de le découper.

À L'AVANCE Vous pouvez faire cuire le cake jusqu'à 5 jours à l'avance et le garder, recouvert d'une feuille de papier d'aluminium bien serrée, à température ambiante.

Presque angel food cake

pour 8 à 10 personnes

225 g de farine tout usage ou de farine à gâteau
¾ de cuil. à café de levure chimique
250 g de beurre doux, fondu et refroidi
6 cl d'huile de colza
1 cuil. à café d'extrait de vanille
10 gros blancs d'œufs
330 g de sucre en poudre
½ cuil. à café de sel
1 cuil. à café de jus de citron

NOTE *Si vous n'avez aucune envie de préparer ce gâteau pour qu'il serve de base à un autre, vous pouvez simplement le couper en tranches et le servir avec des tonnes de glace.*

Bien qu'inspiré de l'angel food cake, ce gâteau n'en est pas un. Il y ressemble toutefois fortement, avec sa pâte aérienne aux blancs d'œufs et sa texture spongieuse. Riche en beurre et en vanille, la pâte cuit en une couche fine (par opposition à l'original, très épais), ce qui donne une croûte brun doré, quasi craquelée. L'intérieur, poreux, absorbe à merveille les liquides — il est donc idéal pour le faux tiramisu (p. 296) ou avec de la crème fouettée et des fruits rouges écrasés.

1 Préchauffez le four à 180 °C (th. 6). Tapissez une plaque à pâtisserie à rebords de 32 × 45 cm de papier sulfurisé.

2 Dans un grand saladier, mélangez la farine et la levure au fouet jusqu'à ce que le tout soit parfaitement fluide. (Vous pouvez tamiser le mélange… et Dieu sait que je suggère rarement une telle chose !) Réservez.

3 Dans un bol, mélangez le beurre, l'huile et la vanille ; réservez.

4 À l'aide d'un fouet électrique réglé sur puissance moyenne/forte, battez les blancs d'œufs en neige, de 1 à 2 min. Incorporez graduellement le sucre, 1 cuil. après l'autre : les blancs d'œufs vont devenir plus opaques et volumineux après chaque ajout. Ajoutez le sel et le jus de citron, et battez pour mélanger.

5 À l'aide d'une spatule, incorporez délicatement le mélange à base de farine aux blancs d'œufs. Agissez avec précaution : le but est que la pâte (et donc le gâteau) soit aussi légère et aérienne que possible. Une fois la farine presque entièrement incorporée, incorporez délicatement (!) le mélange au beurre.

6 Versez la pâte sur la plaque préparée et lissez la surface. Enfournez pour 18 à 20 min, en tournant la plaque à mi-cuisson, jusqu'à ce que le gâteau soit brun doré et se décolle légèrement des bords de la plaque. Sortez le gâteau du four et laissez-le refroidir complètement.

À L'AVANCE Vous pouvez faire cuire le gâteau 2 jours à l'avance et le conserver à température ambiante, recouvert d'une feuille de papier d'aluminium bien serrée.

La seule et unique pâte à tarte

pour 2 disques de pâte

375 g de farine
2 cuil. à café de sucre en poudre
1 cuil. à café de sel
285 g de beurre doux, détaillé en cubes de 2,5 cm de côté, bien froid
1 cuil. à soupe de vinaigre de cidre ou de vinaigre blanc distillé
6 cl d'eau très froide + un peu si nécessaire

NOTE *Cette recette figurait déjà dans mon premier livre, Dining In, et comme je suis intimement convaincue que c'est la seule et unique pâte à tarte, la voici de nouveau.*

Il y a beaucoup à dire sur les pâtes à tarte, mais sachez surtout ceci : l'excès d'eau est l'ennemi d'une bonne pâte croustillante. La plupart des gens ajoutent plus d'eau que nécessaire, car ils trouvent la pâte trop sèche ou difficile à travailler, mais une pâte que l'on vient tout juste de préparer n'est jamais facile à travailler. C'est pour cela qu'on la fait reposer, pour lui permettre de s'hydrater et de se détendre, afin qu'elle soit plus facile à étaler. Alors, s'il est parfois nécessaire d'ajouter une cuillerée ou deux d'eau pour obtenir la texture adéquate, ayez la main légère !

1 Mélangez la farine, le sucre et le sel au fouet dans un grand saladier. Incorporez le beurre avec les mains, en l'écrasant entre la paume et la pointe des doigts pour former de longues et fines lamelles. Lorsque presque tout le beurre a été incorporé et qu'il ne reste plus aucun gros morceau, transférez le mélange sur le plan de travail.

2 Mélangez le vinaigre avec l'eau froide et versez-le lentement sur le mélange à base de farine. Travaillez le mélange du bout des doigts jusqu'à ce qu'une pâte commence à se former.

3 Avec la paume des mains, commencez à pétrir la pâte, en récupérant les petits éclats de pâte secs du dessous pour les mettre dessus et les incorporer. Vous pouvez ajouter 1 cuil. à soupe — voire 2 — d'eau au cours du processus si vous pensez que la pâte en a besoin, mais elle doit rester assez sèche ; elle va s'hydrater et s'attendrir pendant la phase de repos.

4 Lorsque vous avez obtenu une masse hirsute de pâte (elle ne sera ni souple ni luisante), pétrissez-la encore une ou deux fois, puis divisez-la en deux. Aplatissez chaque moitié en un disque plat d'environ 2,5 cm d'épaisseur. Enveloppez chacun de film alimentaire et laissez reposer au frais pendant au moins 2 h.

À L'AVANCE Vous pouvez faire la pâte 4 jours à l'avance et la garder au frais, enveloppée de film alimentaire bien serré. Vous pouvez aussi la placer dans un sac à congélation muni d'un Zip et la laisser au congélateur jusqu'à 1 mois.

vaisselle nickel

Le nettoyage est une tâche complexe et pénible dont personne ne veut parler. Faire la vaisselle ! Cela n'a rien de sexy ni de cool, mais nous devons tous en passer par là, et si nous le faisons bien, cela peut être la partie la plus amusante de la soirée. Profitez du fait que tout le monde est un peu éméché, lancez une playlist de Janet Jackson, et c'est parti ! pour ! la ! vaisselle ! Ce qui était jusque-là un cauchemar en cuisine est désormais une fête où l'on danse en lavant les plats, et le comble, c'est que chacun peut participer. C'est une technique que j'emploie régulièrement et je ne me sens pas coupable le moins du monde, car tout le monde a l'air de bien s'amuser. (C'est pas vrai, les gars ? Vous aimez ça, n'est-ce pas ?)

Bien entendu, si à la fin de la soirée, vous n'avez vraiment, mais vraiment pas envie de la faire (ça m'est déjà arrivé — en fait, ça m'arrive *souvent*), vous pouvez attendre jusqu'au lendemain matin pour vous y atteler. Je m'assure juste que la table est débarrassée, que les assiettes sont rincées et empilées (parce que je suis Vierge et que si mes assiettes sont sales au réveil, il faut au moins qu'elles soient bien empilées), et que les aliments sont mis au frais — car qui n'aime pas les restes ?

remerciements

Sans surprise, c'est la page la plus difficile à écrire, car ce livre est le fruit de nombreuses interactions, et j'ai donc de nombreuses personnes à remercier. Pardon d'avance si je vous ai oublié(e). Je vous dois un verre de vin !

À mon éditrice, Doris Cooper : s'il existe un mot plus puissant que « patience », merci de l'incarner, surtout avec moi sur ce livre. Merci d'être ma plus grande fan depuis le début et de m'encourager à rester moi-même. Notre amitié et nos relations de travail sont essentielles à mes yeux.

À mon agente, Nicole Tourtelot : merci d'être à mon écoute, de supporter mes angoisses, de défendre mes intérêts et d'avoir eu foi en mon potentiel alors même que je n'y croyais pas moi-même. « Sois plus bienveillante envers ton livre ! » est une phrase ancrée dans mon cerveau pour l'éternité. Je suis heureuse que nous nous soyons trouvées.

Merci à toute l'équipe de Clarkson Potter, qui a attendu patiemment texte, images et validations de couverture, révisé les mots, retouché les visuels et transmis les pages, en particulier : Stephanie Huntwork, Kim Tyner et Mark McCauslin ; Kate Tyler, Windy Dorresteyn, Erica Gelbard et Allison Renzulli à la publicité et au marketing ; et, bien sûr, Lydia O'Brien.

Aaron Wehner, qui traite chacun de mes livres comme si c'étaient les siens. Merci pour ton enthousiasme et ton soutien sans faille !

Michael Graydon et Nikole Herriott : merci pour votre labeur intense, votre patience et votre flexibilité. C'est magique de collaborer avec des gens aussi brillants. Ce livre est autant le vôtre que le mien. Merci, aussi, d'avoir introduit Adam Katzowitz dans nos vies. Adam, tu es un trésor de bonnes ondes et de positivité.

Kalen Kaminski : merci d'avoir orchestré les images avec autant de goût, d'avoir montré tant d'ardeur durant les longues journées de shooting, d'avoir déniché le moindre verre coloré, assiette ou plat dans un rayon de 650 km. Et d'avoir entraîné Erica Schwartzberg dans l'aventure. Erica, merci pour ton travail, ton enthousiasme et ta joie de vivre.

Elizabeth Spiridakis : merci d'avoir créé une identité graphique aussi claire, élégante et bien conçue pour ce livre. Merci de m'avoir laissé envahir ta vie personnelle et fait travailler jusqu'aux premières heures du jour sur ce bébé. Je te suis infiniment reconnaissante.

Lauren Schaeffer et Susan Kim : je n'ai clairement pas assez de place pour témoigner de l'affection et de l'amour que j'ai pour vous. Vous êtes mes anges gardiens sous les feux des projecteurs comme en coulisses, dans mes textes, mes e-mails, ma voiture, au supermarché, au marché, à la boucherie... Merci pour tout ce que vous faites afin que mes plats soient beaux, que les recettes fonctionnent et que le niveau de stress général (surtout le mien) reste minime. Merci du fond du cœur !

Yewande Komolafe et Luciana Lamboy : merci pour vos retours avisés sur les recettes afin qu'elles fonctionnent bien. Sans vous, ce livre serait totalement inutile.

Merci à ma famille du *New York Times* Cooking et de *Bon Appétit*, en particulier Emily Weinstein, Sam Sifton, Krysten Chambrot, Adam Rapoport, Julia Kramer, Meryl Rothstein, Amiel Stanek et Christina Chaey : merci d'avoir ouvert les pages de vos journal et magazine à mes recettes et mes mots. C'est une chance de travailler avec vous. Et désolée pour mes retards, mais maintenant que ce livre est terminé, je serai (presque) toujours dans les temps.

Molly Mandel, un immense merci pour tes conseils, tes encouragements, ton honnêteté et ton sens de l'humour. Je t'adore et je me réjouis de poursuivre notre collaboration.

Julia Schniederman et Eli Joyce : merci pour votre aide, dans la lecture, les courses, le nettoyage et le respect du planning ; je n'y arriverais pas sans vous.

Merci à mes amis et ma famille, toujours partants pour dîner à la maison, apporter du vin et faire la vaisselle, le tout en étant photographiés : Michael, Eva, Mercedez, Ben, Julia, Yos, Hannah, Anoop, Elliott, Stan, James, Glo, Dana, Blake et John.

Kate, Lilli et Julia : merci pour les FaceTimes et les textos incessants. Merci de m'aider à garder les pieds sur terre. Je vous aime tant.

Greta Lee et Russ Armstrong : merci de me laisser envahir votre maison et de prétendre que j'y vis. Je vous aime presque autant que la fleur d'ail ! Hannah et JD, merci de nous avoir accueillis au Livingston Manor ; c'est un endroit de rêve pour créer.

À tous ceux qui m'ont prêté un toit pour être seule et écrire : Sarah et Sohail Zandi de Brushland Eating House (merci, Bovina !) ; Emily, Joey et toute la famille Fleishaker (merci, Santa Fe !) ; et Sarina Dailey et Chris Parachini (merci, Rockaway Beach !).

À ma mère, mon père, ma belle-mère, ma sœur, mon frère, ma tante, mon oncle et ma grand-mère : c'est vos retours sur mes recettes qui comptent le plus. Merci de cuisiner et de m'aimer autant.

Merci aux petites entreprises, librairies indépendantes et grandes enseignes d'avoir soutenu mon livre précédent *Dining In*, de lui avoir fait une place sur vos étagères et de l'avoir recommandé à vos clients : je vous dois beaucoup.

Merci à tous ceux qui ont acheté *Dining In*, qui ont cuisiné *The Stew*, préparé *The Cookies*, se sont abonnés au *New York Times* Cooking ou ont lu *Bon Appétit* : merci, merci, merci. J'ai le cœur empli de gratitude à l'idée que vous cuisinez (et a priori que vous aimez !) les recettes que j'ai imaginées : c'est l'unique raison pour laquelle je les fais. Merci pour votre soutien et votre enthousiasme, qui me permet de continuer à faire le métier de mes rêves.

5 FOR 3.00

index